Medicina Legal

Decifrada

O GEN | Grupo Editorial Nacional – maior plataforma editorial brasileira no segmento científico, técnico e profissional – publica conteúdos nas áreas de concursos, ciências jurídicas, humanas, exatas, da saúde e sociais aplicadas, além de prover serviços direcionados à educação continuada.

As editoras que integram o GEN, das mais respeitadas no mercado editorial, construíram catálogos inigualáveis, com obras decisivas para a formação acadêmica e o aperfeiçoamento de várias gerações de profissionais e estudantes, tendo se tornado sinônimo de qualidade e seriedade.

A missão do GEN e dos núcleos de conteúdo que o compõem é prover a melhor informação científica e distribuí-la de maneira flexível e conveniente, a preços justos, gerando benefícios e servindo a autores, docentes, livreiros, funcionários, colaboradores e acionistas.

Nosso comportamento ético incondicional e nossa responsabilidade social e ambiental são reforçados pela natureza educacional de nossa atividade e dão sustentabilidade ao crescimento contínuo e à rentabilidade do grupo.

André **Uchoa**

Medicina Legal
Decifrada

COORDENAÇÃO
Cláudia Barros
Filipe Ávila
Rogério Greco

3ª edição
revista, atualizada e reformulada

gen | EDITORA MÉTODO

■ **Atendimento ao cliente: (11) 5080-0751 | faleconosco@grupogen.com.br**

■ Direitos exclusivos para a língua portuguesa
Copyright © 2023 *by*
Editora Forense Ltda.
Uma editora integrante do GEN | Grupo Editorial Nacional
Travessa do Ouvidor, 11 – Térreo e 6º andar
Rio de Janeiro – RJ – 20040-040
www.grupogen.com.br

■ Esta obra passou a ser publicada pela Editora Método | Grupo GEN a partir da 3ª edição.

■ Capa: Bruno Sales Zorzetto

■ **CIP – BRASIL. CATALOGAÇÃO NA PUBLICAÇÃO.**
SINDICATO NACIONAL DOS EDITORES DE LIVROS, RJ.

U19m

Uchôa, André Luís Alves
Medicina legal decifrada / André Luís Alves Uchôa; coordenação Cláudia Barros Portocarrero, Filipe Ávila, Rogério Greco. - [3. ed.]. - Rio de Janeiro : Método, 2023.

Inclui bibliografia
ISBN 978-65-5964-633-3

1. Medicina legal - Brasil. 2. Perícia médica - Brasil. 3. Perícia (Exame técnico) - Brasil. I. Portocarrero, Cláudia Barros. II. Ávila, Filipe. III. Greco, Rogério. IV. Título. V. Série.

23-83940   CDD: 614.1
                 CDU: 340.6

Gabriela Faray Ferreira Lopes – Bibliotecária – CRB-7/6643

Sobre os Coordenadores

CLÁUDIA BARROS PORTOCARRERO

Promotora de Justiça. Mestre em Direito Público. Professora de Direito Penal e Legislação Especial na Escola da Magistratura dos Estados do Rio de Janeiro e Espírito Santo, na Escola de Direito da Associação e na Fundação Escola do Ministério Público do Rio de Janeiro. Professora de Direito Penal Econômico da Fundação Getulio Vargas. Professora em cursos preparatórios. Autora de livros e palestrante.

@claudiabarrosprof

FILIPE ÁVILA

Formado em Direito pela Universidade Estadual de Mato Grosso do Sul. Foi aprovado no concurso de Agente de Polícia PC/DF (2013), tendo atuado por aproximadamente quatro anos na área de investigação criminal de diversas delegacias especializadas no Distrito Federal (Coordenação de Homicídios-CH; Coordenação de Repressão aos Crimes Contra o Consumidor, a Propriedade Imaterial e a Fraudes-CORF; Delegacia de Proteção à Criança e ao Adolescente-DPCA; Delegacia Especial de Atendimento à Mulher-DEAM). Posteriormente, pediu exoneração do cargo e, atualmente, é professor exclusivo do AlfaCon nas disciplinas de Direito Penal e Legislação Criminal, com foco em concursos públicos. Na mesma empresa, coordenou a criação de curso voltado para a carreira de Delegado de Polícia.

@filipeavilaprof

ROGÉRIO GRECO

Procurador de Justiça do Ministério Público do Estado de Minas Gerais. Pós-doutor pela Università degli Studi di Messina, Itália. Doutor pela Universidade de Burgos, Espanha. Mestre em Ciências Penais pela Universidade Federal de Minas Gerais. Especialista em Teoria do Delito pela Universidade de Salamanca, Espanha. Formado pela National Defense University, Washington, Estados Unidos, em Combate às Organizações Criminosas Transnacionais e Redes Ilícitas nas Américas. Professor de Direito Penal e palestrante em congressos e universidades no País e no exterior. Autor de diversas obras jurídicas. Embaixador de Cristo.

Apresentação da Coleção

A *Coleção Decifrado* da Editora Método foi concebida visando, especialmente, ao público que se prepara para provas de concursos jurídicos (os mais variados), embora atenda perfeitamente às necessidades dos estudantes da graduação, os quais em breve testarão o conhecimento adquirido nas salas de aula – seja no Exame da Ordem, seja em concursos variados.

Nessa toada, destacamos que o grande diferencial da coleção consiste na metodologia do "objetivo e completo".

Objetivo, àqueles que têm pressa e necessitam de um material que foque no que realmente importa, sem rodeios ou discussões puramente acadêmicas que não reflitam na prática dos certames.

Completo, porque não foge a nenhuma discussão/posicionamento doutrinário ou jurisprudencial que já tenha sido objeto dos mais exigentes certames. Para tanto, embora os autores não se furtem à exposição de seu posicionamento quanto a temas controversos, empenham-se em destacar a posição que, por ser majoritária, deverá ser adotada em prova.

Na formulação de cada obra, os autores seguiram o padrão elaborado pelos coordenadores a partir de minudente análise das questões extraídas dos principais concursos jurídicos (Magistratura, Ministério Público, Delegado, Procuradoria, Defensoria etc.), indicando tópicos obrigatórios, sem lhes tirar a liberdade de acrescentar outros que entendessem necessários. Foram meses de trabalho árduo, durante os quais sempre se destacou que o **foco da coleção é a entrega de um conteúdo apto a viabilizar a aprovação do candidato em todas as fases das mais exigentes provas e concursos do País**.

Para tanto, ao longo do texto, e possibilitando uma melhor fluidez e compreensão dos temas, a coleção conta com fartos e atualizados julgados ("Jurisprudência destacada") e questões comentadas e gabaritadas ("Decifrando a prova").

Como grande diferencial, contamos ainda com o **Ambiente Digital Coleção Decifrado**, pelo qual é possível ter uma maior interação com os autores e é dado acesso aos diferentes conteúdos de todos os títulos que compõem a coleção, como informativos dos Tribunais Superiores, atualizações legislativas, *webinars*, mapas mentais, artigos, questões de provas etc.

Convictos de que o objetivo pretendido foi alcançado com sucesso, colocamos nosso trabalho à disposição dos leitores, futuros aprovados, que terão em suas mãos obras completas e, ao mesmo tempo, diretas, essenciais a todos aqueles que prezam pela otimização de tempo na preparação.

Cláudia Barros Portocarrero, Filipe Ávila e Rogério Greco

Sumário

Noções introdutórias de medicina legal

1.1 CONCEITO

A medicina legal pode ser definida como a aplicação do conjunto de conhecimentos médicos associados à física, à química e à biologia que se destinam a servir como alicerce ao jurista no exercício da prática pericial, bem como na elaboração, na execução e na aplicabilidade das leis.

Em outras palavras, é o **conjunto dos conhecimentos médicos e paramédicos destinados a servir ao Direito,** cooperando na elaboração, auxiliando na interpretação e colaborando na execução dos dispositivos legais, no seu campo específico de ação de medicina aplicada.

A medicina legal é mais comum no campo da perícia, mas é utilizada também no campo abstrato, quando da elaboração de uma lei. Por exemplo, na elaboração do tipo penal de lesões corporais leves ou graves, deve-se ter um conhecimento de medicina legal. Da mesma forma, no caso concreto, não é possível saber as consequências de determinada lesão sem a análise do perito. Assim, no campo do Direito, a medicina legal tem aplicabilidade tanto na elaboração quanto na interpretação e na execução das leis, funcionando como uma **ciência auxiliar ao Direito**.

Para Hygino de Carvalho Hercules (2014), "a medicina legal é a um só tempo arte e ciência. É arte porque a realização de uma perícia médica requer habilidade na prática do exame e estilo na redação do laudo; é ciência porque, além de ter um campo próprio de pesquisas, vale-se de todo o conhecimento oferecido pelas demais especialidades médicas".

Ressalta-se, entretanto, que a medicina legal, sendo uma especialidade médica, só pode ser exercida por quem possuir habilidades especiais para tanto, sob pena de impor prejuízo ao laudo.

1.2 CRIMINALÍSTICA, CRIMINOLOGIA E MEDICINA LEGAL

Antes de aprofundar o estudo do tema, é muito importante destacar a diferença entre esses três ramos, a fim de esgotar qualquer tipo de dúvida a respeito do âmbito de incidência da medicina legal.

A **criminalística** é uma parte do procedimento investigatório que não é realizada por médico-legista, mas, sim, por um perito criminal, que é responsável por fazer a coleta de todos os elementos possíveis de provas, tais como análises do local do crime, fotografias e entrevistas, elementos esses que irão embasar a instrução probatória de uma investigação e de um possível processo criminal. Esse perito criminal, que é incorporado dentro de uma ciência autônoma, tem o papel de ajudar na elaboração do conjunto probatório, seja para a determinação da materialidade delitiva, seja para a delimitação da autoria.

Já a **criminologia** é um ramo da sociologia, uma ciência que não busca a análise do caso concreto. É o estudo das causas e da etiologia do delito como um fenômeno social. Ela estuda o comportamento do delinquente de modo geral, sua personalidade delitiva, as causas da delinquência e as possibilidades da ressocialização, não havendo, dessa maneira, a análise do caso concreto.

A **medicina legal,** por sua vez, é uma ciência autônoma que estuda as variações biológicas e psicológicas do organismo humano vivo e morto. Portanto, estuda o comportamento e as reações gerais da pessoa humana viva ou morta no esclarecimento de uma questão judicial. Sobreleva-se, contudo, que a medicina legal se relaciona com a materialidade de um possível delito, e não com a sua autoria, culpa ou dolo. Estes serão objeto de apuração no inquérito policial, bem como do processo criminal.

1.3 FUNDAMENTOS HISTÓRICOS

Pensando nos fundamentos e na evolução histórica da medicina legal, é possível identificar prenunciações há três mil anos antes de Cristo, quando do processo de mumificação elaborado pelos egípcios.

Em um primeiro momento, removiam-se os órgãos internos, evitando, assim, o processo de putrefação que destruiria o corpo. Com isso, os sacerdotes foram notando que, internamente, as vísceras eram iguais, passando a associar certas funções dos corpos com certos órgãos. Da mesma maneira, começou-se a associar também determinadas lesões com a causa da morte. Nessa remota época, nascia, portanto, uma noção inicial de medicina legal.

Posteriormente, por volta do ano 900 a.C., o Código de Hamurabi já citava a existência de uma relação médico-paciente.

Platão, nos anos 300 a.C., já fazia uma associação entre a atividade de trabalho e determinadas lesões ou deformidades. Por exemplo, um carpinteiro tinha certas lesões, um indivíduo trabalhando numa pedreira tinha outras etc. Tais constatações são, igualmente, uma forma de análise pericial.

Já em Roma, por volta de 700 a.C., o imperador Numa Pompílio determinou que as mulheres grávidas não poderiam ser submetidas à execução, devendo esperar dar à luz para serem executadas. O grande problema era dizer se uma mulher estava ou não grávida, visto que a gravidez humana é imperceptível em 50% do seu tempo e dura em torno de 40 semanas lunares (um mês lunar corresponde a 28 dias, resultado da multiplicação de sete dias por quatro semanas). Portanto, considerando que, apenas depois de quatro meses e meio, a gestação humana é perceptível, como cumprir a ordem do imperador sem a percepção externa de que a mulher estava ou não grávida? Foi então que métodos periciais foram desenvolvidos na Roma Antiga para detectar precocemente a gravidez, inclusive métodos utilizando a análise da urina.

Avançando no tempo, em 450 a.C., a Lei das Doze Tábuas constatou uma realidade, qual seja: a gestação de uma mulher não supera o prazo de dez meses. A importância de se conhecer a duração máxima da gravidez é uma questão a ser discutida mais adiante sobre a determinação da paternidade.

Ao dizer que a gestação humana não dura mais que dez meses (art. 1.523, II, do CC), se a mulher conviveu com um parceiro até determinado período e depois trocou de parceiro, dependendo de quanto tempo estiver grávida, seu filho só poderá ser de um ou de outro, haja vista o lapso temporal da gestação. É a chamada presunção *pater ist est* (art. 1.598 do CC), considerando que houve uma sucessão de parceiros, e não uma concomitância.

Ainda na Roma Antiga, como muitos imperadores morriam em virtude não de causas naturais, mas, sim, vítimas de violência, seus cadáveres começaram a ser examinados a fim de se determinar a respectiva *causa mortis*.

O Código de Justiniano, em 485 a.C., determinou alguns conceitos utilizados até hoje, como a indicação da provável data de nascimento levando em conta a duração da gravidez. Da mesma maneira, a análise das gestantes e a coleta do depoimento dos médicos em juízo tornaram-se formas de produção probatória.

Já depois de Cristo, na Idade Média, a chamada Lei Sálica, em 511, determinava que as mulheres não deveriam entrar na cadeia sucessória quando se tratasse de assumir o trono. A questão é que nem sempre era possível definir se o indivíduo era homem ou mulher. Por conta disso, o perito deveria fazer essa avaliação, haja vista que, pela Lei Sálica, ele deveria determinar se quem estava pleiteando o trono era homem ou mulher.

As capitulares do rei Carlos Magno, por sua vez, previam a descrição das lesões. Assim, se houve um crime em que foram produzidas lesões corporais, tais lesões não deveriam ser apenas mencionadas mas também descritas.

No período de prevalência do direito canônico na Idade Média, a bula (decreto) papal de Gregório IX dizia que somente o médico seria capaz de dizer qual dos ferimentos teria causado a morte. O papa Gregório XI autorizou, inclusive, a realização de necropsias para análise dos delitos.

O rei Carlos V, em 1532, no Código Criminal Carolino, permitia as necropsias em caso de morte violenta.

A primeira obra escrita sobre medicina legal veio da China: o livro *Hsi Yuan Lu*, publicado em 1248, versava sobre os conhecimentos médicos aplicados à solução de crimes e o diagnóstico de lesões produzidas antes e depois da morte, bem como sobre a técnica de exame de corpos.

Na França, em 1275, foi publicado o livro *Traité des Relatories*, de Ambroise Paré, que abordava, principalmente, os ferimentos causados por armas de fogo. Paré foi, inclusive, considerado o pai da medicina legal por Lacassagne.

Em 1832, surgiram, no Brasil, os primeiros regulamentos de medicina legal, tendo em vista o advento do primeiro Código Penal de 1830 e do Código de Processo Penal Nacional de 1831.

Segundo Oscar Freire, a evolução da medicina legal no Brasil pode ser dividida em três fases:

- estrangeira;
- de transição;
- de nacionalização.

Fase estrangeira (fim do Período Colonial até 1877)

- 1832 – regulamentação do Código de Processo Penal com o estabelecimento de regras para os exames de corpo de delito.

Escolas médico-cirúrgicas criadas em 1808, na Bahia e no Rio de Janeiro, são transformadas em faculdades de Medicina oficiais.

A medicina legal nacional foi influenciada, de forma decisiva, pelos franceses e, em menor grau, pelos alemães e pelos italianos – a influência dos portugueses foi praticamente nula.

- 1854 – Conselheiro Jobim ficou encarregado de uniformizar a prática dos exames médico-legais.
- 1856 – Francisco Ferreira de Abreu, sucessor do Conselheiro Jobim, passou a fazer perícias toxicológicas nos laboratórios da Faculdade de Medicina. Ainda nesse ano, foi criado o primeiro necrotério do Rio de Janeiro.

Fase de transição (1877-1895)

- 1879 – Souza Lima é autorizado a dar um curso prático de Tanatologia Forense no necrotério oficial.
- 1891 – as faculdades de Direito passam a ter como obrigatória a disciplina de Medicina Legal.

Fase da nacionalização (1895 até o final do século XX)

- 1895 – posse de Raimundo Nina Rodrigues como catedrático de Medicina Legal da Faculdade de Medicina da Bahia. Lombroso, criminologista italiano, o chamava de "apóstolo da Antropologia Criminal do Novo Mundo".

A verdadeira nacionalização da medicina legal no Brasil se deveu à criação, por Raimundo Nina Rodrigues, da Escola brasileira da especialidade na Bahia, constituída, entre outros, por Alcântara Machado, Júlio Afrânio Peixoto, Leonídio Ribeiro, Oscar Freire e Estácio Luiz Valente de Lima, que, originariamente, "orientou a diferenciação da disciplina, dos seus métodos e da sua doutrina para as particularidades do meio judiciário, das condições físicas, biológicas e psicológicas do ambiente" (Gerardo Vasconcelos).

Nina Rodrigues faleceu em 1906, deixando dois discípulos: Afrânio Peixoto e Oscar Freire.

- 1903 – Afrânio Peixoto, inspirado no sistema alemão, propôs a reformulação do Gabinete Médico-legal, proposta essa acatada pelo Governo Federal com a publicação do Decreto nº 4.864, que estabelecia normas detalhadas para a descrição e conclusão de perícias médicas.
- 1911 – Oscar Freire torna-se o diretor do Serviço de Medicina Legal da Bahia.
- 1917 – Oscar Freire começa a trabalhar na Faculdade de Medicina da Universidade de São Paulo.
- 1923 – o Serviço Médico-Legal do Rio de Janeiro começa a fazer parte do Instituto Médico-Legal, órgão que passou a ser subordinado ao Ministério da Justiça, não mais à Polícia.
- 1941 – com o Novo Código de Processo Penal, as perícias começam a ser realizadas apenas por peritos oficiais.
- 1967 – médicos legistas brasileiros se unem para fundar a Sociedade Brasileira de Medicina Legal.

I.4 CLASSIFICAÇÃO DIDÁTICA DA MEDICINA LEGAL

Da mesma forma que o direito é um todo e é subdividido em "ramos" para melhor didática, a medicina legal também o é.

Há uma medicina legal geral que é dividida em **deontologia médica** e **diceologia médica**. A primeira é o estudo do código de ética médica, que não será objeto de estudo deste livro. Já a segunda é o direito relacionado à medicina, que também não é objeto de estudo para a maioria dos concursos jurídicos.

A parte da medicina legal que interessa para provas e concursos em geral e que será abordada nos capítulos seguintes é a **medicina legal especial**. Esta, por sua vez, é subdividida em diversas disciplinas: antropologia forense, asfixiologia forense, criminologia, genética médico-legal, infortunística, policiologia forense, psicologia forense, psiquiatria forense, sexologia forense, tanatologia forense, toxicologia forense, traumatologia forense e, por fim, vitimologia.

🧩 Decifrando a prova

(2018 – Cespe/Cebraspe – PC/MA – Médico-Legista – Adaptada) É correto afirmar que Raimundo Nina Rodrigues exerceu relevante papel na história da medicina legal brasileira por meio da instituição da cátedra de medicina legal no curso de direito da Universidade de São Paulo, onde lecionou a disciplina.

( ) Certo ( ) Errado

Gabarito comentado: Raimundo Nina Rodrigues exerceu relevante papel na história da medicina legal brasileira por meio da criação, por ele, de uma escola brasileira de medicina legal, na Bahia, fato que nacionalizou a especialidade. Ele não exerceu relevante papel na história da medicina legal brasileira por meio da instituição da cátedra de medicina legal no curso de Direito da Universidade de São Paulo, onde lecionou a disciplina, conforme menciona o enunciado da questão. Portanto, a assertiva está errada.

(2019 – Instituto Acesso – PC/ES – Delegado – Adaptada) Como área de estudo e aplicação de conhecimentos científicos, a Medicina Legal está alicerçada em um conjunto de conhecimentos destinados a defender os direitos e os interesses dos homens e da sociedade. Assim, é correto afirmar que a medicina legal pode ser conceituada como a aplicação de conhecimento médico e biológico na execução de leis segundo a previsão legal, com obrigação de fazer relatórios cooperando na elaboração, auxiliando na interpretação, e colaborando na execução das leis de forma a ser uma medicina aplicada.

( ) Certo ( ) Errado

Gabarito comentado: esse enunciado está errado, pois é incorreto afirmar sobre a obrigatoriedade de fazer relatórios. Ademais, a medicina legal é um conhecimento médico e paramédico que, no âmbito do direito, concorre para elaboração, interpretação e execução de leis existentes. Por meio de pesquisa científica, realiza seu aperfeiçoamento, estando a medicina a serviço das ciências jurídicas e sociais. Portanto, a assertiva está errada.

(2018 – Cespe/Cebraspe – PC/MA – Médico-Legista – Adaptada) É correto afirmar que a Medicina legal é definida como um conjunto de conhecimentos médicos destinados a servir ao direito e que cooperam na elaboração, interpretação e execução de dispositivos legais, no seu campo de ação de medicina aplicada.

( ) Certo ( ) Errado

Gabarito comentado: de acordo com o autor Delton Croce Jr. (2012), a medicina legal é ciência e arte extrajurídica auxiliar alicerçada em um conjunto de conhecimentos médicos, paramédicos e biológicos destinados a defender os direitos e os interesses dos homens e da sociedade. E, para fazê-lo, serve-se de conhecimentos médicos especificamente relacionados com a Patologia, a Fisiologia, a Traumatologia, a Psiquiatria, a Microbiologia e a Parasitologia, a Radiologia, a Tocoginecologia, a Anatomia Patológica, enfim, com todas as especialidades médicas e biológicas, bem como o Direito; por isso se diz medicina legal (CROCE, 2012). Portanto, a assertiva está certa.

Perícias e peritos

2.I DEFINIÇÕES: PERÍCIA, PERÍCIA MÉDICO-LEGAL E PERITO

A **perícia** pode ser definida como experiência, saber ou habilidade. Ou seja, trata-se de um exame feito com a finalidade de estabelecer a falsidade ou a veracidade de situações, fatos e acontecimentos examinados por meio da análise da prova.

Já a **perícia médico-legal** é todo exame levado a efeito por profissionais da medicina (clínicos, laboratoriais ou necroscópicos) com a finalidade de ser utilizado em juízo.

Por fim, **perito** é todo profissional de nível superior (art. 159 do CPP), especialista em determinada área do conhecimento humano, que, por designação de autoridade competente, presta serviços à justiça ou à polícia a respeito de fatos, pessoas ou coisas.

2.2 PERÍCIAS

As perícias são divididas em perícias médicas e não médicas. As **perícias médicas** são aquelas cujo foco principal é o estudo da medicina legal. Já as **perícias não médicas** são aquelas concernentes a outros ramos, tais como contabilidade, psicologia, engenharia etc.

2.2.I Modo de realização

Quanto ao modo de sua elaboração, a perícia pode ser direta ou indireta.

Direta é a perícia realizada em contato direto com o corpo de delito, ou seja, faz-se uma análise direta de todos os elementos materiais encontrados referentes a um possível delito. Tais elementos podem ser, por exemplo, uma munição, uma mesa, um corpo humano vivo ou morto etc. Se o perito tem acesso a tais elementos e analisa-os diretamente, há uma perícia feita de forma direta.

Em contrapartida, se, pelos mais variados motivos, o perito não tem acesso aos objetos materiais em análise, é feita a chamada **perícia indireta**. É o caso, por exemplo, de um suposto homicídio onde não há o cadáver, mas há manchas de sangue no local. Há a narrativa de testemunhas oculares, uma gravação ou algo que permita a reconstituição dos fatos. Esse contato, que não é direto com o corpo de delito, é chamado de perícia indireta (art. 167 do CPP).

2.2.2 Finalidades

Cada perícia pode ter mais de uma finalidade, subdividindo-se em:

- perícia de retratação, *percipiendi* ou narrativa;
- perícia interpretativa, *deduciendi* ou científica;
- perícia opinativa.

A **perícia de retratação** (ou *percipiendi* ou narrativa) é quando o perito, com conhecimento específico, faz uma análise acerca de uma situação sem tirar maiores conclusões.

A segunda modalidade, chamada de **interpretativa**, *deduciendi* ou científica, é a mais comum. É aquela em que o perito não só traduz uma situação mas também tira suas conclusões científicas, realizando verdadeira análise interpretativa do retrato da situação.

Na terceira modalidade, chamada de **opinativa**, o perito, além de interpretar determinada situação, emite opinião técnica citando, inclusive, o que pode vir a acontecer. Um caso comum desse tipo de perícia acontece quando um perito analisa a periculosidade de um indivíduo cumprindo medida de segurança ou de um preso que pede progressão de regime. O perito emite parecer não só quanto ao contexto atual desse indivíduo mas também sobre o que pode ocorrer no futuro.

Além disso, com relação ao momento de sua realização, a perícia é dividida em duas espécies:

- perícia retrospectiva;
- perícia prospectiva.

A **perícia retrospectiva** é a mais comum, já que o perito analisa fatos pretéritos após a ocorrência do crime, prestando auxílio no esclarecimento do caso. A **prospectiva**, por sua vez, é aquela em que se olha para a frente, dando uma previsão do que pode vir a ocorrer.

Dessa forma, a finalidade da perícia é produzir prova, e a prova não é outra coisa senão o elemento demonstrativo do fato.

Paulo Rangel (2014, p. 461-462) conceitua prova como "o meio instrumental de que se valem os sujeitos processuais (autor, juiz e réu) de comprovar os fatos da causa, ou seja, os fatos deduzidos pelas partes como fundamento do exercício dos direitos de ação e de defesa".

Quanto às provas ilegais, chama-se **prova proibida** aquela que é obtida por meios contrários à norma. Já a **prova ilícita** é aquela cuja obtenção agride uma regra de direito material. A **prova ilegítima**, por sua vez, afronta princípios da lei processual.

Ainda quanto a esse tema, a avaliação da prova pode ser feita por meio de três sistemas conhecidos:

- **Sistema legal ou tarifado** – é aquele em que o juiz se limita a comprovar o resultado das provas e cada prova tem um valor certo e preestabelecido.

- **Sistema da livre convicção** – neste sistema, o magistrado é soberano e julga segundo sua consciência, não estando obrigado a explicar as razões de sua decisão.

- **Sistema da persuasão racional ou do livre convencimento motivado** –adotado no Brasil, este sistema ocorre quando o juiz forma seu próprio convencimento baseado em razões justificadas. Nele, mesmo que o juiz não esteja adstrito às provas existentes nos autos, terá que fundamentar sua rejeição (art. 93, IX, da CF/1988). A sentença deverá examinar as provas produzidas ou indicar onde se encontram os fatos que ensejaram o convencimento do juiz.

A verdadeira finalidade da perícia é informar e fundamentar, de maneira objetiva, todos os elementos consistentes no corpo de delito e, se possível, aproximar-se de uma provável autoria.

Por fim, ressalta-se que a função do perito se limita a verificar o fato, indicando a causa que o motivou. Assim, realizada por perito oficial ou não, **o compromisso da perícia é com a verdade e, caso realizada declaração falsa, incorre o perito no art. 342 do CP.**

2.3 PERITOS

Os peritos se dividem em três espécies:

- oficiais;
- nomeados;
- assistentes técnicos.

Os **peritos oficiais** são servidores públicos, aprovados por meio de concursos específicos, e podem ser, por exemplo, médicos legistas, papiloscopistas ou psicólogos.

Os quadros do poder público não têm profissionais de todas as áreas. Por conta disso, existem situações específicas em que o juiz ou o delegado nomeia determinado perito para determinada função: são os **peritos nomeados**. Enquanto exercem essa função, tais peritos, por força do art. 327 do CP, são considerados funcionários públicos com as mesmas responsabilidades e respondem pelos mesmos delitos como se fossem concursados.

Quanto ao número de peritos em um processo, com a reforma trazida pela Lei nº 11.690/2008, não existe mais distinção entre as áreas cível, criminal e trabalhista, sendo regra a atuação de apenas um perito por área. Isso não quer dizer que não possa haver, em determinados processos, vários peritos (um psicólogo, um contador, outro médico etc.).

Antes de 2008, eram dois peritos por área, ou seja, dois médicos para o mesmo processo. Nessa época, um médico fazia o exame e o outro acompanhava o relatório: um era o perito examinador, enquanto o outro era o perito subscritor.

Há ainda a categoria dos **assistentes técnicos**, que são especialistas contratados pelas partes a seu critério e às suas custas. Esses assistentes acompanham o trabalho do perito oficial, podendo elaborar quesitos, acompanhar diligências, prestar depoimento em juízo etc.

O número de peritos é previsto no art. 159 do CPP (para a área penal), nos arts. 465 e 475 do CPC (para a área cível) e no art. 3º da Lei nº 5.584/1970 (para a área trabalhista).

2.3.1 Lei n° 12.030/2009

A Lei n° 12.030/2009 dispõe sobre as **perícias oficiais** e estabelece normas gerais para **perícias de natureza criminal**, conforme dispõe seu art. 1°.

O art. 2° da mesma lei fala em autonomia técnica, o art. 3° em regime especial de trabalho e o art. 5° aborda a exigibilidade de formação superior (no caso de alguns peritos, formação específica).

A relevância da autonomia técnica é verificada em situações em que, se o perito quiser proceder com determinado exame, não será necessário perguntar antes ao juiz sobre a possibilidade ou não de realizá-lo. Nesse caso, o perito tem liberdade para realizar o que achar necessário para, depois, apresentar o laudo com suas conclusões.

No caso do regime especial de trabalho, se o perito for médico, sua carga horária de trabalho como servidor público será de 4 horas por dia.

Quanto à formação superior específica, esta dependerá da área de atuação do perito. Se ele quiser ser médico-legista, deverá ser diplomado em Medicina, assim como o odontolegista terá que ser, necessariamente, dentista por formação. Tal exigência só foi consolidada a partir da Lei n° 12.030/2009.

Conforme já explanado, há três espécies de peritos: os oficiais, os nomeados e os assistentes técnicos. Especificamente no caso dos servidores públicos que respondem pela Lei n° 8.112/1990, é possível, sendo servidor público de carreira, não aceitar determinada incumbência? Sim, é possível. Nessa hipótese, o perito deve dizer ao juiz que não gostaria de assumir determinada função e explanar os motivos concretos que o levaram a essa recusa (ex.: impedimento e/ou suspeição), ou, ainda, embora seja formado/habilitado em determinada área, talvez seja algo tão específico que o perito não se sinta habilitado a atuar naquela situação em particular, devendo explicar tal posição ao juiz.

Nesses casos, o perito tem 15 dias a partir da sua nomeação, nos termos do art. 465, § 1°, I, do CPC/2015, para dizer ao juiz que não pode atuar naquele processo. Foge a essa regra o caso de impedimento ou suspeição superveniente, ou seja, quando, no desenrolar do processo, for envolvida pessoa próxima do perito, tornando-o impedido ou suspeito.

Da mesma forma, se surgirem detalhes técnicos posteriores que fujam da área de domínio do perito designado, este pode requerer ao juiz que habilite outro perito com habilidades técnicas específicas para atender à elucidação do caso em questão.

De qualquer maneira, não havendo causa superveniente, o impedimento ou a suspeição não podem ser alegados pelo perito após transcorridos cinco dias de sua nomeação.

Outro questionamento recorrente é se o perito pode prestar depoimento em juízo. Há, sim, essa possibilidade, e, caso o perito não compareça quando devidamente intimado, poderá ser conduzido coercitivamente.

O perito também responde pelo crime de falso testemunho ou falsa perícia, conforme previsão contida no art. 342 do CP.

2.3.2 Impedimento/suspeição

Os dispositivos referentes à área penal estão contidos nos arts. 105, 254 a 256 e 280, todos do CPP.

Na área cível, é aplicável o art. 465, § 1º, I, do CPC/2015.

2.4 DO EXAME DE CORPO DE DELITO E DA CADEIA DE CUSTÓDIA (ARTS. 158 A 184 DO CPP)

Antes de aprofundar o tema, cabe diferenciar os conceitos de "corpo de delito" e de "exame de corpo de delito".

Corpo de delito nada mais é que o conjunto de provas materiais deixadas durante o cometimento do crime, ou seja, são vestígios da prática criminosa colhidos no local do fato, no instrumento utilizado para a execução do crime, nas pessoas vivas ou mortas etc.

Já o **exame de corpo de delito** é o que se faz em todos os vestígios encontrados, ou seja, é o exame feito no corpo de delito.

Doutrinariamente, o corpo de delito é dividido em:

- permanente (*delicta factis permanentis*);
- transitório (*delicta factis transeuntes*).

Permanente é a evidência da materialidade delitiva que não se perde com o passar do tempo. O disparo de arma de fogo em uma parede, por exemplo, deixa sua marca por muito tempo. Por outro lado, uma lesão leve, como uma rubefação, que desaparece em poucas horas, é chamada de corpo de delito **transitório** ou transeunte, em que o tempo é determinante na produção probatória.

Como dito, o exame de corpo de delito é o exame realizado no local dos fatos, nos instrumentos e nas pessoas envolvidas, podendo ser feito em qualquer coisa que possa estar, de alguma maneira, relacionada à materialidade delitiva.

Díaz, citado por Bonnet, afirma que, no corpo de delito, devem ser considerados:

- *corpus criminis* – a pessoa ou a coisa sobre a qual se tenha cometido uma infração e em que se procura revelar o corpo de delito. No entanto, sua presença isolada não configura a existência do elemento palpável da antijuridicidade. Ou melhor, o corpo da vítima não é o corpo de delito, senão um elemento no qual poderiam existir os componentes capazes de caracterizar o *corpus delicti*;
- *corpus instrumentorum* – a coisa material com a qual se perpetrou o fato criminoso e na qual serão apreciadas sua natureza e sua eficiência;
- *corpus probatorum* – o elemento de convicção: provas, vestígios, resultados ou manifestações produzidas pelo fato delituoso. Ou seja, o conjunto de todas as provas materiais de um crime.

O exame do corpo de delito tem como objetivo tornar evidente a prática delitiva a partir da apuração de seus objetos materiais, podendo ser feito de maneira direta ou indireta, conforme previsto no art. 158 do CPP:

Art. 158. Quando a infração deixar vestígios, será indispensável o exame de corpo de delito, direto ou indireto, não podendo supri-lo a confissão do acusado.

Muito embora se trate de ponto estudado no direito processual penal, é importante destacar a relevante modificação trazida pela Lei nº 13.721/2018, que acrescentou parágrafo único ao art. 158, quando da realização dos exames de corpo de delito:

Parágrafo único. **Dar-se-á prioridade** à realização do exame de corpo de delito quando se tratar de crime que envolva:

I – **violência doméstica e familiar contra mulher**;

II – **violência contra criança, adolescente, idoso ou pessoa com deficiência**. (Grifos nossos.)

Ainda no que tange ao **exame de corpo de delito direto**, sua nomenclatura já é bastante sugestiva e esclarecedora, já que esse exame ocorre quando há contato direto do perito com os vestígios da infração Quando não for possível o contato direto, seja porque os vestígios não existem mais (*delicta factis transeuntes*), seja porque nunca foram localizados, estaremos diante do **corpo de delito indireto**.

CPP

Art. 167. Não sendo possível o exame de corpo de delito, por haverem desaparecido os vestígios, a prova testemunhal poderá suprir-lhe a falta.

Caso não fosse admitida a prova testemunhal e não fosse possível a realização do exame de corpo de delito indireto, por exemplo, na hipótese de um homicídio sem que o cadáver seja encontrado, não poderia haver condenação do réu, o que seria, ainda que implicitamente, um estímulo à ocultação do corpo.

Portanto, é possível a imputação de homicídio sem que o cadáver seja encontrado, por conta de evidências, provas testemunhais ou outro vestígio não material do próprio crime.

Outro exemplo seria o da lesão leve, que demorou horas ou dias – a depender da lesão – para ser apreciada e desapareceu. O autor desse crime ficará impune? Não. A palavra da vítima, a prova testemunhal, entre outras provas, supre a falta do exame pericial.

2.4.1 Exame de corpo de delito direto

Este exame pode ser feito onde quer que seja e a qualquer tempo, conforme aduz o art. 161 do CPP: "o exame de corpo de delito poderá ser feito em qualquer dia e a qualquer hora".

Importante destacar, entretanto, que não se trata de regra absoluta, já que há uma exceção, que é justamente o exame de necropsia, o qual deverá ser feito pelo menos seis horas após o óbito. Isso porque, às vezes, a pessoa parece morta (hipótese da catalepsia, também conhecida como síndrome de Lázaro, que será estudada mais adiante), mas, na realidade, não está.

Conforme veremos no estudo da cronotanatognose, há sinais imediatos da morte que são indícios de mera probabilidade, por exemplo: vítima inconsciente e/ou imóvel, batimentos cardíacos quase imperceptíveis, respiração imperceptível etc.

Por outro lado, há sinais mediatos que aparecerão com o passar das horas, por exemplo: diminuição da temperatura corporal, enrijecimento (rigidez cadavérica), desidratação, deposição do sangue (manchas) etc. Estes, sim, são sinais que certificam a certeza da ocorrência da morte, já que demoram cerca de duas a três horas após o óbito para aparecer. Por isso, o CPP, em seu art. 162, recomenda que a necropsia seja feita seis horas após a suposta hora da morte.

No entanto, havendo sinais evidentes, não é necessário aguardar as seis horas seguintes à provável hora da morte. Por exemplo, um desastre de trem em que a vítima foi decapitada.

Sobreleva-se, ainda, que, no direito brasileiro, a necropsia deve ser feita, exclusivamente, nos casos de morte violenta. Além disso, é feita em duas etapas:

- **Etapa externa** (análise visual sob o aspecto do corpo – estatura, envergadura, dentição, marcas na pele).
- **Etapa interna** (abertura de todas as cavidades do corpo com a análise das partes, dos fluidos, do sangue etc.).

Caso o perito já se sinta seguro para determinar a causa da morte do indivíduo apenas com a etapa externa, pode parar a análise sob sua conta e risco. No entanto, o mais comum é que isso não aconteça, partindo-se para a necropsia interna.

O papel do perito é dizer o aqui e o agora (*hic et nunc*), olhar e repetir o que foi observado (*visum et repertum*). Portanto, o perito não julga, não aponta a causa jurídica da morte, mas tão somente a causa médica da morte, informando, tecnicamente, o que fora observado durante a realização da perícia.

O perito, ao realizar a necropsia interna, deve guardar material suficiente para realizar nova perícia, caso seja necessário, conforme aduz o art. 170 do CPP, por, basicamente, dois motivos:

- para evitar exumação desnecessária;
- perda de elementos probatórios por conta da putrefação.

Por fim, devemos enfatizar que a necropsia não pode ser interrompida nem reiniciada, ou seja, uma vez iniciada, o perito deverá ir até o fim.

🧩 Decifrando a prova

(2019 – Instituto AOCP – PC/ES – Médico-Legista – Adaptada) Após estabelecido o nexo de causalidade entre uma ação realizada por um médico e o dano corporal resultante em um municiando, o médico-legista passou a verificar as repercussões do dano em suas atividades. Tendo em vista que o dano corporal foi considerado permanente, é incorreto afirmar que verificar a culpa do médico não é importante para realizar a avaliação.

( ) Certo ( ) Errado

Gabarito comentado: essa afirmativa não está correta, pois os operadores do direito, como o Delegado de Polícia, um membro do Ministério Público e o juiz, são responsáveis pela análise jurídica (avaliação da culpa do médico), enquanto os médicos-legistas se limitam à análise somente da produção das provas periciais (atuação objetiva). Portanto, a assertiva está errada.

(2018 – Vunesp – PC/BA – Delegado – Adaptada) Jovem do sexo masculino é encontrado morto no seu quarto, aparentemente um caso de suicídio por enforcamento. Logo ao chegar no local de morte, a equipe pericial encontra a vítima na cama, com o objeto usado como elemento constritor removido. Nessa situação, o perito criminal deve realizar o exame externo do cadáver, de tudo que é encontrado em torno dele ou que possa ter relação com o fato em questão, e registrar, no laudo, a alteração notada no local de morte.

( ) Certo ( ) Errado

Gabarito comentado: o perito criminal precisa fazer o exame externo do cadáver, de tudo que é encontrado em torno dele ou que possa ter relação com o fato em questão e registrar, no laudo, a alteração notada no local de morte, de acordo com o art. 169, parágrafo único, do CPP. Portanto, a assertiva está certa.

2.4.2 Prazos

Os peritos emitem laudos que são regidos por regras diferentes do processo penal e do processo civil. O art. 160 do CPP determina, por exemplo, que o perito entregue o laudo em **dez dias**. Todavia, nem sempre haverá conclusão definitiva durante esse período, sendo esse prazo, portanto, **prorrogável**.

Frisa-se, contudo, que o prazo de prorrogação será estabelecido a critério judicial, já que a lei silencia a respeito.

Vale lembrar que os assistentes técnicos não emitem laudos, mas, sim, pareceres.

Quem emite laudo é somente o perito oficial.

2.4.3 Divergência entre peritos

Inicialmente, devemos lembrar que, desde 2008, não se exige mais a presença de dois peritos oficiais na realização de perícias criminais.

No entanto, em se tratando de perícia complexa (art. 159, § 7º, do CPP), poderá ser designado mais de um perito oficial. Dessa forma, o art. 180 do CPP continua a ter utilidade, pois, caso haja divergência entre os peritos, o juiz poderá nomear um terceiro, e, se este divergir de ambos, a autoridade poderá mandar proceder a novo exame por outros peritos.

> **Art. 180.** Se houver divergência entre os peritos, serão consignadas no auto do exame as declarações e respostas de um e de outro, ou cada um redigirá separadamente o seu laudo, e a autoridade nomeará um terceiro; se este divergir de ambos, a autoridade poderá mandar proceder a novo exame por outros peritos.

2.4.4 Falsa perícia

Destaca-se que o art. 342 do CP tipifica a conduta do perito que fizer afirmação falsa, negar ou calar a verdade em processo judicial ou administrativo, inquérito policial ou em juízo arbitral.

Por conta disso, a ideia do silêncio constitucionalmente assegurado é compatível apenas com o réu. A testemunha ou o perito não têm direito ao silêncio, pois, caso silenciem e sejam descobertos, praticam o crime descrito no art. 342 do CP.

Por fim, é importante ressaltar que os peritos são considerados funcionários públicos para fins penais, independentemente de fazerem parte dos quadros do Poder Judiciário, por força do art. 327 do CP.

2.4.5 Da cadeia de custódia

O Código de Processo Penal apregoa que, quando um crime deixa vestígios, é indispensável a realização do exame de corpo de delito, ou seja, é obrigatório que um perito oficial – ou duas pessoas idôneas, portadoras de diploma de curso superior, preferencialmente na área específica – examine os vestígios deixados pelo crime, para que estes venham a ser utilizados no processo penal como provas de autoria e materialidade da infração penal.

Nesse ponto, a Lei nº 13.964/2019 (Pacote Anticrime) trouxe importantes modificações a respeito da coleta dos vestígios do delito, sendo certo que as inovações trazidas pelo Pacote são um verdadeiro retrato daquilo que a Portaria nº 82, de 16 de julho de 2014, editada pela Secretaria Nacional de Segurança Pública do Ministério da Justiça, já preconizava, estabelecendo diretrizes e padronizações a respeito dos procedimentos a serem observados na cadeia de custódia.

A cadeia de custódia exige o estabelecimento de um procedimento regrado e formalizado, documentando cronologicamente toda prova coletada, a fim de que possa ser utilizada validamente em processo penal.

Segundo Geraldo Prado (2014, p. 80), a cadeia de custódia representa, justamente, o importante "[...] dispositivo que pretende assegurar a integridade dos elementos probatórios".

Dessa forma, trata-se de procedimento indispensável à regular utilização de uma evidência em juízo, a fim de que seja garantida sua autenticidade e confiabilidade.

Importante ressaltar que os procedimentos devem ser observados por todos aqueles responsáveis pela preservação, integridade, idoneidade e valoração da prova, que se inicia na fase de investigação preliminar, estendendo-se até o processo criminal.

2.4.6 Dos vestígios, evidências e indícios

No que concerne ao tema **exame de corpo de delito** e **cadeia de custódia**, há três terminologias comumente utilizadas e até semelhantes que, entretanto, não se confundem; são elas: vestígio, evidência e indício.

Conforme descrição da Portaria nº 82/2014, em seu Anexo II, **vestígio** "é todo objeto ou material bruto, de interesse para elucidação dos fatos, constatado e/ou recolhido em local de crime ou em corpo de delito e que será periciado".

Dessa forma, o que irá determinar se um vestígio possui ou não relação com o fato criminoso é a análise pericial realizada nele. Caso o perito conclua que o vestígio tem relação com o fato criminoso e, por conseguinte, importância jurídica, ele passará a ser chamado de **evidência**, ao passo que o vestígio que não tem correlação com o fato criminoso é considerado ilusório ou forjado.

A evidência pode ser revestida de conteúdo objetivo ou subjetivo. A evidência revestida de **conteúdo objetivo** é aquela que possui relação direta com o evento criminoso, tendo sido comprovada cientificamente pelo perito criminal. Já a evidência com **conteúdo subjetivo** é aquela que retrata a motivação do crime, por exemplo, indicada pelo Delegado de Polícia.

Por fim, o conceito de **indício** é trazido pelo art. 239 do CPP: "Considera-se indício a circunstância conhecida e provada, que, tendo relação com o fato, autorize, por indução, concluir-se a existência de outra ou outras circunstâncias".

2.4.7 Etapas ou fases da cadeia de custódia

A preservação das fontes de prova é fundamental. Por conta disso, a Lei nº 13.964/2019 trouxe um conjunto de procedimentos – mais precisamente no art. 158-B do CPP – a serem criteriosamente observados por todos os agentes envolvidos, desde o reconhecimento de um vestígio até o seu descarte.

Etapas da cadeia de custódia		
I	Reconhecimento	Ato de distinguir um elemento como de potencial interesse para a produção da prova pericial.
II	Isolamento	Ato de evitar que se altere o estado das coisas, devendo isolar e preservar o ambiente imediato, mediato e relacionado aos vestígios e local de crime.
III	Fixação	Descrição detalhada do vestígio conforme se encontra no local de crime ou no corpo de delito, e a sua posição na área de exames, podendo ser ilustrada por fotografias, filmagens ou croqui, sendo indispensável a sua descrição no laudo pericial produzido pelo perito responsável pelo atendimento.
IV	Coleta	Ato de recolher o vestígio que será submetido à análise pericial, respeitando suas características e natureza.

Etapas da cadeia de custódia		
V	Acondicionamento	Procedimento por meio do qual cada vestígio coletado é embalado de forma individualizada, de acordo com suas características físicas, químicas e biológicas, para posterior análise, com anotação da data, hora e nome de quem realizou a coleta e o acondicionamento.
VI	Transporte	Ato de transferir o vestígio de um local para o outro, utilizando as condições adequadas (embalagens, veículos, temperatura, entre outras), a fim de garantir a manutenção de suas características originais, bem como o controle de sua posse.
VII	Recebimento	Ato formal de transferência da posse do vestígio, que deve ser documentado com, no mínimo, informações referentes ao número de procedimento e unidade de polícia judiciária relacionada, local de origem, nome de quem transportou o vestígio, código de rastreamento, natureza do exame, tipo do vestígio, protocolo, assinatura e identificação de quem o recebeu.
VIII	Processamento	Exame pericial em si, manipulação do vestígio de acordo com a metodologia adequada às suas características biológicas, físicas e químicas, a fim de se obter o resultado desejado, que deverá ser formalizado em laudo produzido por perito.
IX	Armazenamento	Procedimento referente à guarda, em condições adequadas, do material a ser processado, guardado para realização de contraperícia, descartado ou transportado, com vinculação ao número do laudo correspondente.
X	Descarte	Procedimento referente à liberação do vestígio, respeitando a legislação vigente e, quando pertinente, mediante autorização judicial.

Como já mencionado, o Pacote Anticrime, nesse ponto, trouxe à baila aquilo que a Portaria nº 82 da Secretaria Nacional de Segurança Pública (Senasp) já previa. Entretanto, de todas as fases contidas na lei, a fase do "isolamento" é uma real inovação das etapas da cadeia de custódia, já que não era mencionada na referida Portaria.

Ainda, é de se notar que a responsabilidade do perito criminal no manuseio dos vestígios e na elaboração do laudo pericial é de grande importância, pois há probabilidade de falhas, as quais podem ensejar a invalidação da prova pericial.

2.4.8 Quebra da cadeia de custódia

A preservação da cadeia de custódia é essencial para a maior integridade e confiabilidade da prova, situando a discussão no campo da "antijuridicidade da prova ilícita", consagrada no art. 5º, LVI, da CF/1988, acarretando a sua inadmissibilidade.

O CPP estabelece, em seu art. 158-C, que a coleta de vestígios deverá ser realizada, preferencialmente, por perito oficial, assim como o seu necessário **encaminhamento à central de custódia**, mesmo quando necessário algum exame complementar.

Faz-se necessário comentar ainda que, em cada uma das etapas da cadeia de custódia, deverão ser **observadas as regras técnicas** delineadas pela lei, além de **serem empregados os materiais necessários à preservação do vestígio**, bem como adotados os **protocolos de segurança** exigidos (art. 158-D do CPP).

A inobservância desse procedimento acarreta a invalidação do elemento coletado como prova pericial.

Nesse sentido, Geraldo Prado (2014, p. 80) explica que "[...] a alteração das fontes contamina os meios e que sua não preservação afeta a credibilidade desses meios".

O problema na **quebra da cadeia da custódia da prova** é que a não preservação integral das provas afeta à credibilidade dos meios e, fatalmente, acarretará a nulidade de todo o processo.

Por esse ângulo, a teoria da quebra da cadeia da custódia da prova é frequentemente alegada quando não é disponibilizado para defesa o franqueamento da integralidade da degravação ou dos áudios de uma interceptação telefônica, já que decorre, da garantia da ampla defesa, o direito do acusado à disponibilização da integralidade de mídia, contendo o inteiro teor dos áudios e diálogos interceptados (STJ, HC nº 160.662, de 18.02.2014, Rel. Min. Assusete Magalhães).

Ante o exposto, é de se concluir que eventual **quebra da cadeia de custódia** da prova importa na **ilicitude da prova**, devendo o magistrado determinar o consequente **desentranhamento dos autos**, pronunciando-se ainda acerca da **extensão da ilicitude e eventual contaminação de provas derivadas daquela.**

🧩 Decifrando a prova

(2018 – Fumarc – PC/MG – Delegado – Adaptada) No que tange à perícia oficial e em acordo com o CPP, é correto afirmar que se entende por perícia complexa aquela que abrange mais de uma área de conhecimento especializado.

( ) Certo ( ) Errado

Gabarito comentado: conforme enuncia a redação do art. 159, § 7º, do CPP, a perícia complexa abrange mais de uma área de conhecimento especializado, sendo possível designar a atuação de mais de um perito oficial e a parte indicar mais de um assistente técnico. Portanto, a assertiva está certa.

(2017 – Cespe/Cebraspe – PC/GO – Delegado – Adaptada) No que se refere às perícias e aos laudos médicos em medicina legal, é incorreto afirmar que as perícias podem consistir em exames da vítima, do indiciado, de testemunhas ou de jurado.

( ) Certo ( ) Errado

Gabarito comentado: as perícias são realizadas em pessoas, vivas ou mortas, podendo ser realizadas na vítima, no indiciado, em testemunhas ou jurados. Portanto, a assertiva está errada.

(2018 – Instituto AOCP – ITEP/RN – Agente de Necropsia – Adaptada) Entende-se por Cadeia de Custódia o conjunto dos conhecimentos e técnicas necessários à elucidação dos crimes e à descoberta de seus autores, mediante a coleta e a interpretação de vestígios, fatos e consequências supervenientes.

( ) Certo ( ) Errado

Gabarito comentado: entende-se por Cadeia de Custódia o conjunto de todos os procedimentos utilizados para manter e documentar a história cronológica do vestígio, para rastrear sua posse e seu manuseio a partir de seu reconhecimento até o descarte. Portanto, a assertiva está errada.

Documentos médico-legais

3

Um documento médico-legal é a exposição verbal e os instrumentos escritos por médicos que visam elucidar questões de relevância policial ou judicial, servindo como meio de prova.

Existem cinco tipos de documentos médico-legais: notificações, atestados, atestados de óbito, relatório médico-legal e parecer médico-legal.

3.1 NOTIFICAÇÃO MÉDICO-LEGAL

Os profissionais da saúde, entre eles médicos, enfermeiros, psicólogos, fisioterapeutas, em determinados casos, precisam informar/notificar autoridades a respeito de determinada situação.

São duas as hipóteses de **notificação compulsória**: o primeiro caso é quando tais profissionais se deparam com doenças infectocontagiosas. Por exemplo, quando uma pessoa atendida é portadora de covid-19, será obrigatória a notificação dos órgãos de saúde, sendo essa informação de interesse público.

Outro caso de notificação compulsória é quando profissionais de saúde, em atendimento médico hospitalar, se deparam com questões relacionadas a possíveis crimes. Por exemplo, uma pessoa que procura atendimento estando com ferimentos de PAF – Projéteis de Arma de Fogo.

Quando a notificação compulsória é negligenciada, o profissional de saúde está sujeito à responsabilização.

O art. 269 do CP prevê a responsabilização do médico que deixar de denunciar à autoridade pública doença cuja notificação é compulsória.

A contrario sensu, o art. 154 do CP pune o profissional que quebra seu dever de sigilo, revelando a alguém, sem justa causa, segredo de que tenha ciência em razão de função. Entretanto, para que seja imputado esse tipo penal a alguém, deve estar presente, além do tipo objetivo, o tipo subjetivo, ou seja, deve estar presente o dolo de quebrar o sigilo. Portanto, ausente o dolo, deve-se afastar a responsabilidade do médico por atipicidade da conduta.

A Lei nº 6.259/1975 estendeu a obrigatoriedade da notificação não só ao médico mas também a todos os profissionais de saúde, incluindo-se os serviços de saúde privados. No entanto, importante frisar que a responsabilidade criminal continua sendo exclusiva do médico.

3.2 ATESTADO MÉDICO-LEGAL

Atestado médico-legal é o documento em que consta afirmação simples e por escrito de determinado fato médico e das consequências dele oriundas. Há quatro tipos de atestado médico-legal: o administrativo, o judiciário, o gracioso e o oficioso. Entre eles, o único que possui relevância para o estudo da medicina legal é o atestado judiciário, já que este é de interesse direto da Justiça.

3.3 ATESTADO DE ÓBITO

A declaração ou o atestado de óbito é documento médico-legal concedido pelo médico-perito legista com identificação e causa médica da morte. **É necessária somente nos casos de morte violenta (Suicídio, Acidente ou Crime – SAC),** nos quais será obrigatório o encaminhamento do corpo ao Instituto Médico-Legal (IML).

Nos casos de morte natural, o atestado de óbito é concedido pelo médico assistente, conforme disposto no art. 3º da Resolução nº 1.779/2005 do Conselho Federal de Medicina (CFM). Todavia, nos casos de ausência do médico assistente, a declaração de óbito poderá ser concedida pelo Serviço de Verificação de Óbito (SVO). Ausentes tanto o médico assistente quanto o SVO, o corpo deverá ser encaminhado ao IML para averiguação da *causa mortis*.

Delton Croce (2012) esclarece que "[...] será permitido o sepultamento do cadáver sem o atestado de óbito, por inexistência de médico no lugar, o qual, conforme o art. 77 da Lei nº 6.015, de 31 de dezembro de 1973 (Lei de Registros Públicos), é suprido pelo testemunho de duas pessoas qualificadas que tiverem presenciado ou verificado a morte". O art. 83 da mesma Lei de Registros Públicos estabelece que: "Quando o assento for posterior ao enterro, faltando atestado de médico ou de duas pessoas qualificadas, assinarão, com a que fizer a declaração, duas testemunhas que tiverem assistido ao falecimento ou ao funeral e puderem atestar, por conhecimento próprio ou por informação que tiverem colhido, a identidade do cadáver".

Atenção:

Não confundir certidão de óbito com atestado de óbito. A **certidão de óbito** é documento elaborado pelo servidor público do Cartório de Registros Públicos mediante apresentação da declaração/atestado de óbito.

É obrigatória a declaração de óbito para as mortes fetais intermediárias e tardias, conforme determina a Resolução nº 1.779/2005 do CFM. Caso o feto seja expelido pesando menos de 500 gramas, medindo até 25 centímetros e com menos de cinco meses de gestação, a emissão da declaração de óbito não é obrigatória, já que se trata de morte fetal prematura.

Dentro deste tópico, é muito importante, no estudo das **mortes fetais**, o uso da **Fórmula de Haase**, segundo a qual **a raiz quadrada do tamanho do feto resulta na idade**. Por exemplo, se o feto veio a óbito com 25 centímetros, ele possuía cinco meses de idade gestacional; se o feto tinha 20 centímetros, ele tinha entre quatro e cinco meses de idade gestacional.

Obs.: deve-se destacar a relevância de se estabelecer a idade gestacional. Observe que há casos em que a idade gestacional poderá precisar a ocorrência de um estupro, por exemplo, levando-se em consideração que a gravidez é sinal de certeza de conjunção carnal. Explicamos: se um feto com 25 centímetros (cinco meses de idade gestacional) for expelido durante aborto espontâneo em uma menina de 14 anos e dois meses, haverá a certeza de ocorrência de estupro, visto que a gravidez terá se iniciado quando a menina tinha apenas 13 anos.

3.4 RELATÓRIO MÉDICO-LEGAL

O relatório médico-legal é uma descrição minuciosa de todas as operações de uma perícia médica determinada pela autoridade policial ou judiciária. O relatório pode ser materializado na forma de **auto**, quando o perito dita aquilo que vê para o escrivão reduzir a termo, ou **laudo**, quando o próprio perito elabora o documento.

Esse documento médico-legal é dividido em sete partes: (I) preâmbulo, (II) quesitos, (III) histórico, (IV) descrição, (V) discussão, (VI) conclusão e (VII) resposta aos quesitos.

Método mnemônico	Poxa Que História Du Du Caramba		
	Poxa	P	PREÂMBULO
	Que	QUE	QUESITOS
	História	HIS	**HISTÓRICO**
	Du	D	DESCRIÇÃO
	Du	D	DISCUSSÃO
	Caramba	C	CONCLUSÃO
		R	RESPOSTA AOS QUESITOS

A parte mais importante do relatório médico-legal é a **descrição**, pois é o momento em que o perito utiliza a técnica do *visum et repertum*, isto é, visualizar e repetir.

3.4.1 Preâmbulo

O preâmbulo é o cabeçalho, isto é, a introdução na qual consta a qualificação do solicitante, do perito, do examinando, do local, data, hora e tipo de perícia a ser realizada.

3.4.2 Quesitos

Os quesitos podem ser **oficiais e/ou especiais**. Os mais comuns são os quesitos oficiais, os quais são predeterminados em um formulário que busca caracterizar os fatos relevantes que deram origem ao processo no foro penal, isto é, buscam caracterizar a ocorrência dos elementos de um fato típico.

Caso os quesitos oficiais não supram todas as necessidades de respostas que a situação desafia, podem ser propostos pela autoridade requisitante, quando, então, são considerados suplementares ou especiais.

Assim, com relação aos quesitos oficiais, pode-se dizer que estes já são preestabelecidos e possuem relação direta com o que dispõe a lei.

No crime de lesão corporal, por exemplo, os quesitos buscam descobrir se foram utilizados meios insidiosos ou cruéis e se isso resultou em afastamento de suas atividades habituais ou do trabalho por mais de 30 dias.

Atenção:

Depois dos 30 dias, a vítima deve ser submetida a outra perícia (art. 168 do CPP – perícia complementar) nos casos em que houve aceleração do parto ou perda de membro, sentido ou função.

Como se nota, os quesitos, no caso do crime de lesão corporal, se coadunam com as qualificadoras.

No caso de homicídio ou infanticídio, serão quesitos a causa da morte e os meios utilizados para atingir a morte da vítima, por exemplo.

Nos casos de aborto (arts. 124 a 128 do CP), há primeiro o exame cadavérico relacionado ao nascituro a respeito da materialidade, das causas da morte ou da destruição do concepto. No caso de morte também da gestante, há um segundo exame. Nesse caso, haverá quesitos a fim de se saber se essa morte se deu em virtude do aborto ou dos meios utilizados pela pessoa que praticou as manobras abortivas.

No caso da gestante, é necessário ainda que a perícia esclareça se existem vestígios da provocação do aborto e dos meios utilizados. Deve-se esclarecer igualmente se, em virtude dessas técnicas abortivas, fora ocasionada alguma lesão grave. Ou seja, os quesitos reproduzem os termos da lei.

No caso dos crimes contra a dignidade sexual, estudados com maior profundidade em sexologia forense, as provas periciais buscam a constatação dos vestígios do ato libidinoso ou da conjunção carnal e dos meios que foram utilizados. Além disso, a perícia esclarece casos em que, por conta da conduta criminosa, a vítima ficou incapacitada por mais de 30 dias, qualificando o crime de estupro, ou, por enfermidade ou deficiência mental, não tinha o necessário discernimento para a prática do ato, caracterizando um estupro de vulnerável.

Ainda sobre crimes sexuais, a perícia é relevante para a coleta de material genético, bem como a detecção ou não de virgindade. Vestígios de desvirginamento são buscados para saber se este foi recente ou tardio.

3.4.3 Histórico

É a contrapartida médico-legal da anamnese do exame clínico comum.

3.4.4 Descrição (*visum et repertum*)

Na descrição, o perito descreve tudo o que vê, por isso *visum et repertum*, que significa visualizar e repetir. Neste momento do relatório, o perito diz o que viu e traduz em palavras para que todos possam compreender. Destaque-se que em momento algum o perito estabelece um julgamento; ele apenas apresenta um quadro, que é o registro de tudo aquilo que será utilizado no posterior desempenho de suas funções.

3.4.5 Discussão

É o momento em que o perito coloca tudo o que foi visto em contraposição, ponderando tudo que foi trazido até ele por meio do seu próprio trabalho ou de outros para, após, chegar às suas próprias conclusões. Ressalte-se que tais conclusões são estritamente técnicas, com fundamentos objetivos e científicos, sem qualquer juízo de valor.

3.4.6 Conclusão

O perito, então, dará o seu diagnóstico, fundamentado nas etapas da descrição e discussão, passando para a última etapa do seu relatório.

3.4.7 Resposta aos quesitos

O perito responderá a todos os quesitos formulados – os preestabelecidos e os propostos pelas partes ou pelo juiz de ofício.

Importante!

Existe a possibilidade de o perito não responder a algum quesito? Existe, mas isso é raro! Quando o perito responde, ele deve fazê-lo de maneira direta, mas não vaga (ele não pode responder apenas "sim" ou "não").

- Quando o perito não responde é porque a resposta restou prejudicada por uma resposta anterior. Por exemplo, se ficou determinado que a causa da morte foi acidental, não há por que responder se referido óbito se deu com o uso de meio insidioso ou cruel. A resposta deverá ser, pois, "prejudicado".
- Quando se pergunta, por exemplo, se o perito acha que a vítima deve ou não ser indenizada, ele não deve responder, pois tal constatação não diz respeito à sua função.

Tirando as duas hipóteses anteriores, o perito deve responder a todos os quesitos de maneira clara e sucinta.

3.5 PARECER MÉDICO-LEGAL

O parecer médico-legal responde aos questionamentos suscitados em uma consulta médico-legal. Assim, o parecer médico-legal é necessário quando a consulta médico-legal envolve controvérsias a serem elucidadas.

No parecer médico-legal, **não há fase de descrição**. Portanto, não há uso da técnica *visum et repertum*, sendo a **discussão sua parte mais importante**. Ademais, o corpo de delito realizado será indireto, pois o direto foi inicialmente confeccionado e encontra-se novamente em análise.

O parecer médico-legal **é formado por quatro partes: o preâmbulo, a exposição, a discussão e a conclusão (Predicon)**.

Método mnemônico	PREDICON	
	PR	**PREÂMBULO**
	E	**EXPOSIÇÃO**
	DI	**DISCUSSÃO**
	CON	**CON**CLUSÃO

No **preâmbulo**, devem constar as informações qualificativas quanto às autoridades que solicitaram a consulta, bem como aquelas envolvidas no parecer e no local onde esta se realizou. A **exposição** compreende o motivo da consulta, os quesitos formulados e o histórico dos fatos. No que tange à **discussão**, o perito apresentará os argumentos técnicos utilizados para responder aos quesitos. Por fim, será apresentada a **conclusão**.

> **Importante!**
>
> Não se pode confundir o parecer médico-legal com o parecer emanado pelo assistente técnico. O assistente técnico também emite parecer, mas o documento ora em estudo é o parecer médico-legal, emitido pelo perito médico-legista.

 Decifrando a prova

(2013 – UEG – PC/GO – Delegado – Adaptada) A respeito dos documentos médico-legais, tem-se que o atestado médico equipara-se ao laudo pericial, para serventia nos autos de inquéritos e processos judiciais, devendo ambos ser emitidos por perito oficial.
( ) Certo ( ) Errado
Gabarito comentado: é permitido que duas pessoas, que tiverem presenciado, atestem o óbito, se não houver médico na localidade do óbito, nos termos do art. 77 da Lei nº 6.015/1973: "Nenhum sepultamento será feito sem certidão do oficial de registro do lugar do falecimento

ou do lugar de residência do *de cujus*, quando o falecimento ocorrer em local diverso do seu domicílio, extraída após a lavratura do assento de óbito, em vista do atestado de médico, se houver no lugar, ou em caso contrário, de duas pessoas qualificadas que tiverem presenciado ou verificado a morte". Portanto, a assertiva está errada.

(2016 – Cespe/Cebraspe – PC/PE – Delegado – Adaptada) Com relação aos conhecimentos sobre corpo de delito, perito e perícia em medicina legal e aos documentos médico-legais, é incorreto afirmar que o atestado médico equipara-se ao laudo pericial, para serventia nos autos de inquéritos e processos judiciais, devendo ambos ser emitidos por perito oficial.

( ) Certo ( ) Errado

Gabarito comentado: o atestado médico não poderá servir como laudo pericial, pois é um documento particular, puro e simples de um fato médico verídico e suas possíveis consequências, normalmente feito a pedido do paciente ou dos responsáveis, podendo ser redigido por qualquer médico. O relatório é a narração escrita e minuciosa de todas as operações de uma perícia médica determinada por autoridade policial e judiciária. O relatório médico-legal é o gênero que compõe duas espécies: laudo e auto. O laudo é redigido pelo próprio perito depois de finalizado o exame, por exemplo: laudo de necropsia. Portanto, a assertiva está certa.

(2014 – Acafe – PC/SC – Delegado – Adaptada) Segundo a melhor doutrina, pode-se considerar que "Documento é toda anotação escrita que tem a finalidade de reproduzir e representar uma manifestação de pensamento". Entre os documentos médicos legais, temos as seguintes descrições:

• É declaração simples, por escrito, de um fato médico e de suas possíveis consequências, feitas por qualquer médico que esteja no exercício regular de sua profissão e que tem o propósito de sugerir um estado de doença, para fim de licença, dispensa ou justificativa de falta de serviço.

• Comunicações compulsórias feitas às autoridades competentes, pelo médico, de um fato profissional, por necessidade sanitária e social sobre moléstia infectocontagiosa, doença de trabalho e morte encefálica.

• Intercessão no decurso de um processo, por estudioso médico-legal, nomeado para intervir na qualidade de perito, para emitir suas impressões e responder aos quesitos formulados pelas partes.

• Descrição minuciosa de uma perícia médica, feita por peritos oficiais, requisitada por autoridade policial ou judiciária diante de um inquérito policial. É constituído de preâmbulo, quesitos, histórico ou comemorativo, descrição, discussão, conclusão e resposta dos quesitos.

Dessa forma é correto afirmar que a ordem compatível com os conceitos legais anteriores é: parecer médico-legal, notificação, atestado e relatoria médico-legal.

( ) Certo ( ) Errado

Gabarito comentado: a ordem correta que representa os conceitos legais enunciados pela questão é: atestado, notificação, parecer médico-legal e relatoria médico-legal. Portanto, a assertiva está errada.

4 Traumatologia (ou lesionologia) forense

4.1 CONCEITO

Traumatologia forense é o ramo da medicina legal em que se estudam as lesões corporais resultantes de traumatismos de ordem material ou moral, danosos ao corpo ou à saúde física ou mental da vítima.

Dessa forma, a traumatologia estuda o trauma e os seus estados patológicos. E o que é trauma? Trauma é uma energia física, química, biológica ou mista que, quando transferida para o corpo, altera seu estado normal de funcionamento, causando uma lesão.

Em medicina legal, conhecer o exato significado das palavras ajuda a identificar com que determinado assunto se relaciona, bem como a compreender como certo instituto médico irá se amoldar àquela realidade. *Patos*, por exemplo, significa doença, e *logia*, por sua vez, estudo, ou seja: estudo da doença. Portanto, conhecer o significado dos sufixos e prefixos ajuda, e muito, na elucidação de questões de provas e concursos.

Importante!

Trauma × Lesão

Existe entre o trauma e a lesão uma relação de causa e consequência, em que o trauma é a causa e a lesão sua consequência.

Existe lesão sem trauma? Ou trauma sem lesão?

Primeiramente, é claro que existe trauma sem lesão, pois, se o trauma é energia física, química, biológica ou mista que, quando transferida para o corpo, altera o seu estado normal de funcionamento, é possível que a transferência de energia não altere o estado normal de funcionamento, uma vez que o corpo pode absorvê-la e dissipá-la.

No que tange à lesão sem trauma, o professor Hygino menciona as "equimoses espontâneas", enquanto o autor Delton Croce utiliza o termo "equimose de fundo emocional". Observe que, se considerada de fundo emocional, não há energia externa; portanto, utilizando-se dos conceitos desses dois autores, é possível falar em lesão sem trauma.

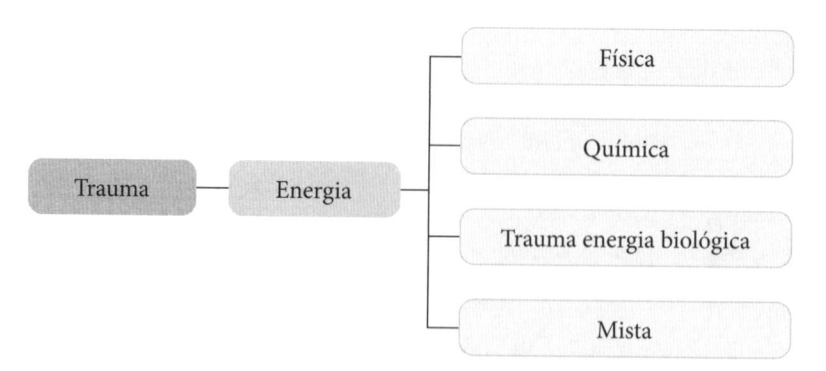

A **energia é física** quando o estado inicial do objeto vulnerante é igual ao seu estado final após o processo, isto é, a composição atômica permanece a mesma. Tal difere da **energia química**, pois, no início do movimento, a composição atômica do objeto vulnerante será X, mas, ao final, será Y.

Utilizando o exemplo da asfixia, no início do processo, existe uma molécula de glicose (C6H12O6), porém, ao final do seu processo de oxidação, serão formadas duas moléculas de ácido pirúvico (C3H4O3). Portanto, há alteração da composição química do objeto vulnerante em se tratando de **energia química**. Observe que a energia vulnerante na asfixia é físico-química, pois há o fator físico ligado ao movimento de constrição realizado pelas mãos que impede a passagem de oxigênio e um fator químico de alteração da reação química, uma vez que o corpo deixa de fazer a respiração aeróbica (38 ATPs, 6CO2 + 6H2O) para fazer a anaeróbica (12H+), gerando processos distintos e, consequentemente, resultados distintos.

A energia física se divide em mecânica e não mecânica. Convém destacar que 95% dos traumas são oriundos de energias físico-mecânicas. Por isso, a maioria das questões de provas e concursos gira em torno dessa espécie de energia.

A **energia físico-mecânica** é chamada também de energia cinética porque depende de movimento e é dada pela fórmula $E = m \cdot v^2/2$, que ajuda muito na compreensão da traumatologia. Por exemplo, um tiro penetrante transfere toda a energia cinética que o animava para o corpo. Já um tiro transfixante não esgota toda a energia cinética naquele corpo.

As demais formas de energia são formadas por **energias não mecânicas**, porque não dependem de movimento. Podem ser energia física não mecânica elétrica, térmica, barométrica e radiante.

Considera-se ainda a **energia biológica** quando o transporte/transferência de energia necessita da participação de seres vivos. Por fim, existem casos em que a lesão ocorre por **energia mista**, como a físico-química e a bioquímica.

4.2 LOCALIZAÇÃO DAS LESÕES – DIVISÃO DO CORPO HUMANO EM PLANOS

O corpo humano, apesar de ser uma superfície irregular, apresenta certa simetria. Ou seja, o lado direito e o esquerdo do corpo são mais ou menos equivalentes, o que confere ao corpo humano uma **simetria bilateral**. Além disso, no corpo humano, trabalha-se a partir de referências.

Em primeiro lugar, traça-se o chamado **plano sagital**, que divide o corpo humano em duas metades: lado esquerdo e lado direito. A linha que divide o corpo no plano sagital é chamada linha média. Tudo o que está mais próximo da linha média é mais medial e tudo que está mais distante é mais lateral.

Além desse, há o **plano frontal**, que divide o corpo em uma parte anterior (parte da frente) e outra posterior. Essa parte anterior também é chamada, além de face anterior, de face ventral, e a parte de trás, de parte dorsal. Tudo que está na parte anterior é ventral e tudo que está na parte posterior é dorsal.

Ainda, existe o **plano transversal**, que divide o corpo em uma metade superior e uma metade inferior. Nesse plano, tudo que está mais próximo à cabeça é mais cefálico. Uma lesão no peito é mais cefálica em relação a uma lesão na cintura, e a lesão na cintura é mais caudal em relação a uma lesão no peito, por exemplo.

Outra nomenclatura usada quanto aos pontos de referência é que tudo o que está mais próximo de determinado ponto é proximal e o que está mais afastado é distal.

Portanto, esses são os termos utilizados para a localização das lesões no corpo humano.

Planos de secção (dividir/cortar)	
Sagital	Divide o corpo em duas partes simétricas (direita e esquerda).
Frontal ou coronal	Divide o corpo em duas partes (anterior e posterior).
Transversal ou horizontal	Divide o corpo em duas partes (superior e inferior).

4.3 PELE

Inicialmente, antes de adentrarmos no estudo das energias, dos instrumentos vulnerantes e das lesões provocadas por eles, é necessário um breve estudo da pele, uma vez que a maioria dos instrumentos incide diretamente nesse órgão.

A pele é a primeira barreira contra agressões externas e é, igualmente, muito importante na identificação criminal. A pele é o ponto fundamental do estudo da medicina legal, sendo o **maior órgão do corpo humano**.

A unidade fundamental da vida é a celular, que, somada a outras células, forma determinado tecido. Por sua vez, vários tecidos formam um órgão e vários órgãos formam um aparelho. Por fim, vários aparelhos formam o corpo humano.

A pele tem duas camadas: a epiderme e a derme.

O prefixo *epi* significa "em cima de" (epiglote = em cima da glote). Logo, epiderme é a camada que fica em cima de outra camada, qual seja, a derme. É a camada mais superficial, mais externa, sem filetes nervosos, sem vasos sanguíneos e que se renova a cada 28 dias.

A **epiderme** é a camada mais externa da derme. Nela, há cinco camadas: córnea, lúcida, granulosa, espinhosa e basal (ou geradora ou germinativa).

Método mnemônico		CLUGREB
	C	CÓRNEA
	LU	LÚCIDA
	GR	GRANULOSA
	E	ESPINHOSA
	B	BASAL

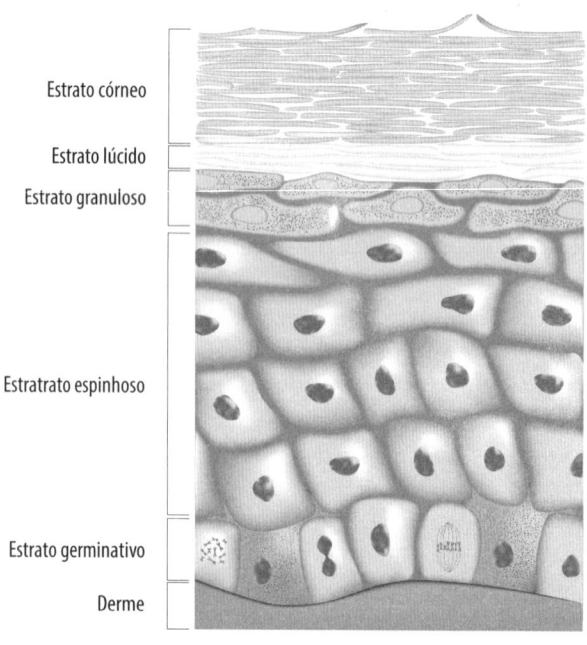

Estrato córneo
Estrato lúcido
Estrato granuloso
Estratrato espinhoso
Estrato germinativo
Derme

Estrutura da epiderme.

A camada córnea é a mais superficial da pele e está em contato com o meio ambiente. Já a camada basal é a mais profunda da epiderme, ou seja, é a camada que está em contato com a derme.

Na camada basal, as células estão vivas, ao passo que todas as outras camadas da epiderme (córnea, lúcida, granulosa e espinhosa) são formadas por células mortas. Logo, no processo de renovação celular, conforme as células vão se superficializando, vão também perdendo o núcleo, até chegarem à camada córnea como células achatadas, laminadas, impregnadas por queratinócitos e, por consequência, queratina, proteína essa que isola a pele evitando que certas substâncias entrem e que outras saiam do organismo.

Importante!

Uma vez que as células da camada córnea, mais superficiais, não têm núcleo nem citoplasma, não há como se fazer pesquisa de DNA paterno nem materno.

É importante observar que as células possuem núcleo, citoplasma e membrana plasmática. No núcleo, há o DNA (material genético) e, no citoplasma, há as organelas, sendo uma delas a mitocôndria, na qual ocorre a queima/oxidação do oxigênio. A mitocôndria também possui molécula de DNA, porém só o materno, já que o DNA paterno é apenas encontrado no núcleo da célula.

Isso ocorre porque a célula reprodutora feminina (óvulo ou ovócito secundário) é fecundada pelo gameta masculino (espermatozoide). Esse processo, que faz juntar o gameta masculino com o feminino, só permite a entrada da chamada "cabeça do espermatozoide", ficando de fora o flagelo. É como se só ingressasse o núcleo do espermatozoide, ficando de fora o que era o citoplasma, no qual se localizava a mitocôndria do espermatozoide.

Como se vê, a explicação do porquê de não ser encontrado DNA paterno no citoplasma celular vem do processo de fecundação. Esses ensinamentos, aprendidos no Ensino Médio, agora se fazem necessários para melhor compreensão do estudo médico-legal.

A **derme**, camada mais profunda da pele, diferentemente da epiderme, possui vasos sanguíneos e filetes nervosos. É subdividida em duas camadas: a camada papilar, que fica em contato com a epiderme e é formada por tecido conjuntivo frouxo, e a camada reticular, constituída por tecido conjuntivo denso não modelado, em que predominam as fibras colagenosas.

Na derme, há as chamadas papilas dérmicas, que são reentrâncias e saliências que saem da derme e tocam e/ou invadem a epiderme, construindo o desenho digital, objeto de estudo da papiloscopia.

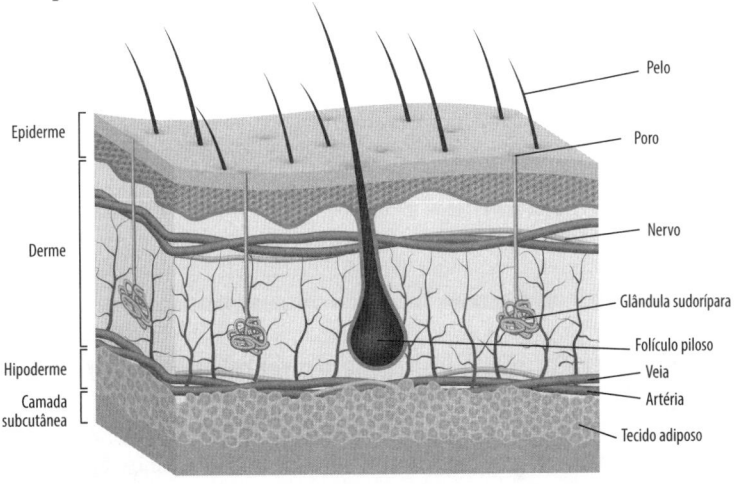

4.4 INSTRUMENTOS MECÂNICOS OU AGENTES VULNERANTES DE NATUREZA MECÂNICA

Agentes vulnerantes são aqueles que causam lesão, de modo que vulnerar significa lesionar.

Os agentes vulnerantes classificam-se em contundentes, perfurantes e cortantes.

Importante!

Não confundir a classificação do instrumento com a classificação da ação ou da lesão.

Por exemplo, o instrumento é contundente, mas a lesão é contusa; o instrumento é cortante, mas a lesão é incisa. O instrumento é perfurante, mas a lesão é punctória.

Decifrando a prova

(2019 – Instituto AOCP – PC/ES – Médico-Legista – Adaptada) Em uma avaliação de lesão corporal em uma mãe e em seu filho, no IML, o médico-legista notou equimose e escoriação na face da mãe e uma marca de mordida no pescoço do filho. As ações/meios que causaram as lesões na mãe e no filho são, respectivamente, contusa e cortocontusa.

( ) Certo ( ) Errado

Gabarito comentado: as ações/meios que causaram as lesões na mãe e no filho são, respectivamente, contundente e cortocontundente. Segundo Genival Veloso de França (2017, p. 106), sobre as lesões causadas por ação contundente, "Entre os agentes mecânicos, os instrumentos contundentes são os maiores causadores de dano. Sua ação é quase sempre produzida por um corpo de superfície, e suas lesões mais comuns se verificam externamente, embora possam repercutir na profundidade. Agem por pressão, explosão, deslizamento, percussão, compressão, descompressão, distensão, torção, fricção, por contragolpe ou de forma mista. São meios ou instrumentos geralmente com uma superfície plana, a qual atua sobre o corpo humano, produzindo as mais diversas modalidades de lesões. Essa superfície pode ser lisa, áspera, anfractuosa ou irregular [...]. A contusão pode ser ativa, passiva ou mista, de conformidade com o estado de repouso ou de movimento do corpo ou do meio contundente". Já as lesões causadas por ação cortocontundente "são ferimentos produzidos por instrumentos que, mesmo sendo portadores de gume, são influenciados pela ação contundente, quer pelo seu próprio peso, quer pela força ativa de quem os maneja. Sua ação tanto se faz pelo deslizamento, pela percussão, como pela pressão. São exemplos desse tipo de instrumento: a foice, o facão, o machado, a enxada, a guilhotina, a serra elétrica, as rodas de um trem, a tesoura, as unhas e os dentes. As lesões verificadas por essa forma de energia são chamadas cortocontusas" (VELOSO, 2017, p. 131). Portanto, a assertiva está errada.

4.4.1 Relação entre corpo e instrumento ou relações entre corpo e energia

As energias podem interagir com o corpo humano por três meios: ativo, passivo e misto.

A produção da lesão por via mecânica mediante **meio ativo** seria o instrumento se deslocando em direção ao corpo. Em outras palavras, a energia é classificada como ativa quando o instrumento vulnerante está em movimento e o alvo está parado. O objeto está em movimento e o corpo em repouso. Por exemplo: o lançamento de um projétil.

Já, no caso do **meio passivo**, o corpo é que se desloca em direção ao instrumento. É o contrário da primeira hipótese, ou seja, o instrumento vulnerante está parado e o alvo está em movimento. O preso, quando bate com a cabeça na grade querendo se matar, pratica uma ação passiva, por exemplo.

O chão, como agente vulnerante, é uma ação passiva, porque o alvo está em movimento ao agente vulnerante parado. Seria uma ação contundente passiva.

Por último, no **meio misto**, instrumento e corpo entram em rota de colisão, isto é, quando alvo e instrumento vulnerante estão em movimento. Um bom exemplo seria uma colisão entre veículos.

> ### Importante!
> São mecanismos de transmissão de energia cinética dos agentes vulnerantes: pressão, sucção, compressão, tração, torsão, flexão, cisalhamento e deslizamento.

4.4.2 Classificação dos instrumentos mecânicos de ação simples

Existem instrumentos de ação simples que produzem lesão de uma única maneira, quais sejam: perfurantes, cortantes ou contundentes. Esses instrumentos de ação simples só produzem lesão por uma única forma: por perfuração, por corte ou por contusão, respectivamente.

Por outro lado, há instrumentos mecânicos que atuam por ação composta, somando as ações citadas anteriormente, misturando esses meios em um mesmo instrumento, quais sejam: instrumentos perfurocortantes, perfurocontundentes e cortocontundentes.

> ### Importante!
> **Para Genival Veloso de França, não existem instrumentos "lacerantes ou dilacerantes".** Trata-se de uma gíria, um jargão. Laceração e dilaceração são todas as lesões anteriores, só que de grande magnitude, produzidas por mecanismos diversos.

• **Instrumentos de ação contundente**

Um instrumento de ação contundente é aquele que possui **massa passível de causar lesão**; não possui ponta ou gume, logo não perfura nem corta, **apenas contunde**, causando uma **lesão em plano**. Ex.: cassetete, taco de *baseball*.

Os instrumentos contundentes produzem lesões, por pressão, explosão, torção, distensão, descompressão ou arrastamento.

Uma observação importante: um instrumento pode produzir lesão diferente de sua lesão característica. Por exemplo, a lesão característica de uma faca é um corte, portanto uma incisão. No entanto, é possível produzir contusão com uma faca batendo na vítima com o cabo dela. Da mesma forma, pode-se produzir um corte com um instrumento perfurante, pegando uma agulha e passando sobre o corpo da vítima, por exemplo, produzindo uma incisão.

Desse modo, cada instrumento tem seu ferimento característico, mas isso não quer dizer que não possa produzir uma lesão de outra categoria. A exceção disso é o instrumento contundente, porque dificilmente se consegue produzir com instrumento contundente uma lesão diferente da lesão contusa.

As lesões contusas podem ser produzidas em qualquer parte do corpo e podem assumir vários aspectos específicos. Dependendo de como o corpo é atingido pelo instrumento contundente, podem ser produzidas escoriações, equimoses, hematomas e bossas hemáticas ou linfáticas (os tipos de lesões produzidas por instrumentos contundentes serão estudados mais adiante).

Um ponto importante a se destacar é que o agente contundente não será obrigatoriamente sólido, já que existem lesões contusas que podem ser causadas por agentes contundentes líquidos (ex.: jatos de água usados na dispersão de multidões) e gasosos (ex.: onda de choque no *blast effect*).

- **Instrumentos de ação perfurante**

Um instrumento de ação perfurante trata-se de objeto cuja **massa é desprezível**, logo não causa contusão, e que não possui lâmina, logo não corta. Esse tipo de instrumento **apenas perfura**, causando **lesão punctória ou puntiforme** (lesão em ponto). Ex.: alfinetes e espinho de rosa.

A perfuração age por pressão em cima de um ponto. Quanto mais afiada for a ponta, mais fácil o instrumento irá penetrar e causar a lesão.

Por isso, outra fórmula importante quando do estudo da energia é a da pressão. Pressão é igual a força sobre a superfície ($P = F/S$). Quanto maior a força empregada, maior a pressão perante determinado objeto. Quanto menor a área, maior a pressão. Entre superfície e lesão há uma relação inversamente proporcional, e entre força e pressão há uma relação diretamente proporcional. Por isso, é fácil causar uma lesão com um alfinete, já que sua superfície é mínima.

Outra característica dessas lesões é que costumam ser mais profundas do que largas, uma vez que são produzidas por instrumentos pontiagudos e finos. Portanto, esses instrumentos causam pequena repercussão na superfície corpórea, mas de grande profundidade. Essas lesões, geralmente, são fusiformes, chamadas de **lesão em casa de botão** ou **em botoeira**.

Em suma, as lesões (feridas) punctórias provocam o rompimento da pele por pressão e o afastamento das fibras, e são produzidas, geralmente, por instrumentos de diminuto calibre. Nesses casos, quase não há hemorragia e as lesões são mais profundas do que largas ou compridas, e seu diâmetro é menor do que o do instrumento perfurante.

Os agentes perfurantes são apenas aqueles de pequeno e médio calibre. Não há instrumentos perfurantes de grande calibre, já que estes estarão associados a uma grande massa e entram na classificação de instrumentos perfurocontundentes. Ex.: vergalhão, grades, ponteiras de guarda-chuva etc.

Decifrando a prova

(2018 – Instituto AOCP – ITEP/RN – Médico-Legista – Adaptada) É possível afirmar que a agulha e o furador de gelo são exemplos de instrumentos perfurantes.

( ) Certo ( ) Errado

Gabarito comentado: os agentes perfurantes atuam por pressão em um ponto de contato. Tais instrumentos só perfuram, pois somente têm ponta, não têm gume e sua massa não causa uma contusão. Eles podem ser de pequeno calibre (ex.: agulha) ou de médio calibre (ex.: picador de gelo), provocando lesões punctórias ou puntiformes (pequeno calibre) ou lesão de casa de botão (médio calibre). Portanto, a assertiva está certa.

- **Instrumento de ação cortante**

Os instrumentos cortantes não possuem ponta e sua **massa é desprezível**, logo não causam lesões puntiformes ou contusas. Todavia, possuem borda aguçada que, quando em contato com a pele, gera **lesão incisa**.

O instrumento cortante funciona com pressão e deslizamento. Sendo assim, os instrumentos cortantes transferem energia cinética por deslizamento e leve pressão por meio de uma borda aguçada, a que se dá o nome de gume ou fio.

O gume desses instrumentos, por definição, atua mais por deslizamento do que por pressão. As fibras dos tecidos são seccionadas e os vasos permanecem abertos nas vertentes das feridas.

Portanto, um agente mecânico cortante é um instrumento que só corta, não perfura e não contunde. O contato de um instrumento cortante ocorre por meio de uma borda aguçada (ex.: navalha, lâmina de barbear, bisturi).

A lesão incisa, diferentemente da lesão punctória, que tem aspecto de ponto, é em aspecto de linha, chamada também de **lesão em arco de violino**.

Desse modo, lesões incisas provocam rompimento da pele pelo deslizamento do gume, possuem vertentes regulares, provocam hemorragia abundante, são mais compridas do que profundas e formam cicatriz (consolidam sem cura, segundo doutrina majoritária).

Essas lesões, em geral, possuem a chamada **cauda de escoriação**, também conhecida como "cauda de rato de Romanese" ou "rato de Lacassagne". O valor médico-legal da causa de escoriação é definir o sentido do golpe bem como sua incidência. Caudas de escoriação ocorrem quando as lesões se superficializam gradualmente, acabando por fazer uma escoriação linear que continua ao longo da epiderme.

Quando esses ferimentos incisos são produzidos no pescoço, recebem um nome específico, muito cobrado em provas e concursos. As três lesões clássicas no pescoço são: **esgorjamento** (lesão na parte anterior ou lateral do pescoço sem separação da cabeça; lembrar que "gorja" significa "garganta"); **degolamento** (lesão na parte posterior do pescoço; lembrar que degolar é cortar o pescoço, remetendo à "gola da camisa". Degolamento, portanto, é a lesão incisa no pescoço na região da nuca); e **decapitação** (separação da cabeça com relação ao corpo).

Importante!

- **Lesões de hesitação:** sugerem suicídio. São feridas incisas suturadas no punho, em áreas de eleição para o suicídio. Em outras palavras, são lesões múltiplas, superficiais, não letais, que aparecem em áreas de eleição para o suicídio. Geralmente punho, pescoço e região precordial.
- **Sinal de Bonnet no espelho:** ocorre quando o suicida provoca um esgorjamento (ferida incisa na região do pescoço) e espirra sangue no espelho. O sinal de Bonnet pode aparecer em diversos lugares.
- **Ferida iatrogênica:** é uma ferida incisa com bordas paralelas e fundo plano, sendo feita pelo médico em intervenções cirúrgicas. Não há cauda de escoriação.

⟥ Decifrando a prova

(2018 – Instituto AOCP – ITEP/RN – Médico-Legista – Adaptada) Ferimento de forma linear, com regularidade das bordas, regularidade do fundo da lesão, ausência de vestígios traumáticos em torno da ferida e hemorragia sempre abundante são características de lesão produzida por instrumento perfurante.

( ) Certo ( ) Errado

Gabarito comentado: essas são características de lesão produzida por instrumento cortante, pois os agentes cortantes, como a gilete, em decorrência do gume afiado, atuam por deslizamento e pressão, geralmente sem maior profundidade, provocando lesões incisas e sangramento abundante. Portanto, a assertiva está errada.

4.4.3 Classificação dos instrumentos mecânicos de ação composta

A partir de agora iniciaremos o estudo dos instrumentos de ação composta/mista. Eles possibilitam ação de duas formas distintas: perfuração e corte (instrumentos perfurocortantes). Tais instrumentos mistos atuam de duas maneiras e, para isso, precisam ter, pelo menos, duas características que possibilitem a ação composta (no caso dos instrumentos perfurocortantes, uma ponta para perfurar e um gume para cortar).

- **Instrumentos de ação perfurocortante**

Instrumentos de ação perfurocortante são aqueles dotados de, pelo menos, uma ponta e uma lâmina ou um gume, já que são instrumentos que perfuram e cortam. O contato ocorre por meio de uma ponta e borda aguçadas, como faca, punhal, estrela-ninja etc. Esses instrumentos produzem lesões **perfuroincisas**. O agente vulnerante perfura e corta e a ação é por pressão e deslizamento.

Vale observar ainda que, quando ocorre uma lesão com esse tipo de instrumento em determinadas áreas do corpo, podem acontecer fenômenos característicos, como na área abdominal, por exemplo. Quando uma pessoa está sentada, seu abdome está flexionado, muitas vezes dobrado sobre si próprio. Portanto, com um único golpe, podem ser produzidas várias perfurações e, quando esse abdome volta à posição ereta, várias perfurações podem ser observadas. O nome disso é **lesão em sanfona**. Em outras palavras, quando a região é depressível, permite que o instrumento alcance profundidades maiores que a sua própria extensão. Esse tipo de lesão também pode ser chamado de **lesão de Lacassagne**.

Além disso, ferimentos perfuroincisos na região abdominal podem causar a saída das vísceras, fenômeno esse chamado de **evisceração**.

Uma característica dessas lesões perfuroincisas é que, como não ocasionam apenas uma perfuração mas também cortam, é comum, até pelo tipo do instrumento (um facão, por exemplo), que sejam mais profundas do que largas. Assim, destaca-se como característica comum das lesões perfuroincisas a profundidade maior do que a largura.

A doutrina classifica os instrumentos em perfurocortantes de um, dois, três ou quatro gumes. Uma faca é um instrumento perfurocortante de um gume, um punhal é de dois e a lima de serralheiro é de três gumes. Já a estrela-ninja ou *shuriken* é, por sua vez, um instrumento perfurocortante de quatro gumes.

Quando a lesão é ocasionada por uma faca, ela pode apresentar um ângulo agudo (menor do que 90 graus) e um ângulo rombo. Na lesão causada por um punhal, pode haver dois ângulos agudos. Já, na lima de serralheiro, serão três ângulos agudos. Cada ângulo da lesão corresponde a um gume do instrumento. Na parte onde há o gume, há o corte das fibras elásticas do tecido.

A descrição anterior das lesões ocorre em condições ideais de temperatura e pressão e também quando o instrumento entra perpendicularmente ao maior eixo do corpo da vítima. No entanto, se o instrumento for enfiado primeiramente de forma obtusa, e depois de maneira perpendicular, poderá gerar dois ângulos, mesmo que o instrumento tenha um só gume.

Na mesma linha, pode ser que a lesão apresente um **entalhe**. Nesse caso, a ferida tem um ângulo menor que 90 graus, um abalroamento e um entalhe, causados pelo giro do instrumento. Esse giro pode demonstrar o intuito de agravar a lesão, denunciando o *animus necandi* do agente, ou seja, a intenção de matar.

Importante!

Entalhes nem sempre denunciam uma intenção de matar. Há órgãos chamados de pulsáteis (que pulsam involuntariamente). O agressor enfia a faca, mas o órgão tinha movimento próprio. Então, seria o próprio órgão, em seu movimento involuntário, que teria produzido referido entalhe. Logo, nem sempre um entalhe denuncia intenção de matar, podendo ser provocado pelo agressor ou pela própria vítima. Portanto, entalhe não é sinal patognomônico do dolo de matar do autor.

A tesoura fechada é perfurante de médio calibre. Aberta, cada uma das partes da tesoura é um instrumento perfurocortante de um gume. A tesoura pode causar uma lesão feita pela **ação de cisalhamento**, isto é, uma forma de transmissão da energia cinética, gerando duas forças opostas em direção a um ponto. A lesão, nesse caso, é em forma de túnel.

As feridas incisas e perfuroincisas não têm traves de tecidos, típicas de lesões contusas. A presença de bordas de tecido entre uma borda e outra da ferida caracteriza que não foi um instrumento cortante que passou por ali, mas possivelmente um instrumento contundente.

O chamado **sinal de Chavigny** ocorre quando a vítima recebe duas facadas, uma lesão por cima da outra, o que forma uma linha contínua e outra descontínua. O médico deve começar a suturar pela lesão que foi feita em primeiro lugar, que será a contínua, e só depois fechar a segunda, que será a descontínua. Então, no cruzamento de duas feridas contínuas, seu fechamento causará uma linha contínua e uma descontínua. Se o médico fechar as feridas de maneira invertida (primeiro a segunda e depois a primeira lesão), haverá sobra de pele.

🧩 Decifrando a prova

(2018 – Instituto AOCP – ITEP/RN – Médico-Legista – Adaptada) Lesão em forma de botoeira, com um dos ângulos mais agudo que o outro, predomínio da profundidade sobre a extensão e cauda de escoriação são características de lesão produzida por instrumento perfurocortante.

( ) Certo ( ) Errado

Gabarito comentado: a alternativa trata de forma certeira dos agentes perfurocortantes, como a faca e a espada, pois eles atuam por meio de perfuração, pressão e secção dos tecidos, causando lesões perfuroincisas. Portanto, a assertiva está certa.

- **Instrumentos de ação perfurocontundente**

Os instrumentos de ação perfurocontundente compõem a segunda categoria de instrumentos de ação composta. Eles perfuram e contundem. Perfuram porque têm ponta e contundem porque têm massa – conjunto de átomos que formam um corpo que, quando multiplicado pela força da gravidade, resulta no peso. Tais instrumentos em si **não possuem ponta ou lâmina**, mas acabam **perfurando por conta da força da contusão**.

Nesse caso, é preciso recordar a fórmula da pressão utilizada para explicar a ação dos instrumentos perfurantes. A pressão é o resultado da força sobre a superfície. Se, nesse caso, a superfície dos objetos não é pontiaguda ou afiada, ou seja, como apresentam uma superfície maior, é preciso que a força empregada seja maior para causar a perfuração. Por isso, uma lesão provocada por um martelo, por exemplo, para ser classificada como perfurocontusa, deve apresentar o emprego de muita força em sua execução para que possa causar a perfuração da pele.

Desse modo, outra fórmula importante do estudo da energia é a da pressão. Pressão é igual à força dividida pela superfície (P = F/S). Quanto maior a força empregada, maior a pressão perante determinado objeto. Quanto menor a área, maior a pressão. Entre superfície e lesão há uma relação inversamente proporcional e entre força e pressão há uma relação diretamente proporcional. À vista disso, é fácil causar uma lesão com um alfinete, pois sua superfície é mínima.

O exemplo mais comum é o **projétil de arma de fogo**. A energia cinética que anima o projétil é muito alta. Ele perfura porque tem ponta e contunde porque tem massa, mas, na realidade, a lesão causada não é pela massa que contunde, mas, sim, pela velocidade aplicada.

Contudo, esse não é o único exemplo de instrumento perfurocontundente, embora seja o mais comum; por isso, tal instrumento será estudado separadamente mais adiante.

Por exemplo, alguém atingido com força pela ponta de um guarda-chuva pode sofrer uma perfuração, apesar de referido instrumento não ser afiado. Da mesma forma, um martelo pode perfurar caso uma ação seja praticada com muita força.

Os instrumentos de ação perfurocontundente costumam ter a forma de um cilindro, porém com a ponta arredondada. A doutrina classifica a forma desses instrumentos como **cilíndrico-ogival**, que, a princípio, não teria poder de penetração, que só ocorre devido a uma grande força de contusão.

Se a vítima se precipita ou se defenestra, caindo sobre um instrumento longo de haste que transfixa o seu corpo, ocorre um encravamento. No entanto, se esse instrumento longo de haste entrar pelo períneo (região entre o ânus e a vagina ou o ânus e a bolsa escrotal), ocorrerá o chamado empalamento.

Tanto o empalamento como o encravamento podem ocorrer por lesão ativa, passiva ou mista, não só por precipitação ou defenestração.

- **Instrumento de ação cortocontundente**

Os instrumentos de ação cortocontundente têm lâmina, só que esta não é afiada a ponto de produzir uma incisão limpa, com as bordas lisas e fundo limpo. Tais instrumentos cortam porque têm gume, lâmina, e contundem porque têm massa.

Nesse caso, o instrumento não é muito afiado e, para a produção do corte, é necessária uma pancada, isto é, deve ser jogado com força sobre a superfície para cortá-la.

As lesões provocadas por instrumentos cortocontundentes são denominadas cortocontusas.

Esse tipo de ferimento apresenta não só a incisão, mas também as marcas da contusão, entre elas a equimose característica. As bordas desse tipo de lesão são irregulares, assim como o fundo do ferimento. As marcas dessa contusão, como inchaço, arroxeamento e equimose, ficam nas bordas da ferida.

Exemplos de instrumentos cortocontundentes: machado, machadinha, foice, enxada, guilhotina e arcada dentária humana (que corta porque os dentes são afiados e têm massa, e porque a mandíbula consegue empregar no local uma grande força por meio do masseter, músculo da mandíbula).

Feridas com bordas que não estejam no mesmo plano do plano ósseo é um sinal de vida, indicando que aquela lesão ocorreu com a vítima ainda viva. Feridas com bordas no mesmo plano do osso indicam que as lesões ocorreram com a vítima já morta, porque não houve retração da pele por conta da elasticidade.

Por fim, o corte em bisel é aquele feito em plano inclinado (guilhotina, escorregador, cone etc.).

Resumindo:

Ação	Instrumento	Lesão	Exemplo
Simples	perfurante	punctória	agulha, estilete
	cortante	incisa	navalha
	contundente	contusa	mãos, tijolos
Composta	perfurocortante	perfuroincisa	facas
	perfurocontundente	perfurocontusa	projétil de arma de fogo
	cortocontundente	cortocontusa	machado

4.5 REAÇÃO AOS TRAUMAS

O organismo reage a qualquer forma de traumatismo, independentemente de sua natureza ou intensidade. A resposta, porém, depende da capacidade de adaptação do organismo e conta com uma reação local e outra geral que o envolve completamente.

A reação local resulta da transferência de qualquer forma de energia em um fluxo tal que supere a capacidade do organismo de neutralizá-lo e/ou removê-lo. Ou seja, quando o corpo não conseguir neutralizar determinada energia que atua sobre ele, tal incapacidade irá gerar uma reação local. Trata-se de um mecanismo de defesa do corpo contra a lesão.

O mecanismo de defesa mais importante é a **reação inflamatória**, que causa no corpo calor (a região fica quente), rubor (vermelhidão) e edema (inchaço).

O segundo mecanismo de defesa é a **hiperemia**, que é o aumento do fluxo de sangue naquela região.

A terceira reação local é uma consequência da hiperemia, já que, com o aumento do fluxo de sangue (composto de uma parte líquida – plasma; e uma parte sólida – eritrócitos, leucócitos e plaquetas), há o aumento dos glóbulos brancos no local, os leucócitos, que atuam em prol da defesa do organismo.

Nesse ponto, cabe mencionar o **edema traumático**, o qual apresenta elevação e palidez na área do impacto, aparece depois de um a três minutos, e revela a tríplice reação de Lewis:

- Hiperemia no ponto de impacto.
- Extensão da hiperemia para a área ao redor.
- Palidez da zona central pelo edema.

Importante!

Há alguma hipótese em que se considera crime a autolesão?

Como regra, a autolesão não é reconhecida como crime por si só, não sendo uma conduta descrita como um ilícito penal. Isso porque o princípio da alteridade do Direito Penal veda a incriminação de conduta que não ofenda nenhum bem jurídico. Portanto, só será passível de reprimenda pelo ordenamento jurídico aquele comportamento ou conduta que viole direitos de terceiros. No entanto, há duas exceções:

- quando se pratica uma autolesão para fraudar a seguradora (art. 171, § 2º, V, do CP);
- quando há autolesão para escapar do serviço militar (art. 184 do CPM).

4.6 ESTUDO DAS LESÕES

4.6.1 Classificação quanto ao critério cronológico das lesões

As lesões podem ser recentes, intermediárias e consolidadas.

Lesão consolidada é aquela que parou de evoluir. Significa dizer que tal lesão não melhora, mas também não piora. Essa consolidação pode ser com ou sem cura. **Lesão consolidada com cura** é a que parou de evoluir e se restabeleceu ao *status quo ante*. Segundo a doutrina, as escoriações são lesões consolidadas com cura.

Já a **lesão** é **consolidada sem cura** porque não regenera, mas, sim, cicatriza. Isso porque, quando se diz que a lesão cicatriza, significa dizer que ela não restabelece o *status quo* anterior. Portanto, cicatrização é consolidação sem cura. Para a doutrina, a ferida é uma lesão consolidada sem cura.

4.6.2 Espécies de lesões contusas

a) Rubefação

É considerada a mais simples das lesões. A rubefação ocorre em razão da vasodilatação oriunda do aumento de fluxo sanguíneo na região do corpo que foi alvo de um trauma. Após a ação traumática, o corpo libera, no local, um mediador químico, chamado **histamina**, o qual desencadeia uma vasodilatação e, consequentemente, o aumento do fluxo de sangue no local, gerando uma vermelhidão.

Importante esclarecer que, na rubefação, o sangue está dentro dos vasos sanguíneos, ou seja, **não há extravasamento de sangue**. A região fica avermelhada em razão do aumento do fluxo de sangue, composto – entre outros elementos – de hemoglobina, que contém ferro, o que dá a coloração vermelha ao sangue. Trata-se de lesão, exclusivamente, vital.

O valor médico-legal da rubefação reside em poder caracterizar que houve uma ação contundente, indicando provável crime de lesão corporal, descrito no art. 129, *caput*, do CP.

Trata-se de lesão fugaz, ou seja, passageira, que não é permanente. Observe que, nesses casos, a vítima deverá ser levada à presença do perito imediatamente por conta da fugacidade da lesão.

Ocorre que, na prática, não é isso o que realmente ocorre. O lapso temporal entre a determinação do Delegado de Polícia pelo exame de corpo de delito e a efetiva análise pelo perito pode fazer desaparecer a lesão. Assim, o laudo pericial restará prejudicado para servir de prova para a lesão corporal sofrida.

Nesse ponto, há o caso real em que uma mulher, vítima de violência doméstica, levou uma bofetada de seu cônjuge. A vítima chegou à Delegacia de Polícia com a face apresentando vermelhidão característica na região bucinadora, oportunidade em que foi lavrado o auto de prisão em flagrante do suposto agressor (muito embora, no momento do exame de corpo de delito, a aparência avermelhada da lesão já houvesse desaparecido).

🧩 Decifrando a prova

(2018 – Instituto AOCP – ITEP/RN – Médico-Legista – Adaptada) A congestão repentina e momentânea de uma região do corpo atingida pelo trauma é chamada de rubefação.

( ) Certo ( ) Errado

Gabarito comentado: a vermelhidão na pele é uma consequência do fenômeno da hiperemia, porque, quando o organismo entende que o corpo está sendo violado, ele libera a histamina (mediador químico) naquela área ocasionando a vasodilatação periférica, caracterizando o fenômeno da hiperemia, que se concretiza na elevação do fluxo sanguíneo naquela parte do corpo, provocando a rubefação. Portanto, a assertiva está certa.

Importante!

Não confundir rubefação com eritema.

Na rubefação, a energia é físico-mecânica, oriunda de ação contundente (movimento). **No eritema, o agente vulnerante causador da lesão é de origem térmica** (energia física de origem não mecânica). O corpo, percebendo que há uma variação de temperatura por meio do hipotálamo, a partir de mecanismos de regulação, toma providências para que aquela temperatura volte para a escala suportada pelo organismo. Assim, ocorre uma vasodilatação periférica para provocar a sudorese e baixar a temperatura. Como se vê, o eritema provoca a mesma consequência no corpo que a rubefação (vasodilatação periférica), porém as causas são diferentes.

b) Escoriação

A escoriação, também conhecida como esfoladura, abrasão epidérmica ou erosão epidérmica, é o arrancamento traumático da epiderme com exposição da derme, sem, contudo, ultrapassá-la.

Escoriar significa arranhar ou ferir levemente a pele. Conforme já estudado, a pele é composta de duas camadas, a derme e a epiderme. Quando a epiderme é arrancada e a derme fica exposta sem ser, contudo, ultrapassada, trata-se de uma escoriação. Caso ultrapasse a derme, estaremos diante de uma ferida.

Ponto importante dentro do estudo das escoriações é o **estudo da crosta, o qual guarda relação com a identificação da estrutura da derme violada**. Inicialmente, cabe destacar que, em razão da ausência de vasos sanguíneos e filetes nervosos, as lesões que atingem apenas a epiderme não sangram e não doem. Dessa forma, para efeitos de crosta, são três os tipos possíveis:

- **sérica** – é formada apenas por soro, ou seja, o material extravasado foi apenas o soro, o que indica superficialidade da lesão. É a violação da derme papilar;
- **serosanguinolenta** – é a lesão com profundidade um pouco maior na qual a crosta é formada pelo soro e por elementos da parte sólida do sangue (eritrócito, leucócito e plaquetas);
- **hemática** – é a lesão de maior profundidade pela qual extravasam todos os elementos do sangue. É a violação da derme reticular.

> ### Importante!
>
> **A escoriação pode ocorrer em cadáveres?**
>
> **Sim, mas não haverá a formação de crosta, uma vez que não haverá extravasamento de líquido.** Por conseguinte, a escoriação formará leito seco, duro e apergaminhado, isto é, uma placa amarelada e firme com aspecto semelhante ao couro.

Valor médico-legal da crosta:

- **Confirma a existência de reação vital.**
- **Sugere nexo temporal pelo aspecto de coloração ou desprendimento da crosta.**
- **A forma e o local podem sugerir certo tipo de agressão** (ex.: a lesão em forma de sulco no pescoço indica estrangulamento/enforcamento; estigma ungueal no pescoço pode indicar esganadura; lesão em regiões erógenas pode estar ligada a crimes sexuais; lesões lineares ao redor dos punhos podem indicar o uso indevido de algemas etc.).

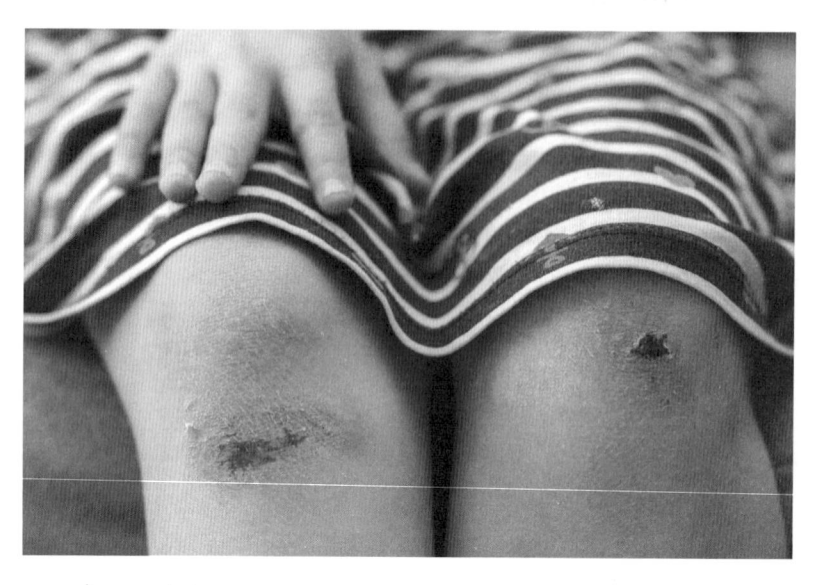

À esquerda, lesão em seu primeiro dia, com conteúdo serossanguinolento.
À direita, lesão já com a formação de crosta.

Importante ressaltar ainda que os instrumentos contundentes produzem lesões a partir de uma resposta característica, que é a chamada **tríplice resposta de Lewis**. Logo, com a ação traumática, ocorre na pele: vermelhidão, dor e edema (reação inflamatória).

Decifrando a prova

(2018 – Instituto AOCP – ITEP/RN – Médico-Legista – Adaptada) É denominado como escoriação o arrancamento traumático da epiderme por deslizamento.
( ) Certo ( ) Errado
Gabarito comentado: a escoriação é o arrancamento traumático da epiderme ou a exposição da derme sem, contudo, ultrapassá-la, ocasionada pela ação de um instrumento contundente. Portanto, a assertiva está certa.

c) Ferida

A ferida é a lesão que arranca a epiderme e ultrapassa a derme, atingindo os planos mais profundos da pele. Dessa forma, a mais profunda das escoriações é mais superficial do que qualquer ferida, mesmo que esta seja uma ferida superficial, já que, se a escoriação ultrapassa a derme, se torna uma ferida.

A doutrina médico-legal é majoritária ao afirmar que uma das diferenças entre escoriação e ferida é que a escoriação consolida com cura e a ferida consolida sem cura. Consolida com cura porque escoriações se regeneram, pois o tecido epitelial vizinho irá reproduzir a camada epidérmica que foi arrancada. A camada basal, também chamada de geradora, é onde as células da epiderme são produzidas. Portanto, numa escoriação, as camadas da epiderme passam a reproduzir células, e, cerca de 28 dias depois, a camada vizinha terá reconstruído aquela área, restabelecendo o *status quo ante* anatômico e funcional, por isso consolidação com cura.

Já a ferida, segundo a doutrina dominante, **consolida sem cura** porque as feridas não regeneram, elas cicatrizam. Minimamente não se restabelece o *status quo ante* anatômico, uma vez que, naquela região, haverá algo que não havia antes, que é a cicatriz.

No entanto, o professor Hygino Carvalho Hercules admite que seja possível uma ferida consolidar com cura, de maneira que não há o restabelecimento anatômico, mas há o funcional. Da mesma forma, quando uma ferida, por exemplo, cicatrizar juntando dois dedos da mão, será caracterizada como uma ferida que cicatrizou sem cura, uma vez que, além do aspecto anatômico, não houve um restabelecimento do *status quo* funcional. Todavia, esta é uma posição minoritária.

Resumindo, de acordo com Hygino, a cicatrização pode ocorrer com cura ou sem cura. Uma ferida incisa na região plantar que tenha evoluído bem, sem infecção, para a formação de uma cicatriz comum, sem redução da função do pé, está curada, consolidou-se com cura.

Já uma ferida causada por machado é considerada cortocontusa, pois a lâmina irá causar o corte e, em razão da grande massa do objeto, será ocasionada lesão contusa, que possui bordas irregulares.

Conforme já visto anteriormente, um corte na região anterior ou laterolateral do pescoço sinaliza uma lesão em **esgorjamento**; por seu turno, uma lesão na região da nuca marca um **degolamento**; por fim, a separação completa da cabeça do resto do pescoço consiste em uma **decapitação**.

No que se refere ao esgorjamento, as bordas da lesão podem denunciar três tipos de situação:

- Em um quadro em que a borda do esgorjamento possui sinais serrilhados/entalhes, pode-se falar em **lesão acidental**, que pode ter sido ocasionada, por exemplo, por uma linha de cerol ou linha chilena.

- Por outro lado, uma situação em que a borda do esgorjamento forma uma linha decrescente indica **lesão causada por suicídio**, pois o corte começa profundo, mas, em razão da imediata hemorragia, o sujeito perde a força e a linha de golpe segue o sentido decrescente.

- Por fim, um quadro em que a borda da lesão forma uma linha horizontal indica, em regra, uma **lesão causada por homicídio** em que a vítima é surpreendida (caso contrário, haveria sinais de luta).

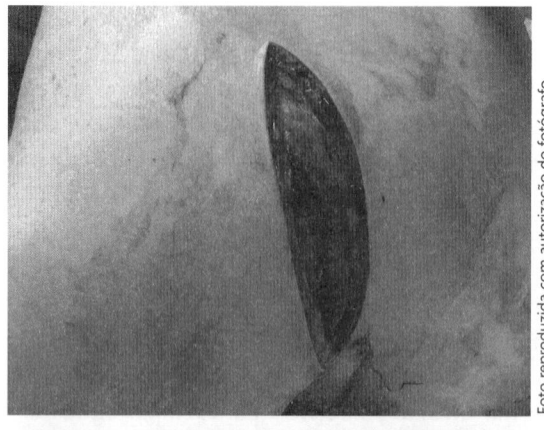

Foto reproduzida com autorização do fotógrafo
@Rodrigo Brand Rodrigues.

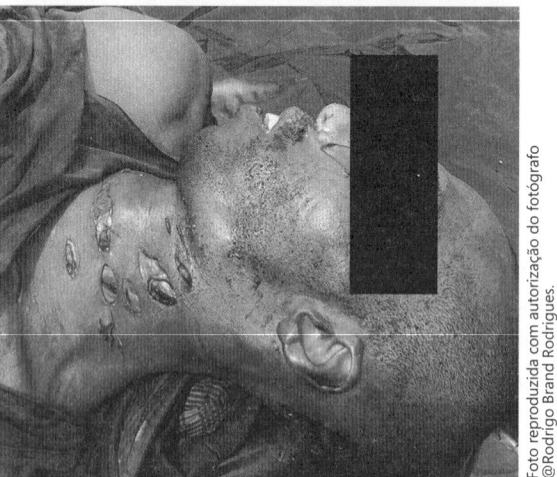

Foto reproduzida com autorização do fotógrafo
@Rodrigo Brand Rodrigues.

*As imagens anteriores retratam lesões
ocasionadas por facadas.*

Importante!

Feridas com bordas que não estejam no mesmo plano do plano ósseo são um sinal de vida, de que aquela lesão ocorreu com a vítima viva ainda. Feridas com bordas no mesmo plano do osso indicam que as lesões ocorreram com a vítima já morta, uma vez que não houve retração da pele por conta da elasticidade que haveria com ela viva.

d) Equimose

É o extravasamento de sangue dos vasos que se infiltram nas malhas dos tecidos, que é visto por transparência de uma membrana, que, normalmente, é a pele, mas também pode ser visto no pericárdio, membrana que recobre o coração; na pleura, membrana que recobre o pulmão; e na esclerótica, membrana que recobre o olho.

Popularmente é chamada de "roxo". Possui como característica, em um primeiro momento, ficar avermelhada. Depois a equimose vai se expandindo, aumentando a sua área e mudando de cor até desaparecer. Essa mudança de cores durante o processo de desaparecimento da equimose é chamada de **espectro equimótico**.

Importante!

Todas as equimoses apresentarão o espectro equimótico?

Não. As equimoses subconjuntivais, aquelas que ocorrem na membrana conjuntiva do olho, não irão apresentar a variação cromática, permanecendo, do início ao fim, com a cor vermelha.

As equimoses são comumente ocasionadas por um trauma, ou seja, uma ação contundente que, ao atingir o corpo, ocasiona o rompimento dos vasos sanguíneos daquela região propiciando um extravasamento de sangue, que, por sua vez, se embrenha nas malhas dos tecidos da região lesada.

Contudo, segundo Hygino de Carvalho Hercules, as equimoses também podem ser formadas por **diapedese**, ou seja, pela passagem das hemácias através das paredes dos tecidos. Nesse caso, são espontâneas ou produzidas por doenças, não sendo ocasionadas por ações traumáticas.

O valor médico-legal das equimoses é atestar que houve uma ação contundente, demonstrando que havia vida no momento de sua produção. Ademais, podem identificar o agente traumatizante e, pela localização e pela distribuição, podem sugerir o tipo de agressão. Além disso, pela sua cor, podem estabelecer a época da agressão.

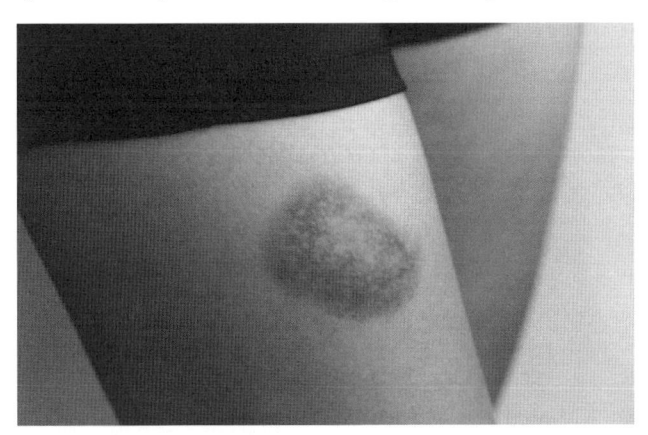

Exemplo de equimose.

- **Espécies de equimoses**

Equimose é gênero que admite algumas espécies. São elas:

> » **Petéquia** – seu tamanho varia de um ponto a uma cabeça de alfinete. É uma equimose em forma de ponto.

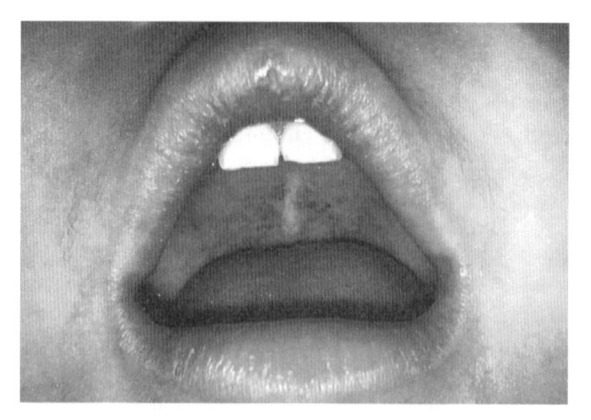

Exemplo de petéquias no céu da boca.

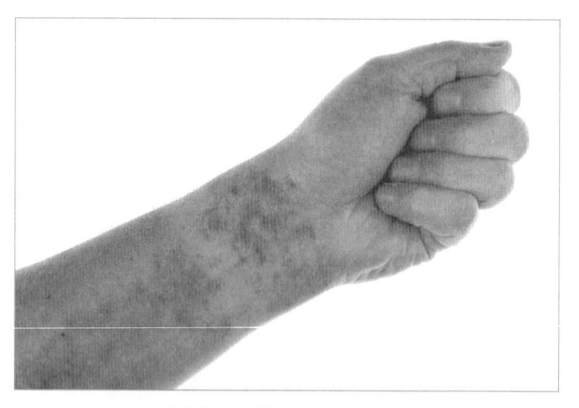

Várias petéquias no braço.

» **Sugilação** – é formada pela confluência de numerosas lesões puntiformes em uma área bem delineada. Em outras palavras, são várias petéquias conflagradas numa região bem definida. É o que se apresenta no "chupão", lesão característica em crimes de natureza sexual.

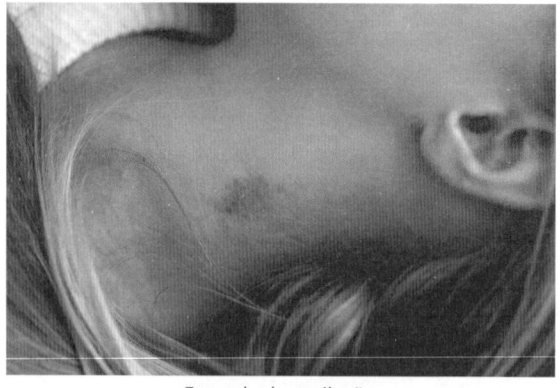

Exemplo de sugilação.

» **Sufusão (equimoma)** – representa hemorragia mais extensa, de tamanho variado. É uma hemorragia de grande extensão formada como se fosse um lençol hemorrágico.

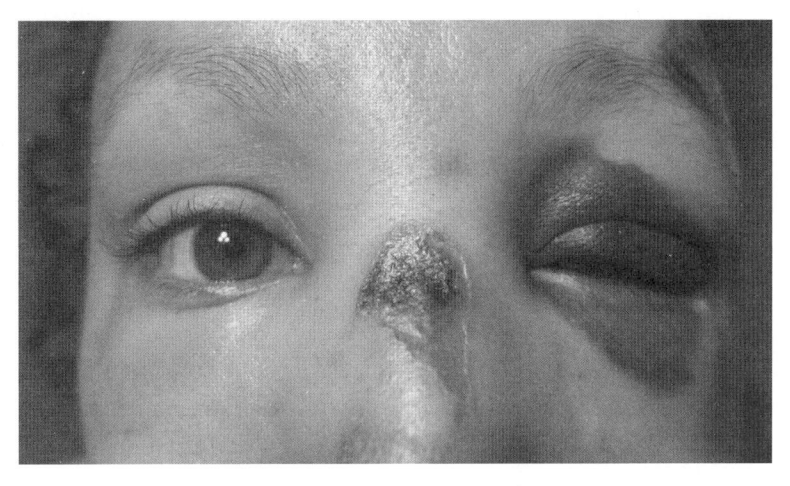

Retrato de um equimoma ocular.

» **Enquimose** – é equimose espontânea ou de fundo emocional. Pode ser causada por certas doenças hemorrágicas (púrpura, epilepsia, varíola etc.). Ocorre, comumente, em pessoas idosas que possuem a pele com baixa resistência.

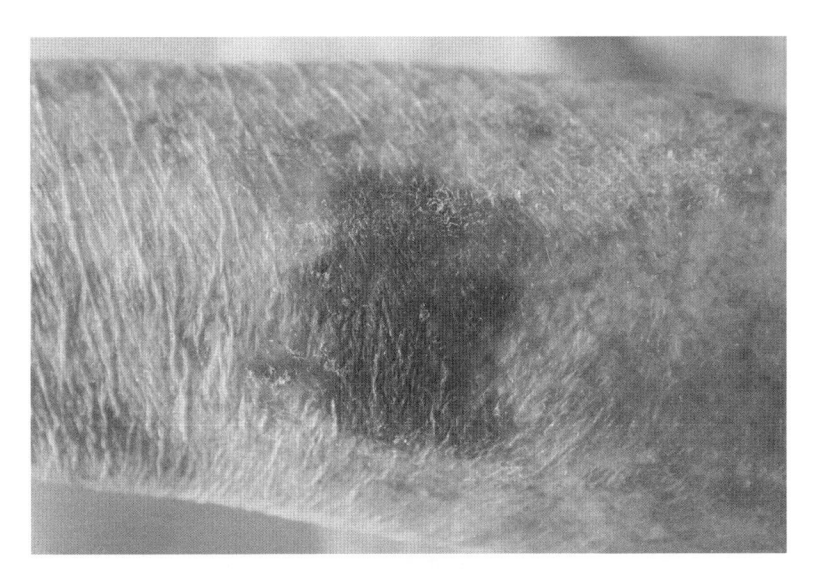

Exemplo de enquimose.

» **Víbices** – são equimoses em paralelo, em faixas duplas. Para Hygino, as faixas não são exatamente paralelas, mas, sim, quase paralelas, já que são convergentes na base e divergentes na ponta. Em razão disso, são chamadas de lesões com assinatura ou lesões patognomônicas, visto que denunciam, por meio de seu formato, os instrumentos que as provocaram. Um exemplo desse tipo de lesão é aquela provocada por cassetete, cano de PVC, ou qualquer outro instrumento longo de haste.

» **Equimose a distância** – quando a vítima sofre um trauma no crânio, por exemplo, havendo extravasamento de sangue, este poderá se depositar na região das pálpebras, formando o chamado **sinal do zorro** ou **do guaxinim**.

» **Mancha de Paltauf** – são pequenas equimoses intrapulmonares ocasionadas por afogamento.

Há, nos pulmões, capilares finíssimos circulando os alvéolos pulmonares. Entre eles, ocorre a hematose, que é a troca do gás carbônico pelo oxigênio. Quando a vítima se afoga, tais alvéolos recebem líquido em vez de ar, o que acaba por danificá-los, bem como os vasos sanguíneos que os circundam. Com isso, surgem equimoses intrapulmonares geradas pelo extravasamento dos vasos sanguíneos e alvéolos pulmonares, denominadas **mancha de Paltauf**.

> **Importante!**
>
> As manchas de Paltauf são **quase** patognomônicas de afogamento. "Quase", pois pode ser que uma insuflação de ar nos pulmões, realizada em um hospital, venha a arrebentar os alvéolos do paciente, formando equimoses com as mesmas características, mas que, não sendo fruto de afogamento, não serão chamadas de manchas de Paltauf.

- **Máscara equimótica de Morestin** – são milhares de petéquias na face e no pescoço da vítima.

A asfixia pode se dar por várias formas. Uma das hipóteses é a sufocação indireta por compressão do tórax. Para que a respiração aconteça normalmente, o gradil costal (músculos intercostais) precisa estar livre. Se algum peso impedir os movimentos de retração e expansão do tórax, não será possível respirar. Esse peso comprime o coração contra a coluna vertebral, jogando sangue para cabeça e pescoço, mas a circulação de retorno é impedida, acumulando sangue na região da cabeça, o que acaba aumentando a pressão dentro dos vasos. Esse extravasamento e acúmulo de sangue na região da face forma a máscara equimótica de Morestin, que sugere uma modalidade de sufocação indireta por compressão do tórax.

> **Importante!**
>
> - **Não confundir equimoses *post mortem* (falsas equimoses) com livores de hipóstase (ou livores hipostáticos).**
>
> Quando do estudo da tanatologia forense, veremos que um dos sinais de certeza da

ocorrência de morte são os livores de hipóstase. O corpo é formado por vários vasos sanguíneos que constituem o sistema circulatório, por onde circula o sangue impulsionado pelo coração. Com a morte, o trabalho cardíaco cessa e o sangue que está dentro dos vasos fica exposto somente à força da gravidade. Portanto, se o cadáver está em decúbito dorsal (de barriga para cima), o sangue se deposita na área das costas, parte posterior da coxa, ou seja, na parte de trás do corpo. Assim, os livores surgem, por meio do depósito de sangue, dentro dos vasos, nas áreas de maior declive. Por exemplo, no caso da vítima de enforcamento, a força da gravidade deposita o sangue na região dos pés e dos membros inferiores. Tais livores não podem ser confundidos com equimoses *post mortem*. Com o passar do tempo, os vasos sanguíneos, repletos de sangue, provocam verdadeira congestão sanguínea pela ação da gravidade, fazendo que a pressão aumente nesses vasos, que começam a extravasar formando manchas nos tecidos chamadas de equimoses *post mortem*.

As equimoses *post mortem* são uma consequência da evolução dos livores. Por exemplo, no mesmo caso de uma vítima enforcada, caso ela permaneça no baraço por muito tempo, seu sangue irá se depositar nas partes inferiores do corpo pela ação da gravidade, fazendo que a pressão sanguínea aumente. Com o passar do tempo, o sangue acumulado nesses vasos extravasa e produz as equimoses *post mortem*.

- **É possível a verificação de equimose em cadáver?**

Knight chama a atenção para a possibilidade de encontrar equimoses na pele de cadáveres em contato com o calor, no caso uma zona de rubefação (pseudoeritema), até uma hora depois da cessação da circulação.

Quadro comparativo:

Equimose	Livor de hipóstase
Infiltração hemorrágica	Ausência
Qualquer lugar do corpo	Presença em locais de declive
Sangue fora dos vasos	Vasos íntegros
Hemoglobina transformada	Ausência
Sangue coagulado	Ausência

- **Espectro equimótico de Legrand du Saulle**

A **hemoglobina** é uma proteína que fica dentro das hemácias. O sangue é composto de uma parte líquida (plasma sanguíneo – 55% do sangue) e outra sólida (elementos figurados do sangue: eritrócitos – células vermelhas do sangue conhecidas como hemácias; leucócitos – células brancas, células de defesa; e plaquetas – células que interferem na coagulação do sangue).

Os **eritrócitos** são células que, quando adultas, não possuem núcleo nem citoplasma. Dentro dessas células, há uma proteína chamada de hemoglobina, que possui a função de transportar oxigênio.

Quando a hemoglobina se liga ao oxigênio, forma-se a **oxiemoglobina**. Quando essa célula morre, ocorre sua degradação e consequente transformação em outros componentes (bilirrubina, biliverdina, hemossiderina). Com essa degradação, a molécula vai mudando de cor, começando com vermelho-vivo, produzindo uma variação cromática da hemácia por desnaturação da hemoglobina.

Esse processo é chamado de **espectro equimótico de Legrand du Saulle**. A equimose começa vermelha, passa a violácea (arroxeado), azul, esverdeada, amarela e, por último, esvanece (desaparece).

De acordo com a evolução cromática das equimoses, elas desaparecem dentro de um período de 15 a 20 dias.

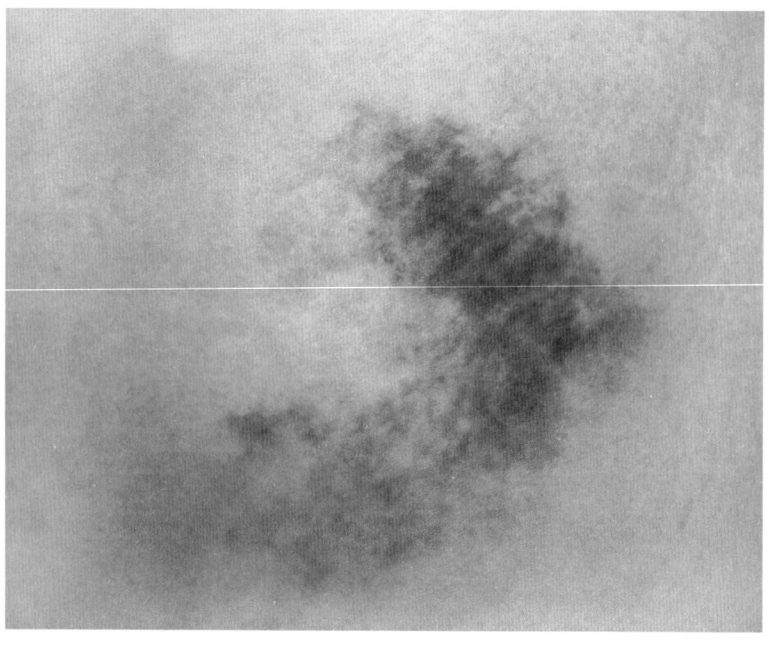

Equimose com variação cromática.

É importante destacar que, nas **equimoses subconjuntivais**, não se verifica o espectro equimótico, isto é, nesse local, a equimose não passa por essa variação cromática. A equimose começa vermelha e desaparece vermelha. Isso porque, segundo a maior parte da doutrina, referida região do globo ocular é muito oxigenada.

Hygino de Carvalho Hercules confirma a não verificação do espectro nas equimoses subconjuntivais. No entanto, ele não compartilha do entendimento da maioria dos doutrinadores, pois afirma não saber o porquê da não ocorrência do espectro equimótico nesse local. Para ele, tal fato não se deve pela grande oxigenação da área.

O valor médico-legal do espectro equimótico é estabelecer o nexo temporal entre o fato e a apresentação daquela lesão.

Em outras palavras, a importância pericial do espectro equimótico é que, com o parâmetro da evolução cromática, é possível determinar o tempo de desenvolvimento de uma lesão.

Um exemplo que retrata perfeitamente a importância desse estudo é quando o Delegado de Polícia se depara com uma criança que apresenta várias equimoses em diferentes graus de evolução, mas o responsável afirma que tais manchas são decorrentes de uma única queda. Pela análise das lesões, verifica-se que foram produzidas em momentos/dias diversos. Nesse caso, podem ficar evidenciados sinais de possíveis maus-tratos, chamados de **síndrome de Kempe, síndrome de Caffey ou síndrome da criança maltratada**.

Quadro de evolução do espectro equimótico e da gradação cromática das hemoglobinas

Tempo	Coloração	Molécula de hemoglobina
1º dia	Vermelho-escuro	Hemoglobina
Do 2º ao 3º dia	Violeta	Hemoglobina
Do 4º ao 6º dia	Azulado	Hemossiderina
Do 7º ao 10º dia	Verde-escuro	Hematoidina
Do 11º ao 12º dia	Verde-amarelado	Hematina
Do 12º ao 21º dia	Amarelado	Hematina
A partir do 22º dia	Desaparecem os vestígios da equimose	

Apesar de não haver, na doutrina, uma precisão linear quanto ao lapso temporal, esse quadro retrata tão somente um parâmetro utilizado pela doutrina médico-legal, majoritariamente. Portanto, as equimoses desaparecem em torno de 15 a 20 dias em decorrência da reabsorção das hemácias pelos macrófagos no processo de fagocitose. Assim, a degradação da molécula de hemoglobina é a razão por trás da variação cromática.

🧩 Decifrando a prova

(2017 – Fapems – PC/MS – Delegado – Adaptada) Leia o seguinte excerto: A traumatologia forense estuda aspectos médico-jurídicos das lesões, entre as quais a lesão ou espectro equimótico. Segundo Croce (2012), "a equimose é definida como a infiltração e coagulação do sangue extravasado nas malhas dos tecidos, sem efração deles. O sangue hemorrágico infiltra-se nos interstícios íntegros, sem alinhamento, originando a equimose" (CROCE, Delton; CROCE JR. *Manual de medicina legal*. São Paulo: Saraiva, 2012, p. 306).

A respeito dessas lesões, é possível afirmar que a sugilação é o termo que define um aglomerado de petéquias.

( ) Certo ( ) Errado

Gabarito comentado: a sugilação é a confluência ou o aglomerado de petéquias em uma região delineada do corpo. O valor médico-legal da sugilação é atestar ou trazer uma orientação de que, a depender do local do corpo em que foi feita a equimose, houve a prática de determinado tipo de crime. Portanto, a assertiva está certa.

(2019 – Instituto AOCP – ITEP/RN – Médico-Legista – Adaptada) Em um exame de uma criança com diversas lesões e feridas no corpo, o médico-legista suspeitou estar diante de um caso da síndrome da criança maltratada. É possível afirmar que, para alcançar tal diagnóstico, ele não deveria realizar a entrevista, sempre que possível, na presença do responsável.

( ) Certo ( ) Errado

Gabarito comentado: para alcançar tal diagnóstico, ele não deveria realizar a entrevista, sempre que possível, na presença do responsável, a fim de evitar qualquer tipo de manipulação e intimidação da criança. De acordo com o autor Genival Veloso de França (2021, p. 179), "os maus-tratos a crianças [...] vão desde a prisão e o isolamento em ambientes insalubres até os espancamentos brutais seguidos de morte. [...] Os autores desses meios cruéis são geralmente padrastos, pais jovens ou familiares diretos. [...] As crianças mais novas que não sabem manifestar-se de outra forma choram quando se aproximam delas determinadas pessoa". Portanto, a assertiva está certa.

(2018 – Fumarc – PC/MG – Escrivão – Adaptada) A tonalidade da equimose é um aspecto de grande interesse médico-pericial. Sobre isso, é correto afirmar que é sempre avermelhada. Depois, com o correr do tempo, ela se apresenta vermelho-escura, violácea, azulada, esverdeada e, finalmente, amarelada, desaparecendo, em média, entre 8 e 14 dias.

( ) Certo ( ) Errado

Gabarito comentado: é correto afirmar que é sempre avermelhada. Depois, no decorrer do tempo, ela se apresenta vermelho-escura, violácea, azulada, esverdeada e, finalmente, amarelada, desaparecendo, em média, entre 15 e 20 dias. Portanto, a assertiva está errada.

e) Hematoma

O hematoma é uma coleção hemática produzida pelo sangue extravasado dos vasos mais calibrosos, que desloca a pele e afasta a trama dos tecidos, formando uma cavidade circunscrita (neoformada) onde se aninha. Tanto no hematoma quanto na equimose, não há plano ósseo por baixo, já que, em ambos os casos, o sangue fica fora dos vasos. No entanto, no hematoma, não há infiltração do sangue nos tecidos, mas, sim, a formação de uma neo-cavidade, enquanto, na equimose, há infiltração do sangue.

O sistema nervoso central, formado pelo encéfalo (cérebro, cerebelo, ponte e bulbo), bem como todas as suas estruturas, está envolto por três membranas/meninges: a dura--máter, a aracnoide e a pia-máter. Tais membranas têm como função primordial proteger o sistema nervoso.

A dura-máter é a membrana mais externa e, por conta disso, possui contato com o plano ósseo e é formada por tecido conjuntivo denso. Por esse motivo, referida membrana tem duas porções: uma mais externa, em contato com o osso, e outra interna. A aracnoide é uma membrana serosa que se encontra em posição mediana, sendo seu nome oriundo do seu formato semelhante a uma teia de aranha. Entre as membranas aracnoide e pia-máter, existe o líquido cefalorraquidiano ou líquido espinhal, utilizado no diagnóstico de meningite. Por fim, a pia-máter é uma membrana vascularizada, mais espessa e mais interna, em contato direto com o encéfalo.

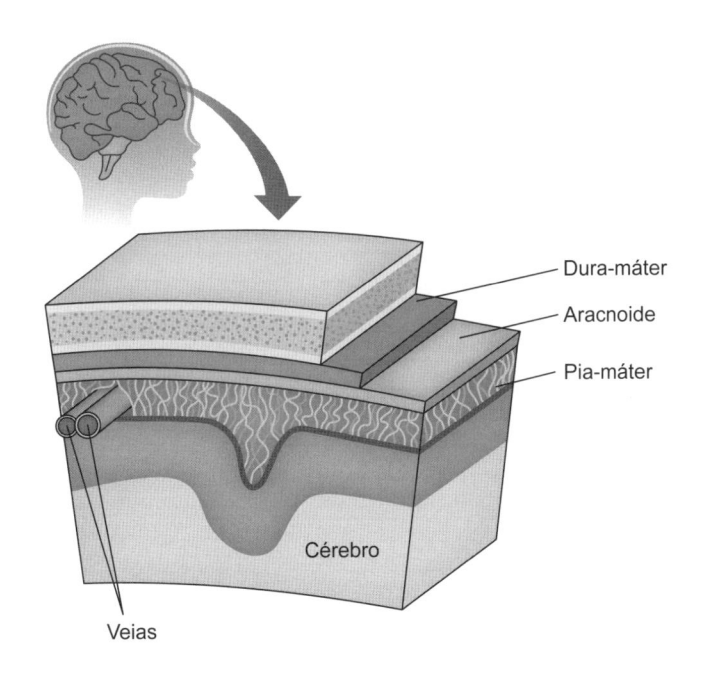

O hematoma extradural é um extravasamento de sangue entre a dura-máter e o osso do crânio que precisa ser drenado, pois aumenta a pressão do crânio gerando perda de equilíbrio e fala arrastada. O hematoma subaracnóideo é formado abaixo da aracnoide e acima da pia-máter. Por fim, um hematoma intraencefálico é formado abaixo da pia--máter.

💭 Decifrando a prova

(2018 – Instituto AOCP – ITEP/RN – Médico-Legista – Adaptada) A equimose e o hematoma são exemplos de lesões classificadas como contusas.

( ) Certo ( ) Errado

Gabarito comentado: o instrumento contundente, como o cassetete, não tem ponta nem gume, ele apenas contunde, isto é, não corta nem perfura. Ele age por pressão, e a lesão, normalmente, é em plano. Esse instrumento pode ocasionar os mais variados tipos de lesão, como hematoma, ferida, fratura, equimose, ou seja, pode causar lesões abertas ou fechadas. Portanto, a assertiva está certa.

f) Bossa

A bossa é um tipo de hematoma no qual o derramamento de sangue ocorre em região que possui um plano ósseo por baixo. Em razão disso, o sangue não se infiltra e não afasta as fibras do tecido ósseo, o que acaba por formar verdadeiras bolsas pronunciantes e salientes na superfície cutânea (galo).

A **bossa linfática** – denominada "derramamento subcutâneo de serosidade de *Morel-Laval-lée*" – ocorre quando proveniente dos vasos linfáticos traumatizados por contusões tangenciais.

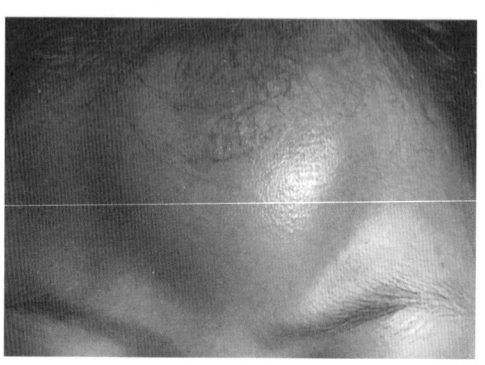

Bossa (galo).

g) Entorse e luxação

Os nossos ossos são unidos por ligamentos que se localizam dentro das articulações. Entre as lesões mais comuns, estão:

Entorse	Luxação
É caracterizada pela ruptura total ou parcial dos ligamentos que envolvem uma articulação.	É caracterizada pelo impacto violento em uma articulação que faz que ocorra a **perda completa do contato entre duas extremidades ósseas**.
É realizado um movimento maior do que o suportado pela articulação que gera a consequente ruptura. Não há perda de contato entre os ossos.	

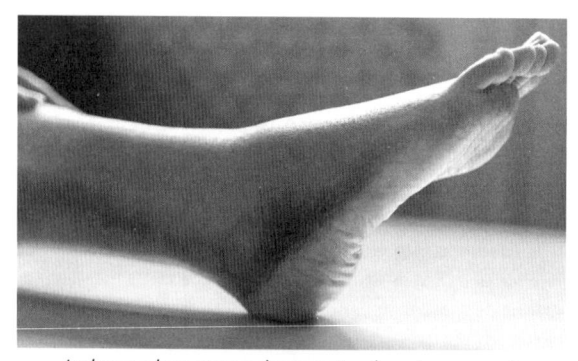

Inchaço e hematoma decorrentes de entorse no pé.

Importante observar que, sempre que ocorre uma luxação, há uma entorse, mas o contrário não é verdadeiro, ou seja, quando ocorre uma entorse, não necessariamente há uma luxação.

🧩 Decifrando a prova

(2014 – Acafe – PC/SC – Delegado – Adaptada) O deslocamento de dois ossos, cuja superfície de articulação deixa de manter sua relação de contato, é denominado fratura.
( ) Certo ( ) Errado

Gabarito comentado: o deslocamento de dois ossos, cuja superfície de articulação deixa de manter sua relação de contato, é denominado luxação (lesão corporal contusa, em que ocorre o rompimento permanente das articulações, significa dizer que os ossos perdem contato entre si em decorrência da ação de um instrumento contundente). Portanto, a assertiva está errada.

h) Fraturas

Fraturas são soluções de continuidade de um osso, podendo ocorrer por compressão, flexão ou torção.

Classificações:

- **Direta** – o local do trauma é o mesmo local da fratura. Ex.: o trauma ocorre no osso occipital, assim como a fratura.
- **Indireta/contragolpe** – fratura em local diverso do ponto que recebe o trauma. Ex.: uma pessoa sofre queda em pé de certa altura, mas sofre uma fratura no crânio. Nesse caso, a energia passou pela tíbia, pelo perônio, pelo fêmur, pelo ilíaco e pela coluna vertebral e fraturou o osso do crânio.
- **Abertas**.
- **Fechadas**.
- **Cominutivas** – fratura do osso em várias partes/pedaços/fragmentos.
- **Em galho verde** – muito comum na "síndrome da criança espancada", pois as fraturas se calcificam com calos ósseos e idades ósseas diferentes.
- **Completas**.
- **Incompletas**.

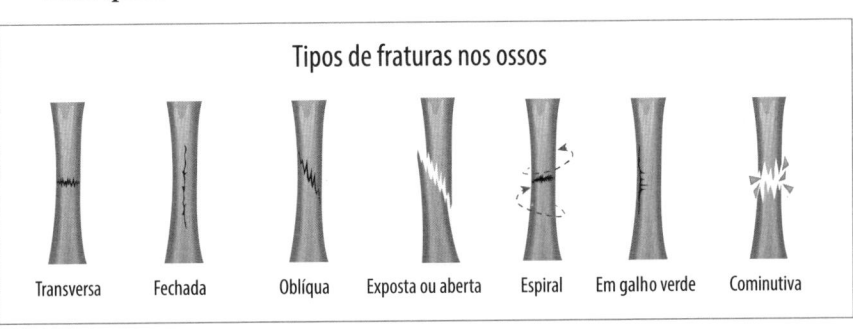

Tipos de fraturas nos ossos

Transversa Fechada Oblíqua Exposta ou aberta Espiral Em galho verde Cominutiva

Ação contundente passiva

Exemplos de ação contundente passiva:

- **Precipitação** – queda de um lugar alto.
- **Defenestração** – ser jogado através de uma janela.

4.7 LESÕES POR AÇÃO PERFURANTE

Ao estudar as lesões produzidas por instrumentos perfurantes, é importante destacar que tais instrumentos serão sempre de pequeno ou médio calibre. Isso porque, se forem de grande calibre, em razão da sua grande massa, não só irão perfurar como também irão contundir. Exemplos:

- **Pequeno calibre** – agulha, alfinete, prego.
- **Médio calibre** – picador de gelo, sovela.

Diferentemente das lesões incisas, na lesão punctiforme/punctória, predomina a profundidade sobre a extensão. Ademais, é uma lesão pouco sangrante, visto que os vasos não são cortados, mas, sim, afastados. Em regra, o diâmetro do orifício de entrada é menor do que o calibre do instrumento perfurante.

Nessa linha, faz-se necessário estudar as **leis de *Filhos* e *Langer* sobre lesões causadas por instrumentos perfurantes de médio calibre, muito cobradas em concursos públicos**. São, ao todo, três leis, duas de *Filhos* e uma de *Langer*.

4.7.1 Lei do paralelismo

São lesões paralelas entre si aquelas causadas por instrumentos perfurantes de médio calibre em regiões do corpo nas quais as fibras elásticas da pele sejam direcionadas para a mesma direção e sentido. Ex.: lesões no músculo adutor da coxa, no peitoral, no bíceps, entre outros.

Assim, uma lesão causada por um picador de gelo (instrumento perfurante), por exemplo, teria como ponto de entrada um orifício oval. Entretanto, as fibras que foram afastadas pelo instrumento puxam a pele e transformam a lesão em uma fenda, chamada pela doutrina de **lesão em botoeira ou em casa de botão. Logo, forma-se lesão com dois ângulos agudos não pelo corte em si, mas pela elasticidade natural da pele.**

Desferido novo golpe na mesma região, será formado outro orifício com as mesmas características em direção paralela, isto é, nova **lesão com forma biconvexa, bordas regulares e simétricas, ângulos muito agudos e mesma direção das fibras da pele.**

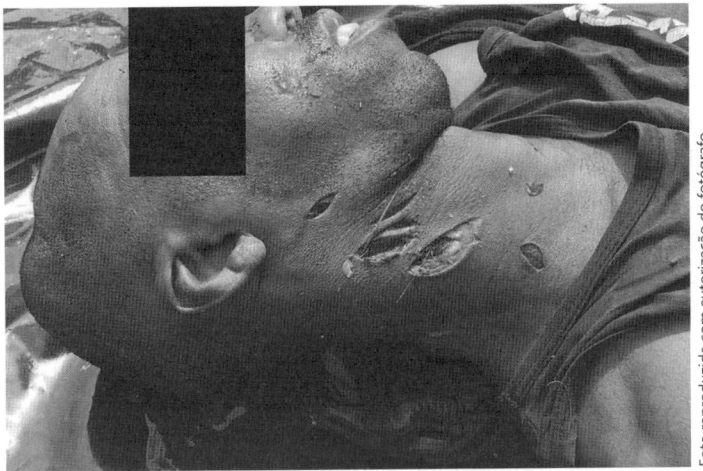

Exemplo de lesões paralelas causadas por instrumento perfurantes.

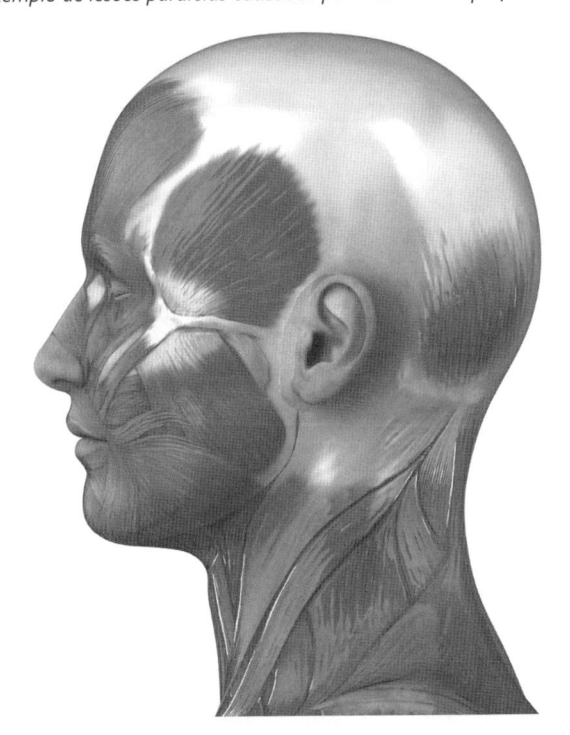

Músculos da face.

4.7.2 Lei da semelhança

Quando comparadas com lesões causadas por instrumentos perfurocortantes de dois gumes (punhal), as lesões causadas por instrumentos perfurantes de médio calibre apresentam características semelhantes. Observe que a semelhança não é do instrumento, mas apenas da lesão.

Assim, em ambos os casos, a lesão tem forma biconvexa alongada, com dois ângulos agudos e bordas regulares. Contudo, **não são lesões completamente iguais:** no caso da lesão punctória, os ângulos agudos ficam afastados; por outro lado, na lesão perfurocortante, os ângulos agudos são cortados pelo gume do instrumento.

4.7.3 Lei do polimorfismo

As fibras elásticas, em determinadas áreas do corpo, se entrecruzam, caso em que, se desferido golpe com instrumento perfurante de médio calibre, a lesão causada será polimorfa/estrelada/anômala, pois incidirão forças em direções distintas.

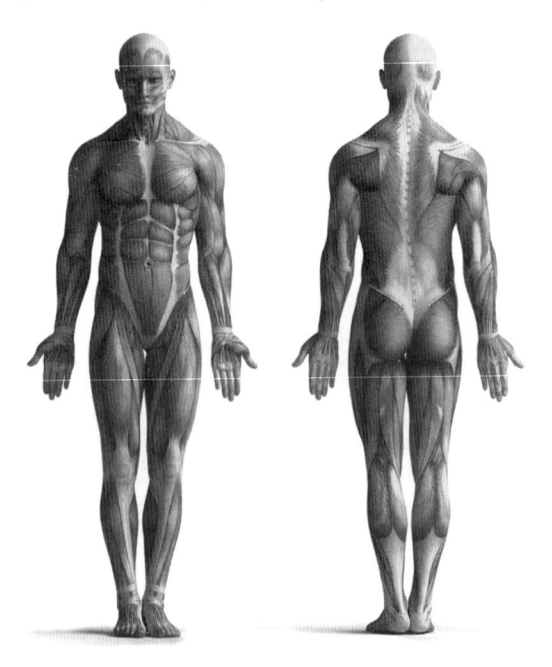

Sistema muscular.

⟁ Decifrando a prova

(2016 – Funcab – PC/PA – Delegado – Adaptada) As leis de Edouard Filhos e Karl Ritter von Langer são estudadas no campo das lesões produzidas por instrumentos perfurantes de pequeno calibre.

( ) Certo ( ) Errado

Gabarito comentado: as leis de Edouard Filhos e Karl Ritter von Langer são estudadas no campo das lesões produzidas por instrumentos perfurantes de médio calibre, como o picador de gelo. A primeira lei de Edouard Filhos é conhecida como lei da semelhança, sua segunda lei é conhecida como lei do paralelismo e a terceira lei é de Karl Ritter von Langer. Portanto, a assertiva está errada.

4.8 LESÕES POR AÇÃO CORTANTE

Os **instrumentos cortantes** transferem energia cinética por **deslizamento,** possuem lâmina aguçada, sendo objetos, em regra, sem ponta e sem massa capazes de gerar contusão.

A lesão incisa é muito sangrante e mais extensa do que profunda, possui ângulos bem agudos, bordas regulares e, em regra, são simétricas e de fundo limpo. Tais lesões também são conhecidas como **lesão em arco de violino.**

Os instrumentos cortantes podem causar ferida ou escoriação. Na escoriação, a lesão apresentará a **cauda de *Lacassagne,*** que é a superficialização da lesão no sentido contrário do golpe, cujo valor médico-legal é demonstrar em qual sentido se deu a lesão.

A lesão cortante na região laterolateral ou anterior do pescoço é chamada de **esgorjamento.** Se a lesão é na parte de trás do pescoço (nuca), chama-se **degolamento.** Já a separação completa da cabeça do restante do corpo recebe o nome de **decapitação.**

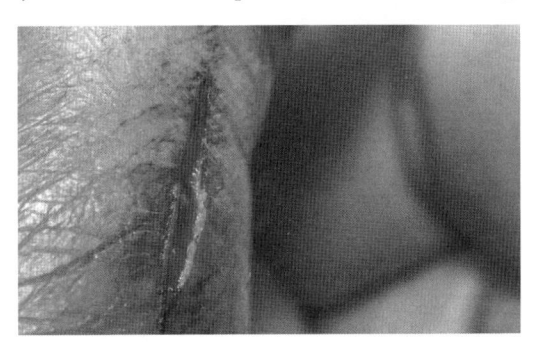

Lesão causada por instrumento cortante.

Importante!

Ferida iatrogênica

Trata-se de ferida de origem médica/cirúrgica, com fundo regular e bordas paralelas que facilitam a cicatrização, sem cauda de escoriação.

Lesão em sanfona/acordeão/*Lacassagne*

A lâmina do instrumento é inserida em região depressível do corpo, logo a extensão da ferida causada será maior do que a extensão do objeto.

Lesão de hesitação

São múltiplas lesões consideradas não letais e sequenciais em locais de eleição para o suicídio (punho, precordial, pescoço), as quais demonstram as tentativas de suicídio. Em regra, são seguidas por uma lesão fatal.

Lesões de defesa

São lesões que ocorrem em regiões do corpo utilizadas, em regra, como forma de defesa. Ex.: a borda ulnar do antebraço e a região tênar ou hipotenar da palma da mão.

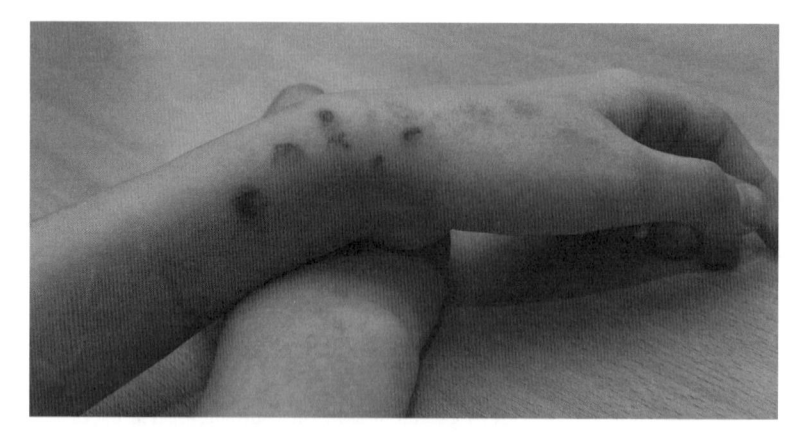

Exemplo de lesões de hesitação.

Decifrando a prova

(2018 – Nucepe – PC/PI – Médico-Legista – Adaptada) Com relação às lesões por ação perfurocortante, é correto afirmar que, *em acordeão* ou *em sanfona* [Lacassagne]: quando a superfície do corpo é depressível (parede de abdome), a lâmina produz uma lesão menos profunda que o seu próprio comprimento.

( ) Certo ( ) Errado

Gabarito comentado: a lesão *em acordeão* ou *em sanfona* de Lacassagne é aquela em que determinada região atingida tem alcance maior do que o instrumento perfurante ou perfuro-cortante. Portanto, a assertiva está certa.

(2018 – Nucepe – PC/PI – Médico-Legista – Adaptada) Analisando uma ferida horizontal na região anterior esquerda do tórax de um indivíduo, o perito descreve que tal ferida é mais extensa do que profunda, sendo sua profundidade maior na porção correspondente ao terço lateral esquerdo e, a partir daí, torna-se gradativamente mais superficial e se continua com uma escoriação linear na epiderme. Apresenta também bordos regulares, ângulos muito agudos e vertentes planas. Assim, é correto afirmar que um instrumento cortante agindo da esquerda do indivíduo para a direita é a melhor forma de explicar como essa lesão foi feita.

( ) Certo ( ) Errado

Gabarito comentado: nas feridas cortantes ou incisas, geralmente se encontra extensão maior que profundidade, presença de "cauda" (de escoriação, fim do corte, é a parte menos profunda), o sangramento é abundante e as bordas são regulares, as bordas não são evertidas, mas, sim, regulares e lisas, a energia não é transferida por pressão, pois a ação do instrumento é deslizante, como a navalha. Portanto, a assertiva está certa.

4.9 LESÕES POR AÇÃO CORTOCONTUNDENTE

A ação cortocontundente ocasiona um corte, pois tem gume e contunde porque tem massa suficiente para produzir lesão.

As lesões provocadas por esse tipo de instrumento são denominadas cortocontusas, podendo-se destacar, como exemplo, a decapitação, o esquartejamento e o espostejamento.

A **decapitação** é a completa separação da cabeça do resto do corpo, em razão de instrumento cortocontundente, a exemplo da guilhotina, muito utilizada no período da inquisição, criada na Idade Média (século XIII).

O **espostejamento** é o ato ou efeito de espostejar, ou seja, de cortar em postas ou fatias. É a ação de fatiar o corpo em várias partes irregulares.

Já o **esquartejamento** é o ato que consiste em cortar o corpo em diversas partes regulares. Ao longo da história, esse foi um dos métodos de execução da pena de morte.

⁂ Decifrando a prova

(2018 – Nucepe – PC/PI – Médico-Legista – Adaptada) Um cadáver foi levado ao IML com lesão provocada por golpe de foice, em região cervical posterior, com ferida transversal, com bordos regulares, com extensas lesões de musculatura, atingindo a coluna cervical, com fratura em toda a extensão de corpo vertebral, chegando à região cervical anterior, no entanto, sem haver decapitação. Pode-se afirmar que essa lesão foi provocada por ação cortocontundente.

( ) Certo ( ) Errado

Gabarito comentado: o enunciado descreve um instrumento cortocontundente em que a lesão acontece mais pelo peso e pela força com que eles são usados do que pelo deslizamento do gume que pode ser realizado por meio de machado, golpe de foice, guilhotina, dente, facão. Esse instrumento irá causar uma lesão cortocontusa. Portanto, a assertiva está certa.

4.10 LESÕES POR AÇÃO PERFUROCORTANTE

A ação perfurocortante age perfurando, porque tem ponta, e cortando, porque tem gume. A lesão produzida por esse tipo de instrumento é denominada perfuroincisa.

O instrumento perfurocortante pode ser de um, dois, três ou quatro gumes. A identificação da quantidade de gumes do instrumento é feita por meio da **quantidade de ângulos agudos na lesão**.

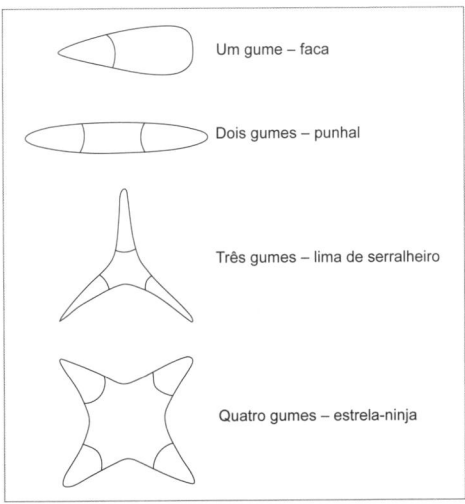

Um gume – faca

Dois gumes – punhal

Três gumes – lima de serralheiro

Quatro gumes – estrela-ninja

Há algumas lesões causadas por faca que, em que pese tenha apenas um gume, podem originar lesões com dois ângulos agudos em razão da incidência do golpe. A lesão com apenas um gume é causada quando a incidência do instrumento é de 90° com relação ao corpo, ao passo que, se o ângulo de incidência for um plano inclinado, de 20°, por exemplo, poderão ser formados dois ângulos agudos na lesão.

Por vezes, nesse tipo de lesão, em virtude do modo como o instrumento foi manipulado, há a produção de um entalhe. O valor médico-legal do entalhe é, em alguns casos, comprovar o *animus necandi*, o dolo de matar do agente, uma vez que é produzido ao girar/torcer o instrumento perfurocortante.

Existem ainda duas situações em que o entalhe pode ser gerado:

- por ação da vítima;
- por órgãos com movimento próprio (ex.: coração).

4.11 LESÕES POR AÇÃO PERFUROCONTUNDENTE

Os instrumentos perfurantes de grande calibre são classificados como perfurocontundentes, pois, além de causar lesão perfurante, causam lesão contundente de borda equimosada.

4.11.1 Lesão por instrumento perfurocontundente de haste longo

- **Encravamento** – o orifício de entrada do instrumento pode ser qualquer lugar do corpo, exceto o períneo.

Desenho demonstrando uma vítima de encravamento.

- **Empalamento** – o orifício de entrada do instrumento é o períneo.

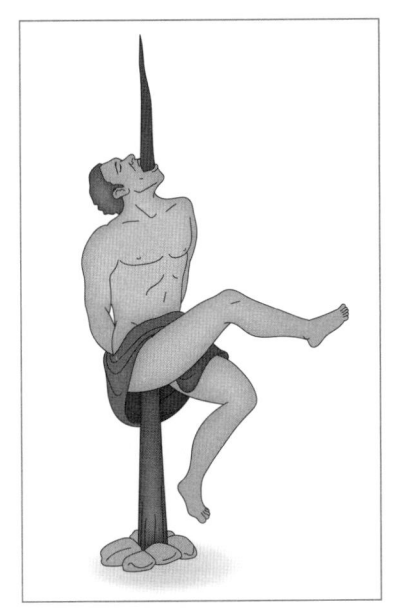

Empalamento (simulação).

4.11.2 Lesão por instrumento perfurocontundente (PAF)

Entre os tipos de lesões causadas por instrumentos perfurocontundentes, que produzem lesões perfurocontusas, há os ferimentos produzidos por Projétil de Arma de Fogo (PAF).

4.11.2.1 Observações introdutórias

Antes de aprofundar os estudos das lesões causadas por instrumentos perfurocontundentes, é de grande importância rememorar a fórmula da Energia Cinética $EC = (M \times V^2/2)$.

O estudo do PAF está dentro de traumatologia, na parte de energias físico-mecânicas (aquelas que dependem de movimento), e o movimento (velocidade) é elemento de alta relevância quando analisamos a energia cinética do PAF.

É importante observar que um projétil é animado por elevada energia cinética, não por conta da massa, que é muito pequena, mas, sim, em razão da sua velocidade.

Assim, dentro dessa lógica, surge uma primeira classificação quando da análise do PAF:

- **Projéteis de baixa velocidade** – são aqueles que se deslocam a uma velocidade abaixo da velocidade do som no ar (340 m/s).
- **Projéteis de média velocidade** – são aqueles que viajam entre 340 m/s e 680 m/s.
- **Projéteis de alta velocidade** – são aqueles que viajam com velocidade duas vezes maior que a velocidade do som no ar (acima de 680 m/s).

Note que a velocidade de um PAF é produzida a partir de reações químicas realizadas por meio de uma máquina (arma de fogo) que lança o projétil.

 Decifrando a prova

(2017 – Fundatec – IGP/RS – Médico-Legista – Adaptada) Sobre lesões e morte causadas por projéteis de arma de fogo de alta energia (tiros de fuzil, tiros de rifle), é incorreto afirmar que a infecção secundária de feridas produzidas por projéteis de arma de fogo de alta energia é rara devido à alta temperatura que esses projéteis atingem ao serem disparados, eliminado bactérias causadoras de infecções

( ) Certo ( ) Errado

Gabarito comentado: o equívoco do enunciado é mencionar que a infecção secundária é rara nos casos de lesões produzidas por projéteis de arma de fogo de alta energia, pois as feridas profundas provocadas no corpo humano fazem que o organismo fique mais vulnerável às bactérias presentes no meio ambiente. Portanto, a assertiva está certa.

Desse modo, alguns conceitos são importantes:

- **Cartucho** é diferente do **projétil** – o primeiro é o nome que se dá ao conjunto inteiro, enquanto o projétil é só a cabeça do cartucho.
- **Projétil** é a parte do cartucho que será lançada por meio do cano. Ele é projetado porque é colocado dentro de um estojo ou uma cápsula.
- **Cápsula (ou estojo)** é o componente de união mecânica do cartucho, possibilitando que todos os componentes necessários ao disparo fiquem unidos em uma peça, facilitando o manejo da arma e acelerando o intervalo em cada disparo.

- **Propelente (ou carga de projeção)** é a fonte de energia química capaz de arremessar o projétil à frente, imprimindo-lhe grande velocidade. A energia é produzida pelos gases resultantes da queima do propelente.
- **Espoleta** é um recipiente que contém a mistura detonante e uma bigorna.

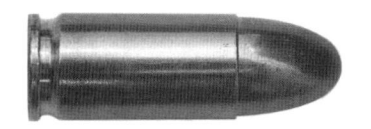

Projétil de 9 mm.

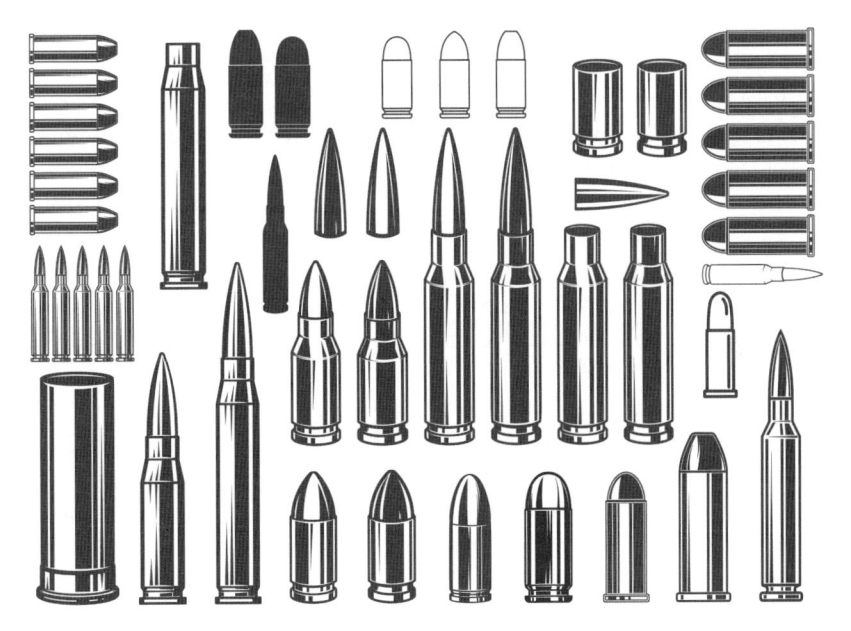

Diferentes tipos e tamanhos de munição.

4.11.2.2 Modo de acionamento

Dentro do cartucho é alocado um projétil. Este, por sua vez, fica dentro do estojo ou da cápsula. Dentro dessa cápsula, há um propelente, que é uma substância que entra em combustão quando, em face dela, se aumenta a temperatura, passando do estado sólido para o estado gasoso. No entanto, o único caminho que o gás tem para percorrer é empurrando o projétil para frente, ocasionando o tiro.

Isso só ocorre porque, na base, há a cápsula de espoletamento. Dentro dela, há um componente químico – propelente – que é tocado por uma parte da arma chamada de percursor ou percutor (instrumento cilíndrico de pequeno diâmetro acionado pelo gatilho). Esse percutor é envolvido por uma mola e o gatilho libera a mola do percutor, que faz que vá à frente, bata na base do cartucho (cápsula de espoletamento), causando uma fagulha que inicia a combustão do propelente – que passa do estado sólido para o gasoso rapidamente, empurrando o projétil e fazendo que ele viaje em velocidades altíssimas.

Deve-se destacar também que esses projéteis de ação perfurocontundente podem ser únicos ou múltiplos. "Único" é um tipo de munição que tem um único projétil, como revólver, pistola, rifle etc. Já "Múltiplo" é um tipo de munição em que, num único estojo, há vários projéteis, ou seja, com um único disparo, são emitidos vários projéteis, que atingem não só um único ponto mas uma área. Essa área atingida pelos projéteis múltiplos é chamada de rosa do tiro.

4.II.2.3 Disparo

Disparo é a **propulsão do projétil** pelo cano da arma.

Se a vítima for atingida por um disparo de arma de fogo, haverá, no mínimo, um ferimento. No entanto, se o PAF transfixar o corpo da vítima, um único projétil poderá causar dois ferimentos: o orifício de entrada e o orifício de saída. O mais importante para fins periciais é o orifício de entrada, que dará uma série de informações.

A partir do disparo da arma de fogo, verifica-se que há um percurso percorrido pelo projétil desde a saída da arma até o corpo da vítima e, depois, outro espaço percorrido pela munição dentro do corpo da vítima. O espaço entre a arma e a vítima é chamado de **trajetória** e o percurso dentro do corpo da vítima é chamado de **trajeto**.

O perito, além de avaliar tecnicamente a trajetória e o trajeto percorrido pelo PAF, deverá fazer a descrição das lesões internas. O projétil, embora ande em linha reta, pode sofrer desvios tanto na sua trajetória quanto no seu trajeto. Um anteparo mais rígido dentro do corpo da vítima pode fazer que ele desvie o trajeto, por isso é importante saber quais órgãos foram atingidos. Por conta de desvios internos, é possível que o projétil entre por um ponto e saia por outro fora de um trajeto em linha reta. Da mesma forma, a trajetória pode se desviar, por exemplo, se o projétil bater em algum objeto antes de acertar o corpo da vítima.

Dessa maneira, constata-se que a análise pelo perito do orifício de entrada e de saída e a descrição dos ferimentos internos irão ajudá-lo a determinar a orientação do disparo e de sua provável distância.

Quando há o disparo, não só o projétil (elemento primário do tiro) é impulsionado para a frente e expelido para fora do cano da arma mas também um conjunto de elementos, denominado **cone de dispersão** (elementos secundários do tiro).

O cone de dispersão é formado por todos os elementos do disparo que são expelidos para fora da arma com o projétil. Por exemplo: gases superaquecidos, pólvora combusta e incombusta (que não sofreu combustão), partículas de metal do cano da arma e chamas da explosão.

O estudo do cone é importante para a classificação dos tiros a longa distância, a distância e tiro a curta distância (ou à queima-roupa).

Tiro a curta distância é aquele em que, além do projétil, a vítima é atingida pelo cone de dispersão. Apesar de não haver consenso, a doutrina médico-legal entende que o cone de dispersão alcança mais ou menos dez centímetros.

Já, nos **tiros a distância**, ou **a longa distância**, a vítima não é tocada pelo cone de dispersão.

Nos tiros de **cano encostado**, será importante diferenciar o tiro com cano encostado com plano ósseo por baixo do tiro com cano encostado sem plano ósseo por baixo.

> ### 🧩 Decifrando a prova
>
> **(2018 – Nucepe – PC/PI – Delegado – Adaptada)** A balística "é a ciência que estuda o movimento dos projéteis, particularmente os disparos por armas leves e canhões". Em relação à balística forense, é incorreto afirmar que, no que tange ao municiamento, na arma de retrocarga, a munição é colocada pela parte anterior do cano.
>
> ( ) Certo ( ) Errado
>
> **Gabarito comentado:** quanto ao municiamento, na arma de retrocarga, a munição é colocada pela parte posterior do cano. Portanto, a assertiva está certa.

4.11.2.4 Análise do trajeto: conceito de cavidades

Quando o projétil entra no corpo, ele cria uma cavidade em forma de túnel que corresponde ao trajeto do PAF. Esse trajeto forma a chamada **cavidade permanente** e a **cavidade temporária**.

A **cavidade permanente**, como o próprio nome sugere, é permanente, pois o perito conseguirá vê-la no momento da autópsia.

Já a **cavidade temporária**, ao contrário da permanente, não é formada pelo projétil, mas, sim, pela onda de pressão criada no trajeto do PAF. Desse modo, tal cavidade não pode ser constatada no momento da necropsia, já que deixa de existir passada a pressão.

Importante destacar que há lesões que não são causadas pelo projétil em si, mas, sim, pela onda de pressão, uma vez que essa onda atinge tecidos adjacentes à cavidade permanente que o PAF não toca.

- **Características da cavidade temporária:**
  - » **Ela é pulsátil, ou seja, não é uniforme** – o projétil não viaja de maneira uniforme, já que vai perdendo a estabilidade e muda de posição na formação da cavidade permanente. O projétil pode estar de ponta ou de lado, gastando mais ou menos energia cinética no trajeto, fazendo que a cavidade temporária seja mais ou menos ampla.
  - » **Depende da velocidade do PAF** – quanto maior a velocidade, maior a energia cinética; quanto maior a energia cinética, maior a cavidade temporária.

Em projéteis de baixa velocidade, as cavidades temporárias tendem a ser menores.

» **Depende da estabilidade do PAF** – quanto maior a estabilidade, menor a cavidade temporária. Se o projétil está mais estável, ele gasta menos energia cinética; logo, produz uma onda de pressão menor, o que ocasiona uma cavidade temporária menor.

» **Depende do calibre da arma** – o calibre da arma é o diâmetro do projétil. Quanto maior o calibre da arma, maior a sua massa. Como esta influencia a fórmula da energia cinética, influenciará também a cavidade temporária.

» **Depende do trajeto** – imagine que um projétil venha em determinada direção dentro do corpo, depare-se com um osso e vire, diminuindo sua estabilidade. Nesse caso, será aumentada a cavidade temporária. Assim, o trajeto também influencia a cavidade temporária. Olhando só para o tamanho e desconsiderando as outras influências, um trajeto menor, provavelmente, produziria uma cavidade temporária maior e um trajeto maior produziria uma cavidade temporária menor. Isso porque, em um trajeto maior, o projétil chega com menor velocidade ao final, isto é, com menos energia cinética, produzindo uma menor cavidade temporária.

» **Não pode ser visualizada na necropsia.**

» **Depende da densidade do órgão** – uma cavidade temporária no fígado tende a ser maior do que uma cavidade temporária no pulmão. Quanto mais denso for o órgão, mais resistência ele oferecerá, gastando o projétil mais energia para passar.

» **Está relacionada com a lesão de saída** – a amplitude da lesão de saída vai depender da cavidade temporária no momento em que o corpo acaba. Se o corpo termina em determinada região com uma grande cavidade temporária, isso fará que a lesão de saída seja grande também. Se sair do corpo em uma região em que a cavidade temporária tem pequena amplitude, a lesão de saída será menor.

Importante!

Em qualquer tipo de tiro, isto é, de baixa, média ou alta velocidade, haverá cavidade temporária.

4.11.2.5 Centro de pressão e centro de massa

Os conceitos de **centro de pressão** e **centro de massa** são importantes, pois influenciam a estabilidade do projétil.

Quando o tiro sai da boca da arma animado por uma energia cinética, ele encontra a resistência do ar, que desestabiliza o projétil. Assim, surge o conceito de **centro de**

pressão, que é um ponto imaginário onde as partículas de ar colidem contra o projétil oferecendo-lhe resistência.

Centro de massa, por sua vez, é o centro geométrico do projétil e o seu ponto de equilíbrio, não se confundindo com o centro de pressão.

Para que um projétil viaje com a maior estabilidade possível, é preciso ter um alinhamento entre o centro de massa e o centro de pressão.

Pensando em uma flecha, na ponta, coloca-se um metal e, no final, uma pena. O centro de massa da flecha é bem mais próximo da ponta de metal. Assim, o centro de massa da flecha está na frente, enquanto o centro de pressão da flecha está atrás, fazendo-a ganhar maior estabilidade.

Pensando no PAF, geralmente o centro de massa é um pouco mais na parte de trás. No projétil, tanto o centro de massa quanto o centro de pressão estão na parte de trás do PAF, fazendo que perca sua estabilidade.

Assim como os centros de massa e pressão do PAF estão atrás, a tendência é que ele empine, desestabilizando quando arremessado. Para melhorar essa estabilidade, criou-se o cano raiado, a fim de que o projétil gire sobre seu próprio eixo aumentando sua estabilidade.

Desse modo, é necessário estudar alguns movimentos do PAF que fazem que ele tenha mais estabilidade. São eles:

- rotação;
- translação;
- báscula;
- nutação;
- precessão.

A **rotação** é o movimento que o projétil faz rodando em torno do seu próprio eixo, como se fosse a broca de uma furadeira. Vale destacar que não é esse movimento que causa a orla de escoriação.

Já a **translação** é o movimento feito pelo projétil da boca da arma até o alvo. Segue a lógica da trajetória.

Quanto ao movimento de **báscula**, funciona como uma alavanca que abre e fecha, fazendo o projétil percorrer sua trajetória obedecendo esse movimento.

A **nutação**, por seu turno, são pequenos círculos que o projétil percorre durante sua trajetória quando se inicia a perda de estabilidade.

Importante!

Quem analisa o trajeto é o perito legista e quem analisa a trajetória é o perito criminal.

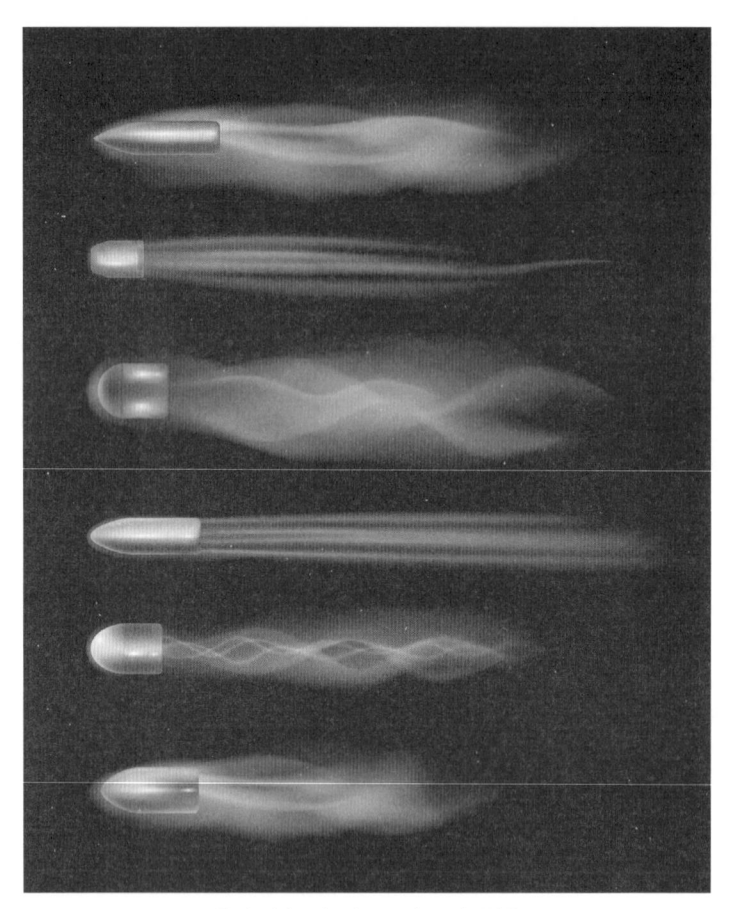

Trajetórias de alguns tipos de PAF.

4.II.2.6 Identificação pelas raias

As **raias** podem ser **dextrogiras** ou **sinistrogiras**. As primeiras são as raias viradas para a direita, enquanto as segundas são viradas para a esquerda.

A importância das raias do cano da arma é que elas geram um decalque no projétil, e esse decalque, quando o PAF passa pelo cano da arma, vai gerar estrias.

As **estrias** são, portanto, marcas produzidas pelas raias da arma no projétil. Elas podem ser voltadas para a direita, no caso de uma arma dextrogira, ou para a esquerda, no caso de armas sinistrogiras.

Estrias primárias são as produzidas pelas raias originárias do cano da arma. Ao longo da utilização da arma, pode ser que essas estrias passem a apresentar algum tipo de defeito, formando as **estrias secundárias**.

Além disso, as raias terão um desgaste natural e algumas alterações. Essas são as **estrias terciárias**, causadas por desgaste natural ou por qualquer outra alteração, que pode ocorrer até com o fim de ludibriar a perícia.

4.12 LESÕES PRODUZIDAS POR PROJÉTEIS DE ARMA DE FOGO

O ferimento de entrada varia de acordo com o tipo de munição utilizado. Se for uma **munição única**, haverá **um** orifício de entrada. Se for **múltipla**, haverá uma área atingida, chamada de **rosa do tiro** ou **rosa de tiro de Cevidalli**.

A **rosa de tiro de Cevidalli** estará presente nas lesões de entrada de balins, isto é, no tiro com cartuchos de projéteis múltiplos, como numa espingarda calibre 12, típica arma de fogo de cano liso (ou alma lisa).

Quanto mais concentradas as marcas dos projéteis múltiplos, mais perto estava o atirador. Isso porque, quanto mais distante a boca da arma do corpo da vítima, maior a dispersão dos balins, formando uma rosa de tiro maior.

As armas de fogo de cano raiado (ou alma raiada) possuem esse tipo de cano, pois, dessa maneira, a munição sai girando sobre o seu próprio eixo, o que faz que tenha uma trajetória mais retilínea, propiciando melhor precisão e maior alcance.

O orifício de entrada ocasionado por um projétil de arma de fogo de alma raiada pode ter formato circular ou um pouco mais alongado, elíptico, pois pode ter ocorrido uma entrada em ângulo menor que 90° (não perpendicular). Essa entrada em ângulo forma uma cauda onde o projétil "derrapa" até que encontre o ângulo e penetre. Essa parte inicial é chamada **cauda de escoriação** (escoriação, como visto, é quando há um desgaste da camada mais superficial da pele – epiderme – e exposição da camada mais profunda – derme).

O valor médico-legal do aspecto das lesões de entrada por PAF, de alma lisa ou de alma raiada, seria estabelecer a distância em que o disparo foi efetuado. Por exemplo: um médico-legista, ao analisar um cadáver cuja morte se deu em razão de lesão causada por projétil, observa manchas de sangue na bermuda. Isso pode indicar que a vítima foi baleada de pé, porque, se tivesse sido executada deitada com um tiro no peito, por exemplo, dificilmente o sangue chegaria até a bermuda.

Importante!

Não é possível relacionar o calibre maior à exuberância da lesão, já que vários fatores podem influenciar o aspecto da lesão.

Ex.: quanto menos estável o projétil estiver, mais exuberante será a lesão. E isso não se determina pelo calibre.

Como se nota, são inúmeras as deduções ou afirmações que podem ser extraídas da análise das lesões causadas por PAF. Ao observar um orifício de entrada pequeno, não significa que o calibre da arma também seja pequeno. Isso porque a pele é elástica e acaba se adaptando. Por conta disso, um orifício diminuto pode ter sido produzido por um calibre maior.

Ainda, se o tiro foi transfixante, além do orifício de entrada, haverá o de saída, visto que o trajeto foi de uma extremidade à outra da área do corpo atingida.

Assim, o orifício de saída também nos fornece informações importantes. Por exemplo: se há um orifício de entrada e um de saída, há dois pontos de referência e, com a análise das lesões internas, é mais fácil se chegar ao terceiro ponto de referência, que é o local do posicionamento do atirador. Quando só há o orifício de entrada, só há dois pontos (atirador e entrada).

Um projétil sai com grande velocidade e calor. Assim, quando penetra na pele da vítima, produz contusão e perfuração. As bordas do orifício de entrada costumam ser viradas para dentro (bordas invertidas), diferentemente das bordas do orifício de saída, que ficam viradas para fora (bordas evertidas). Essa é a regra, mas ela não é absoluta.

Importante registrar que as bordas evertidas e irregulares do orifício de saída são assim porque o projétil, quando incide no corpo da vítima, se desestabiliza. Logo, passa de sua trajetória estável para um trajeto instável. Além disso, o orifício de saída costuma ser maior que o de entrada.

Isso porque, se o projétil entra em grande velocidade, girando sobre o próprio eixo e produzindo vácuo, ele vai puxando atrás de si aquilo que está pelo caminho. Como resultado, quando o projétil atravessa o corpo, já com bem menos estabilidade, vem puxando materiais com ele, forçando o orifício de saída e o deixando ainda maior.

> ### Importante!
> A diferença de diâmetro entre o orifício de entrada e o de saída é ainda maior quando a lesão é na cabeça.

Já dissemos que, dependendo do tipo de munição, as características do ferimento poderão variar. Se o projétil está íntegro, a lesão muito provavelmente terá um formato circular. No entanto, se houver um desvio de trajetória em razão de uma colisão com um anteparo, o projétil se deformará e o orifício de entrada terá o formato da deformação.

🧩 Decifrando a prova

(2018 – Instituto AOCP – ITEP/RN – Médico-Legista – Adaptada) É possível afirmar que as bordas reviradas para fora apresentam uma característica encontrada no orifício de saída das lesões por projétil de arma de fogo.

( ) Certo ( ) Errado

Gabarito comentado: as características encontradas no orifício de saída das lesões por projétil de arma de fogo são bordas reviradas para fora, maior sangramento, ausência de elementos químicos resultantes da decomposição da pólvora, bem como ausência de orla de escoriação e halo de enxugo. Ademais, o orifício de saída é maior do que o orifício de entrada. Portanto, a assertiva está certa.

(2018 – Cespe/Cebraspe – Polícia Federal – Perito Criminal – Adaptada) Julgue o seguinte item, a respeito de lesões produzidas por projéteis de arma de fogo. O exame cadavérico de uma vítima de disparo de arma de fogo de alma lisa deve cursar com o recolhimento de todos os balins, para fins de exame laboratorial.

( ) Certo ( ) Errado

Gabarito comentado: de acordo com Genival Veloso de França (2017, p. 120), "no que tange à identificação das armas de fogo, esta pode ser direta ou indireta. É direta quando a identificação é feita na própria arma. E indireta quando feita através de estudo comparativo de características deixadas pela arma nos elementos de sua munição. Na identificação direta, leva-se em conta os chamados dados de qualificação, representados pelo conjunto de caracteres físicos constantes de seus registros e documentos, como tipo da arma, calibre, número de série, fabricante, escudos e brasões, entre tantos. Na identificação indireta, usam-se métodos comparativos macro e microscópicos nas deformações verificadas nos elementos da munição da arma questionada ou suspeita. Dentre eles, o mais importante é o projétil, quando se trata de arma de fogo raiada. Nas armas de alma lisa, a identificação indireta é feita nas deformações impressas no estojo e suas espoletas ou cápsulas de espoletamento. Os outros elementos, como buchas e discos divisórios, não apresentam significado identificador". Portanto, a assertiva está errada.

4.12.1 Orlas ou halos

O projétil de arma de fogo é um instrumento perfurocontundente; portanto, ele perfura e contunde. Já vimos no estudo das lesões que uma contusão produz equimose.

Quando o projétil atinge o corpo da vítima, essa pancada provoca uma área de contusão. Após a contusão, o projétil perfura a pele, provocando a chamada **solução de continuidade da pele** e expondo as camadas mais internas. A esse tipo de lesão dá-se o nome de **escoriação**.

Além disso, por ser um projétil de arma de fogo, depreende-se que houve fogo, fumaça, atrito do projétil com o cano da arma, resíduos de propelente que não detonou, resíduos de metal do atrito etc. Todos esses elementos acompanham o projétil quando este atinge a pele. Ao provocar o orifício de entrada, tais elementos são "enxugados", fazendo que o projétil entre limpo no corpo da vítima. Com isso, o orifício de entrada fica escurecido, com fuligem e fumaça, formando as chamadas **orlas (ou halos) de contusão, escoriação e enxugo**.

Assim, em outras palavras, o que se quer dizer é que, uma vez efetuado o disparo, o projétil é lançado e atinge a pele, contaminando-a com uma série de substâncias que acompanham o projétil (pólvora, graxa, óleo, micropartículas de metal do cano da arma). Toda essa "sujeira" antes impregnada no projétil fica na pele no momento em que esta é perfurada. Desse modo, ao observar a lesão, nota-se uma orla com essa "sujeira" trazida pelo projétil, que é chamada de **orla de enxugo** ou **orla de alimpadura** ou **sinal de Chavigny**.

Importante!

Ao observar uma orla de enxugo ou alimpadura, chega-se à conclusão de que é uma lesão de entrada, já que **não há orla de enxugo em lesão de saída**.

Pergunta de prova: A ausência de orla de enxugo é um sinal patognomônico de lesão de saída? Não. Mesmo não havendo orla de enxugo, pode ser que seja um orifício de entrada por diversas razões. Primeiramente, porque o tiro pode ter sido dado com um anteparo (um travesseiro colocado na frente do cano da arma, por exemplo).

Outra: é que pode ter sido uma segunda entrada (a vítima estava com o braço junto ao corpo, o projétil transfixa o braço e entra no tronco da vítima).

A presença da orla de enxugo é patognomônica de lesão de entrada, mas sua ausência não é patognomônica de lesão de saída.

Uma hipótese de lesão de saída com orla de escoriação seria a lesão de saída com um anteparo, formando um obstáculo para a saída. Por exemplo: uma vítima encostada na parede. Quando o tiro transfixa o corpo e encontra a parede que impede sua saída, há um atrito entre a pele da vítima e a parede. Esse anteparo pode ser uma carteira, uma moeda etc.

É importante destacar que o somatório dessas duas orlas (orla de enxugo + orla de equimose) é denominado **anel de Fish**, e o seu valor médico-legal é determinar a incidência do disparo.

Se o anel de Fish apresenta orlas de enxugo e escoriação concêntricas (com o mesmo centro), é sinal de que o projétil ingressou no corpo da vítima de forma perpendicular ao maior eixo do corpo, formando um ângulo de 90 graus. Além disso, o anel de Fish é relevante para determinar a lesão de entrada.

Essas orlas são produzidas pela passagem do projétil, que causa lesões que, normalmente, são feridas. Contudo, um tiro de raspão pode causar apenas uma escoriação, por exemplo. Ou seja, um projétil, sendo um instrumento perfurocontundente, pode causar **uma ferida, uma escoriação ou uma equimose**.

Relevante registrar que existirão situações em que se haverá uma vítima com anel de Fish e a formação da chamada **pedra do anel**. A pedra do anel é uma escoriação feita pelo projétil que entrou obliquamente em relação à pele. Como entrou de forma oblíqua, o projétil arranha a pele antes de entrar e forma a pedra do anel, indicando a incidência do disparo.

A importância médico-legal da orla de escoriação é determinar a incidência do disparo.

Essas três orlas são produzidas pelo projétil: contusão pela pancada, escoriação pelo rompimento da pele e enxugo em razão da limpeza do projétil na pele, quando de sua penetração. Isso ocorrerá nos disparos de curta, média e longa distância, ou seja, em todos os disparos. Em outras palavras, a epiderme apresenta sinais de contusão, há a exposição da derme pela escoriação e há o enxugo com todas as impurezas retidas na borda do ferimento.

Genival Veloso de França (2017, p. 122) menciona, a respeito da **aréola equimótica** e da **zona de compressão de gases**, que a aréola equimótica "[...] é representada por uma zona superficial e relativamente difusa, decorrente da sufusão hemorrágica oriunda da ruptura de pequenos vasos localizados nas vizinhanças do ferimento, geralmente de tonalidade violácea". Já a zona de compressão de gases é representada pela depressão da pele em virtude da ação mecânica da coluna de gases que segue o projétil nos chamados tiros à queima-roupa, sendo vista apenas nos primeiros instantes após o tiro.

⚡ Decifrando a prova

(2018 – Vunesp – PC/BA – Delegado – Adaptada) Com relação aos ferimentos de entrada em lesões produzidas por projéteis de arma de fogo, é incorreto afirmar que a aréola equimótica é representada por uma zona superficial e relativamente difusa, decorrente da sufusão hemorrágica oriunda da ruptura de pequenos vasos localizados nas vizinhanças do ferimento, geralmente de tonalidade violácea.

( ) Certo ( ) Errado

Gabarito comentado: a aréola equimótica consiste no efeito primário que ocorre em uma sufusão hemorrágica ao redor do orifício de entrada causada pela ruptura dos vasos sanguíneos. A sufusão é o extravasamento de sangue dos vasos sanguíneos formando um lençol hemorrágico, isto é, é uma espécie de equimose. Portanto, a assertiva está errada.

(2017 – Cespe/Cebraspe – DPE/AL – Defensor Público – Adaptada) Um médico-legista foi chamado para avaliar um ferimento ocasionado pela entrada de um projétil de revólver na mão de uma vítima. O perito, informado de que não havia anteparos ou obstáculos próximos ao indivíduo atingido, bem como não havia nenhuma peça de vestuário cobrindo a região corporal atingida, analisou e descreveu a lesão como compatível com disparo efetuado a longa distância. Nessa situação hipotética, a característica cutânea que possibilitou ao perito identificar a distância do disparo do projétil denomina-se orla de esfumaçamento.

( ) Certo ( ) Errado

Gabarito comentado: a orla de esfumaçamento, também chamada de orla de tisnado, é formada pela fumaça da combustão da pólvora. Logo, a orla de esfumaçamento nada tem a ver com a resposta correta. Assim, nessa situação hipotética, a característica cutânea que possibilitou ao perito identificar a distância do disparo do projétil denomina-se aréola equimótica. Esta é representada por uma zona superficial e relativamente difusa, decorrente da sufusão hemorrágica oriunda da ruptura de pequenos vasos localizados nas vizinhanças do ferimento, geralmente de tonalidade violácea. Portanto, a assertiva está certa.

4.12.2 Zonas

Além das orlas, há outras três características do orifício de entrada chamadas zonas. Estas são causadas por fogo, fumaça e micropartículas que acompanham o projétil sugado pelo disparo. Ou seja, essas zonas não são produzidas pelo projétil, e sim pelos **elementos do cone de dispersão**.

A primeira delas é a chamada **zona de chamuscamento**. Ocorre quando o fogo que sai do cano da arma chega a encostar na roupa ou na pele da vítima; é o famoso tiro à queima-roupa ou queima-pele. A doutrina médico-legal aponta que a distância média entre a arma e o corpo da vítima para apresentar a zona de chamuscamento é de 5 centímetros. Assim, no tiro à queima-roupa, a pele é atingida pela língua de fogo, o que ocasiona essa orla de chamuscamento ou orla de queimadura.

Além disso, o cone de dispersão expele pólvora e fumaça. Essa fumaça anegrada pode atingir a vítima e formar a zona de tisnado. Esta é a zona que fica no entorno da lesão e é provocada pelo depósito dessa fumaça, que desaparece caso seja limpa.

Essa fumaça que sai da arma percorre uma trajetória um pouco maior. Se ela atinge a vítima, aquela região também fica com uma marca de fuligem, de fumaça. É a chamada **zona de esfumaçamento**, que alcança até 30 centímetros de distância. Assim, os chamados gases de deflagração, que saem pelo cano da arma, com temperatura e pressão elevadas, exercem esse efeito nas distâncias em que atingem a vítima. O esfumaçamento, geralmente, cresce no lado oposto à maior espessura da escoriação.

Há ainda as chamadas **zonas de tatuagem**. Estas são produzidas por micropartículas de metal que saem do cano da arma e pólvora incombusta, que se impregnam na derme no entorno da ferida por disparos de até 50 centímetros de distância.

Nos disparos acima de 50 centímetros de distância da vítima, tais zonas não estão presentes. É o chamado tiro a distância.

O esfumaçamento é a única das marcas do tiro que desaparece com a passagem de água.

Veja a tabela a seguir:

Zonas	Distância entre a vítima e o cano da arma
Zona de chamuscamento	De 0 a 5 centímetros
Zona de esfumaçamento	De 0 a 30 centímetros
Zona de tatuagem	De 0 a 50 centímetros

Uma observação importante: o fato de haver zonas não elimina a ocorrência das orlas, que ocorrem em 100% dos casos.

Orla de contusão, alimpadura, equimose, zona de chamuscamento, de tisnado, de tatuagem, todas são orlas presentes em **tiros a distância, a longa distância e também em tiros encostados**, pois o que as produz é o projétil, não importando a distância.

A partir disso, há outra classificação estudada pela balística forense entre os **efeitos primários e os efeitos secundários do tiro**. Os efeitos primários são as consequências geradas pela passagem do projétil. As orlas de contusão, escoriação e enxugo são efeitos primários do tiro, pois resultam da ação do projétil e são característicos do ponto de impacto independentemente da distância. Por outro lado, o cone de dispersão que forma as zonas é efeito secundário do tiro. É resultante dos tiros encostados ou a curta distância, da ação de gases, de seus efeitos explosivos, de resíduos da combustão da pólvora e de microprojéteis.

Decifrando a prova

(2017 – Ibade – PC/AC – Delegado – Adaptada) A perícia médico-legal em um cadáver indica uma lesão na cabeça, com característica estrelada na pele, forte impregnação de fumaça e detritos granulares provenientes da incombustão da pólvora no conduto produzido por meio da massa encefálica. Nesta, foi encontrado um objeto metálico, totalmente feito de chumbo, em forma ogival. Na lateral desse objeto, foi identificada a presença de estriações.

Com base nesses dados, pode-se dizer que o cadáver possui lesão provocada por projétil de arma de fogo comum, tendo havido disparo com o cano da arma encostado na cabeça.

( ) Certo ( ) Errado

Gabarito comentado: o enunciado da questão versa sobre uma lesão perfurocontusa, causada por meio da ação de projétil de arma de fogo, em tiro disparado com o cano da arma de fogo encostado na cabeça do ser humano. Portanto, a assertiva está certa.

(2017 – FCC – Politec/AP – Perito Médico-Legista – Adaptada) Cadáver do sexo masculino, 47 anos, encaminhado para exame necroscópico por suspeita de homicídio. Ao exame, constatou-se presença de orifício circular, de bordas regulares e invertidas, diâmetro de 1,5 cm em região frontal à direita, orla de escoriação e de enxugo. Ao redor do orifício, foi encontrada equimose arroxeada circular com 3 cm de diâmetro e grãos de pólvora incombustas incrustadas na derme que não saíram à lavagem do corpo. O exame da face externa da calota craniana revelou orifício circular no osso frontal à direita, com impregnação de resíduos da combustão nas bordas da lesão óssea. Considere os seguintes sinais:

1. Sinal de Werkgartner

2. Sinal de Benassi

3. Sinal de Bonnet

4. Zona de tatuagem

5. Zona de esfumaçamento

6. Orla equimótica

É correto afirmar que os sinais descritos pelo Perito Médico-Legista, no caso descrito anteriormente, são 2, 4 e 5.

( ) Certo ( ) Errado

Gabarito comentado: os sinais descritos pelo Perito Médico-Legista, no caso descrito, são 2 (sinal de Benassi), 4 (zona de tatuagem) e 6 (orla ou aréola equimótica). O sinal de Benassi surge na hipótese de tiro de cano encostado com plano ósseo embaixo da pele, isto é, quando o projétil quebra o crânio do ser humano, ocorre a explosão da pele e se forma uma cratera com bordas revertidas, em que a fuligem do disparo pode sujar o osso. Halo de tatuagem é a impregnação do grão de pólvora na pele. A aréola equimótica é representada por uma zona superficial e relativamente difusa, decorrente da sufusão hemorrágica oriunda da ruptura de pequenos vasos localizados nas vizinhanças do ferimento, geralmente de tonalidade violácea. Portanto, a assertiva está errada.

4.12.3 Câmara de Hoffmann

Inicialmente, é necessário diferenciar o tiro com o cano encostado com plano ósseo por baixo do sem plano ósseo por baixo.

Quando há plano ósseo por baixo (o crânio, por exemplo, possui uma tábua óssea dupla), e o tiro é efetuado, o projétil é disparado e, junto com ele, fumaça, fogo, micropartículas de pólvora combusta, incombusta etc.

No entanto, não há espaço para a dispersão desses elementos. Assim, todas essas micropartículas têm que encontrar um caminho para sua dispersão, e essa pressão da arma contra a pele não deixa que se dissipem. O resultado desse fenômeno é que tudo isso que acompanha o projétil vai para debaixo da pele. Todavia, como o espaço nessas regiões é pele e osso, esses vapores vão bater no osso e voltar, descolando e rompendo a pele, formando a boca de mina de Hoffmann.

Quando se forma essa lesão, dentro dela fica tudo preto, esfumaçado, queimado. Esse orifício de entrada fica com cara de orifício de saída, porque houve uma explosão de dentro para fora, em razão de o disparo ter sido efetuado pressionando-se o cano da arma em uma superfície que só tem pele e osso, o que forma a câmara de mina.

O valor médico-legal dessa lesão é denunciar que foi causada por disparo de arma de fogo com o cano encostado na vítima.

Importante!

Pode acontecer de o tiro ter sido efetuado com o cano encostado, mas não ter sido pressionado contra a pele, não produzindo a boca de mina de Hoffmann em razão do escape de gases entre a pele e a boca do cano da arma.

 Decifrando a prova

(2018 – Cespe/Cebraspe – PC/SE – Delegado – Adaptada) Um homem de cinquenta anos de idade assassinou a tiros a esposa de trinta e oito anos de idade, na manhã de uma quarta-feira. De acordo com a polícia, o homem chegou à casa do casal em uma motocicleta, chamou a mulher ao portão e, quando ela saiu de casa, atirou nela com uma arma de fogo, matando-a imediatamente. Em seguida, ele se matou no mesmo local, com um disparo da arma encostada na própria têmpora. Considerando a situação hipotética apresentada e os diversos aspectos a ela relacionados, julgue o item a seguir.

Ao realizar a necropsia no cadáver masculino, espera-se que sejam verificados sinal de Benassi, sinal do funil de Bonnet e câmara de mina de Hoffmann.

( ) Certo ( ) Errado

Gabarito comentado: o sinal de funil de Bonnet pode ser visto nas situações de tiro de cano encostado e serve para diferenciar a entrada e a saída do projétil no osso do crânio. O osso do crânio é um osso duplo, pois há duas tábuas ósseas. O projétil vai quebrar as duas tábuas e entrar na região intracraniana. Quando o projétil bate no primeiro osso, ele gasta determinada energia cinética para passar e, quando bate na segunda tábua óssea, já está mais desestabilizado, pois gastou mais energia cinética do que anteriormente para quebrar essa tábua; devido a isso, está mais instável. O segundo orifício criado na tábua óssea terá diâmetro maior do que a primeira tábua óssea, formando o tronco de cone de Bonnet. O sinal de Benassi surge na hipótese de tiro de cano encostado com plano ósseo embaixo da pele, isto é, quando o projétil quebra o

> crânio do ser humano, ocorre a explosão da pele e se forma uma cratera com bordas revertidas, em que a fumaça/fuligem do disparo pode sujar o osso. Diferentemente do sinal de Benassi, a câmara de mina de Hoffmann (também chamada de boca de mina de Hoffmann) ocorre na pele, e não no osso. Sabe-se que o projétil acompanha os elementos do cone de dispersão e os gases superaquecidos compostos nele não vão entrar pelo osso, na verdade vão bater na pele e voltar na direção contrária (explodindo a pele para fora), gerando uma lesão de carvão, com as bordas viradas para fora, e esse sinal é chamado de boca de mina de Hoffmann. Portanto, a assertiva está certa.

4.12.4 Sinal de Benassi

Ainda sobre os tiros com o cano da arma encostado na vítima, há a câmara de mina que se forma na pele e no osso. Trata-se do sinal de Benassi, que é a **impregnação de pólvora e chumbo na tábua óssea do crânio**.

> ### Importante!
>
> **Questão de prova:** Um esqueleto foi encontrado cinco anos após a morte. O perito comprovou que a morte ocorreu em razão de disparo de arma de fogo com o cano encostado. Qual foi o sinal visto pelo perito para concluir dessa forma?
> **Resposta:** Sinal de Benassi no osso. A boca de mina de Hoffmann é um sinal que fica na pele e, por isso, se desfaz com a putrefação do cadáver. Entretanto, o sinal de Benassi, ocorrendo no osso, permanece por muito mais tempo.

4.12.5 Funil de Bonnet

Quando o projétil atinge o osso do crânio, composto de duas tábuas ósseas, estilhaça-o no ponto atingido. Os pequenos pedaços de osso estilhaçados chamam-se **esquírolas ósseas**. Estas são sugadas pelo projétil e entram no conjunto do material que o projétil suga em virtude da sua velocidade e pressão.

Efetuado o disparo, o projétil faz sua trajetória e bate na primeira tábua óssea. Quando isso ocorre, o projétil está mais estável do que quando bate na segunda. Portanto, ao passar pela primeira, forma o primeiro tronco de cone, com a base maior para dentro do crânio.

Passando pela segunda tábua óssea, dentro do crânio, o projétil percorre seu trajeto até a saída, fazendo um segundo tronco de cone, dessa vez, com a base maior do tronco de cone voltado para fora.

A importância disso é que o orifício de entrada na primeira tábua é menor que o orifício de entrada na segunda tábua. Na primeira tábua, como o projétil estava mais estável, precisou de menos força, fazendo um orifício menor. Quando se desestabiliza e passa pela segunda tábua, o projétil precisa de mais força para passar, fazendo que o segundo orifício seja maior que o primeiro.

A distância entre os dois orifícios forma um funil, chamado **tronco de cone** ou **funil de Bonnet**. Esse tronco tem uma base maior e uma base menor. A base maior é a segunda passagem, pois o projétil gastou mais energia que na primeira passagem.

Assim, o tronco de cone com base voltada para dentro configura a lesão de entrada, enquanto o tronco de cone com base voltada para fora indica a lesão de saída.

O valor médico-legal do **tronco de cone de Bonnet** é determinar a incidência do disparo, onde é a entrada e onde é a saída. Por exemplo, foram encontrados em um cadáver cinco cones de Bonnet, três com base maior para dentro e dois com base maior para fora. A conclusão da perícia é que foram dois disparos transfixantes e um dos projéteis encontra-se alojado no crânio.

Outro exemplo, embora menos comum, é de terem sido encontrados cinco cones de Bonnet com base maior para fora e quatro cones de Bonnet com base maior para dentro. A conclusão da perícia é de que dois disparos penetraram trespassados ou algum dos disparos entrou por orifício natural.

🧩 Decifrando a prova

(2017 – Fundatec – IGP/RS – Perito Médico-Legista – Adaptada) Vítima apresenta em região frontal, linha média, 3 cm abaixo da linha de implantação dos cabelos, ferimento produzido por projétil de arma de fogo (tiro) com as seguintes características: estrelado, irregular, porção central circular em que a pele adjacente está escura e a parede óssea está recoberta por material pulverulento; a partir dessa porção central, irradiam-se fendas radiais e irregulares, com bordas não escoriadas; há enfisema subcutâneo. Na região occipital, observa-se, no couro cabeludo, ferimento produzido por projétil de arma de fogo (tiro), irregular, bordos evertidos, sangrante, de diâmetro menor que o ferimento descrito anteriormente; ausência de orlas e zonas. Sobre esse caso, é correto afirmar que a determinação da lesão óssea conhecida como tronco de cone ou cone truncado auxilia na identificação dos ferimentos de entrada e saída de projétil de arma de fogo no crânio.

( ) Certo ( ) Errado

Gabarito comentado: o sinal de funil de Bonnet pode ser visto nas situações de tiro de cano encostado e serve para diferenciar a entrada e a saída do projétil no osso do crânio. O osso do crânio é um osso duplo, pois há duas tábuas ósseas. O projétil vai quebrar as duas tábuas e entrar na região intracraniana. Quando o projétil bate no primeiro osso, ele gasta determinada energia cinética para passar e, quando bate na segunda tábua óssea, já está mais desestabilizado, pois gastou mais energia cinética do que anteriormente para quebrar essa tábua; devido a isso, está mais instável. O segundo orifício criado na tábua óssea terá diâmetro maior do que a primeira tábua óssea, formando o tronco de cone de Bonnet. Portanto, a assertiva está certa.

4.12.6 Sinal de Puppe-Werkgartner

O sinal de Werkgartner se forma em situações de disparo com o cano da arma encostado, muito comum em casos de suicídio.

Quando há um disparo, como já abordado anteriormente, são expelidos, juntamente com o projétil, inúmeros elementos, como micropartículas de pólvora combusta e incombusta, gases, calor, língua de fogo etc.

Quando o tiro encostado se der em local sem plano ósseo por baixo da pele, não haverá o sinal de boca de mina de Hoffmann. Assim, com o disparo, a boca da arma e a alça de mira, quente, agem como se fossem um carimbo batendo na pele, decalcando seu desenho, ocasionando algo semelhante a uma tatuagem. Esse é o chamado sinal de Puppe-Werkgartner .

Em suma, são quatro sinais de um disparo encostado: sinal de Puppe-Werkgartner, câmara de mina de Hoffmann, sinal de Benassi e funil de Bonnet. É de grande relevância saber dizer quais são na pele e quais são no osso a fim de diferenciar cada um deles, sendo um tema que cai bastante em concursos públicos.

O valor médico-legal do sinal de Puppe-Werkgartner e da boca de mina de Hoffmann é estabelecer a distância entre vítima e atirador, tendo em vista que, nesses casos, foi um disparo com cano encostado na vítima. Da mesma maneira, o sinal de Benassi é relevante para precisar a distância, porque só poderá haver essa "sujeira no osso" se for com cano encostado. Por sua vez, o valor médico-legal do tronco de cone de Bonnet não é determinar a distância, mas, sim, o caminho percorrido pelo projétil e por onde se deu sua entrada ou saída.

🧩 Decifrando a prova

(2016 – Funcab – PC/PA – Delegado – Adaptada) Tiros encostados permitem identificar sinais específicos na pele da vítima. O desenho impresso na pele pela boca do cano e massa de mira do cano de uma arma de fogo refere-se ao sinal de Puppe-Werkgartner.

( ) Certo ( ) Errado

Gabarito comentado: o sinal de Puppe-Werkgartner é o desenho impresso na pele do ser humano pela boca do cano e massa de mira do cano de uma arma de fogo. Portanto, a assertiva está certa.

4.12.7 Lesões em órgãos macios

Para analisar essas lesões, é necessário atentar-se ao conceito de densidade. **Densidade** está ligada à dureza: quanto mais denso, mais duro; quanto menos denso, menos duro. Quanto mais unidos estiverem os átomos que compõem determinada substância, mais dura será esta. E, quanto mais afastados estiverem os átomos, menos dura será a substância.

Esse entendimento é de grande relevância, já que os órgãos que compõem o corpo humano são compostos de densidades diferentes.

A literatura, geralmente, destaca fígado, pulmão e osso. Comparando os três, o osso é mais duro que o fígado, que, por sua vez, é mais duro que o pulmão.

Um tiro dado no osso, para transfixá-lo, precisa de uma energia cinética maior do que para transfixar o fígado ou o pulmão. Isso está ligado à exuberância das lesões.

Uma lesão no fígado é uma lesão mais exuberante do que uma lesão no pulmão, já que este último oferece menos resistência à passagem do projétil por ser mais macio – ou seja, menos denso.

4.13 ENERGIAS DE ORDEM FÍSICA NÃO MECÂNICAS

O trauma é uma energia que, quando transferida para o corpo, altera o seu funcionamento ocasionando uma lesão. Essa energia que causa o trauma pode ser de várias naturezas. Uma delas é a física, que se divide em mecânica, aquela que depende de movimento, e energia física não mecânica, que são as energias que não dependem do movimento para sua propagação.

Energias vulnerantes físicas não mecânicas são aquelas que **não dependem de movimento**.

4.13.1 Energia térmica

Doutrinariamente, é considerada a existência do **calor quente** e do **calor frio**. Os dois tipos de calor são capazes de causar lesões relacionadas à temperatura, além das oscilações de temperatura, os chamados choques térmicos.

O ser humano é um ser homeotérmico, e o seu metabolismo faz que sua temperatura se mantenha constante. Tanto que, quando exposto a uma temperatura anormal, se ajusta para mantê-la. Por isso, há a transpiração no calor e, no frio, a tendência do corpo em produzir calor por atrito (os músculos tremem).

No entanto, quando uma pessoa é exposta a um frio extremo, podem ser causadas lesões, seja pelo contato direto com um objeto gelado, seja por conta da temperatura do ambiente muito fria. Nesse caso, o chamado "calor frio" provoca a perda de calor para o meio ambiente.

Com o "calor quente", ocorre o mesmo processo, ou seja, pode haver contato com o calor pelo meio ambiente muito quente, produzindo as chamadas **termonoses**, ou o contato direto do calor com o corpo humano, produzindo as **queimaduras**.

O calor difuso (calor do ambiente) pode atingir o corpo humano pela **insolação** ou pela **intermação**.

Outra forma de oscilação de temperatura que pode causar lesão no corpo humano é o **choque térmico**.

As trocas de calor entre o corpo humano e o ambiente podem ocorrer por:

- condução (contato íntimo);
- irradiação (emissão de calor);
- convexão (troca em ondas);
- transpiração (evaporação).

4.13.1.1 Calor frio

No calor frio, quando existe contato direto entre o instrumento frio e o corpo humano, podem acontecer lesões chamadas de geladuras, que, assim como as queimaduras, têm graus conforme a gravidade.

Geladuras

A geladura de primeiro grau é aquela causada por uma pedra de gelo ou objeto metálico muito frio. Quando há o contato do corpo com um objeto de temperatura muito baixa, a circulação do sangue é congelada, deixando o local pálido. Em um segundo momento, quando o objeto frio é removido, o corpo, automaticamente, manda uma grande quantidade de sangue para o local a fim de aquecer a área, ocasionando uma vermelhidão, que é secundária. Essa vermelhidão, somada a uma sensibilidade local, é o que caracteriza a **geladura de primeiro grau.**

A **geladura de segundo grau,** por sua vez, ocorre por conta do prolongamento do contato do objeto gelado com a superfície do corpo. Nesse caso, chegam a ser formadas bolhas de conteúdo seroso. Tecnicamente, essa bolha é chamada de flictena e caracteriza as geladuras de segundo grau.

Por fim, as **geladuras de terceiro grau** ocorrem quando essa paralisação da circulação sanguínea no local se dá por longo período, ocasionando a "morte" daquela área do corpo submetida a baixas temperaturas. Essa morte local, regional, é chamada de necrose, que se manifesta por meio de uma doença chamada gangrena. A geladura de terceiro grau se caracteriza, portanto, pela presença de gangrena, por conta da coagulação do sangue dentro das veias e das artérias. Quando ocorre a necrose com a gangrena, é necessária a amputação daquela área; caso contrário, o corpo todo poderá ser afetado, levando à morte.

A causa mais comum das geladuras é acidental. Pode ocorrer em câmaras frias, em locais resfriados artificialmente ou em países de clima muito frio.

4.13.1.2 Calor quente

O "calor quente" afeta o corpo humano de duas formas: calor difuso ou calor direto.

No **calor difuso**, o ambiente é muito quente. Pode ter como consequência a insolação, quando é provocado pelo sol; ou a intermação, quando ocorre o superaquecimento do corpo por uma elevação de forma artificial da temperatura ambiente.

No **calor direto**, o corpo humano tem contato direto com uma fonte de calor, ocasionando queimaduras.

4.13.1.3 Termonoses

Termonoses são lesões e mortes causadas por variação de temperatura. Vale destacar que termonose é um gênero que comporta duas espécies: intermações e insolações.

Nas termonoses (gênero), a fonte de calor que vai causar a lesão não toca o corpo da vítima, ou seja, dá-se por irradiação, já que é causada por uma ação difusa (energia física não mecânica).

Quando a fonte de calor é o sol, está-se diante de uma termonose por insolação. Por seu turno, a intermação seria a termonose causada por qualquer outra fonte de calor que não seja o sol. Logo, a diferença de intermação para insolação é a **fonte do calor**.

Em regra, tais lesões são causadas de forma acidental, porém podem ser causadas de forma culposa ou dolosa.

Controvérsia: para o professor Hygino de Carvalho Hercules (2014), ocorrerá insolação quando se estiver diante de um mau funcionamento de uma área que fica na base do cérebro que controla a temperatura do corpo. Nessa área, estão os centros termorreguladores do corpo, chamados de hipotálamos. Ou seja, um mau funcionamento do hipotálamo que causar uma doença por conta da variação de temperatura será considerado uma insolação. A intermação, por sua vez, ocorrerá quando o hipotálamo estiver íntegro, em funcionamento, mas com problema cardiovascular. Se a causa da lesão ou morte tiver sido outra que não a do hipotálamo, será intermação.

O hipotálamo fica localizado na base do cérebro e contém os centros termorreguladores centrais. Produz e secreta hormônios e está ligado à hipófise. Ele pode agir no diâmetro vascular, na posição dos pelos, no estímulo à sudorese, nos estímulos musculares (tremores), no estímulo à tireoide (metabolismo), na alteração do ritmo respiratório e na alteração do ritmo cardíaco.

4.13.1.4 Queimaduras

Como já dito, no calor direto, há o contato do corpo humano com uma fonte de calor provocando as queimaduras. Diferentemente das termonoses, nas queimaduras a fonte de calor toca o corpo da vítima.

Nas queimaduras, há dois tipos de classificação: classificação de Hoffmann-Lussena e classificação de Krisek.

- **Classificação de Hoffmann-Lussena**

Pela classificação de Hoffmann-Lussena, ou escala de Lussena-Hoffmann, as queimaduras podem ir de primeiro a quarto graus, a depender da gravidade.

As queimaduras de **primeiro grau** são muito comuns e causam o eritema, vermelhidão da pele.

Aqui se deve lembrar a confusão entre eritema e rubefação. No caso da rubefação, ocorre a vasodilatação, visto que, naquela região, houve uma ação contundente de origem físico-mecânica, o que gerou uma hiperemia. No eritema, o instrumento vulnerante é de ordem física não mecânica de origem térmica, que transmite o calor para aquela região por condução, queimando a pele.

Já a queimadura de **segundo grau** é mais grave. Além do eritema e da dor, ocorre a formação das flictenas, que são as bolhas que podem estar rotas ou íntegras.

> **Importante!**
>
> Como diferenciar as bolhas provocadas em vida daquelas que aparecem depois da morte (nas fases da putrefação)?
>
> Lembre-se da reação de Chambert, que consiste em examinar o líquido dentro da bolha. Se houver proteína nesse líquido, a reação de Chambert será positiva, tendo a lesão sido pro-

duzida em vida, consequência de uma queimadura de segundo grau. Se não houver proteína, a reação será negativa e a bolha oriunda do processo putrefativo.

A queimadura de **terceiro grau** ocasiona não somente bolhas mas também uma ferida aberta, ocorrendo a escarificação da derme.

Para Hoffmann-Lussena, na queimadura de **quarto grau**, há a carbonização do corpo, o nível máximo entre as queimaduras. Nesse caso, há a transformação dos tecidos orgânicos em carvão.

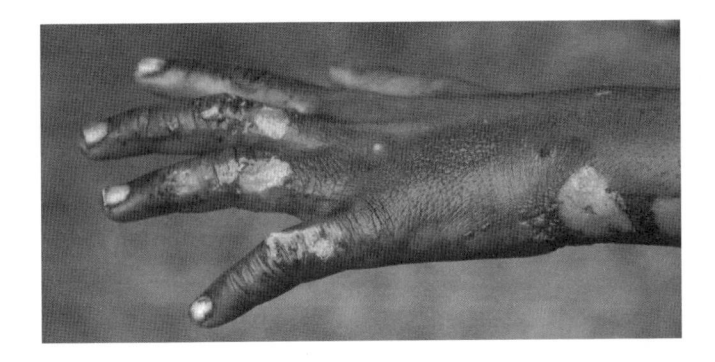

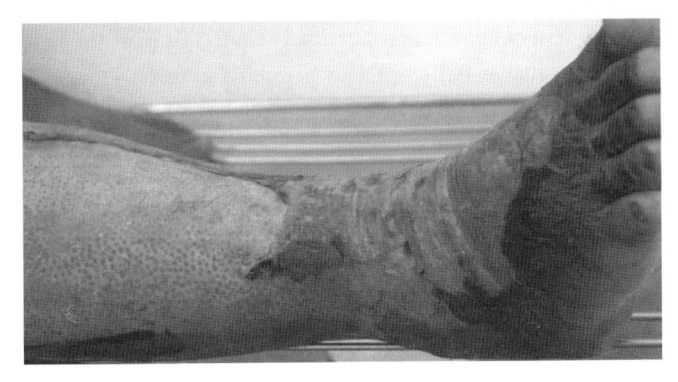

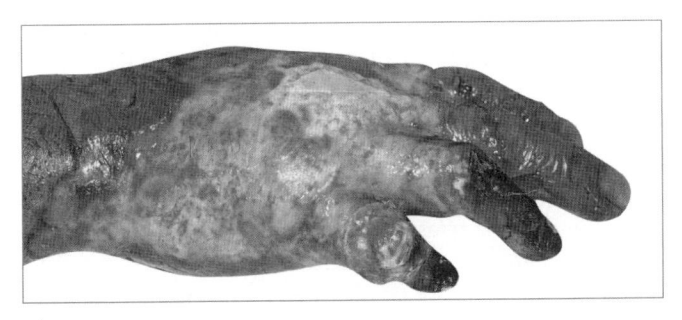

Exemplos de queimaduras de terceiro grau.

Importante!

Pergunta de prova: É possível o exame das vísceras de um cadáver carbonizado?

Sim, já que a carbonização é um excelente isolante térmico e elétrico. Isso faz que o cadáver, muitas vezes, esteja carbonizado, mas as vísceras estejam íntegras.

Importante registrar que os corpos carbonizados são atingidos por temperaturas altíssimas, o que ocasiona a evaporação de líquidos do corpo. Com isso, o corpo desidratado tende a encolher. O corpo vai diminuindo de estatura, de envergadura e ficando numa posição encolhida, chamada, na doutrina, de **posição do pugilista** ou **do boxeador**.

Importante!

Pergunta de prova: O sinal do boxeador, do saltimbanco, do esgrimista ou sinal de Devergie é patognomônico de morte por carbonização?

Não. Há um fenômeno *post mortem* em virtude do alto grau de temperatura em que o cadáver é submetido, com contração dos músculos e posição de luta. Trata-se de fenômeno *post mortem*, ou seja, se a vítima morrer e for colocada em um incêndio, ela apresentará esse sinal, o que não significa que estava viva no momento do incêndio.

- **Classificação de Krisek**

A classificação de Krisek subdivide-se em **superficiais, parciais** e **totais**. As parciais, por sua vez, se subdividem em **parciais superficiais e parciais profundas**.

Relacionando essas duas classificações, o primeiro grau de Lussena é equivalente à superficial para Krisek. A parcial superficial é equivalente ao segundo grau (flictenas não rotas), enquanto a parcial profunda é o segundo grau mais profundo (flictenas rotas). As totais, de Krisek, por seu turno, são as de terceiro grau de Lussena.

Na classificação de Krisek, não há o equivalente ao último estágio da classificação de Hoffmann-Lussena. Isso porque se trata de classificação para **transplante de pele**; logo, as peles carbonizadas, não se prestando para transplante, são irrelevantes.

Na maior parte das vezes, essas lesões na pele são provocadas pelo fogo, que incide de maneira aleatória no corpo, que terá partes íntegras de pele e outras violadas, formando o que se chama de **lesão em mapa geográfico**.

Quando ocorre uma queimadura, é **essencial determinar sua gravidade**. Isso porque a gravidade e a extensão das lesões serão determinantes na causa da morte. Essa extensão é medida em porcentagem do corpo que foi atingida.

Quando uma pessoa é atingida em 20% ou mais do corpo, já é considerada uma situação grave, sendo chamada de "grande queimado". Para idosos e crianças, o máximo tolerado é entre 5% e 10%; caso esse limite seja ultrapassado, será considerado grave.

Toda vez que o calor atingir áreas nobres do corpo, como a face, os pés, as mãos ou os órgãos genitais, a queimadura será considerada grave.

O prognóstico favorável de queimaduras graves é de até 50% da área atingida, isto é, quando uma vítima tem 50% ou mais do corpo atingido, a perspectiva de sobrevivência é muito baixa.

Crianças ou idosos com queimaduras de segundo e terceiro graus, atingidos de 35% a 40% do corpo, têm chance de sobrevivência muito pequena.

Observações importantes:

É essencial ressaltar que a grande maioria das vítimas de incêndio não morre em razão das queimaduras por contato com as chamas, mas, sim, por conta da aspiração da fumaça, tóxica para o organismo.

Quando se faz o exame pericial da vítima que morreu por aspiração de fumaça gerada em um incêndio, são detectadas fuligem e fumaça nas vias respiratórias, o que se denomina **sinal de Montalti**. Seu valor médico-legal é determinar se a vítima estava viva no incêndio. Portanto, se um cadáver é encontrado em um incêndio, mas não apresenta o sinal de Montalti, quer dizer que não aspirou a fumaça e a fuligem geradas pelo fogo, o que se leva a concluir que já não estava mais vivo quando o incêndio começou.

Quadro comparativo: termonoses × queimaduras	
Termonoses	**Queimaduras**
Ação difusa	**Ação local**
Irradiação	**Condução**
Quadro sistêmico	**Quadro local**
Insolação e intermação	**Classificação de Lussena-Hoffmann e Krisek**

Grau/Nível	Queimaduras	Geladuras
1º	Eritema	Palidez
2º	Vesificação ou flictenas ou bolhas com exsudato	Eritema e flictenas claros
3º	Escarificação pelo comprometimento dermoepidérmico e do tecido celular subcutâneo – cicatriz retrátil	Necrose com crosta enegrecida
4º	Carbonização	Gangrena, pés de trincheira

Questão importante sobre o tema é a análise das características dos diversos agentes vulnerantes de natureza térmica. Ou seja, o agente pode ser o líquido fervente, o fogo, o sólido incandescente ou o vapor superaquecido.

4.13.1.5 Agentes vulnerantes de natureza térmica

Questão importante sobre o tema é a análise das características dos diversos agentes vulnerantes de natureza térmica, quais sejam: o líquido fervente, o fogo, o sólido incandescente ou vapor superaquecido.

- **Fogo**

A primeira característica das lesões pelo fogo é que os **pelos ficam crestados**, com aspecto de palito de fósforo queimado.

Uma segunda característica é que a lesão causada pelo fogo é **mais geral** do que local. Além disso, podem ocorrer lesões em *mapa-múndi*, ou seja, lesões com áreas carbonizadas, outras com queimaduras de primeiro ou de segundo grau, ou até mesmo áreas íntegras. Assim, por apresentar um mosaico de lesões, desde as mais graves até as mais simples, entremeadas por regiões sem qualquer lesão, a área atingida aparenta um aspecto de *mapa-múndi* ou mapa geográfico.

- **Sólido incandescente**

Quando um pedaço de metal é colocado em contato com fogo, ele atinge alta temperatura, tornando-se um "sólido incandescente".

A primeira característica das lesões causadas por um sólido incandescente é que ela **chamusca os pelos**.

A segunda característica é que pode ocasionar **queimadura** de qualquer grau, dependendo da temperatura do sólido e do tempo em que este fica pressionado sobre a pele. Um sólido incandescente pode até mesmo ter a capacidade de carbonizar, isto é, gerar queimaduras de quarto grau.

Além disso, esse tipo de lesão é **mais local** do que geral, isto é, onde o sólido tocar, haverá a queimadura, e onde não tocar, não.

Normalmente, essas lesões são patognomônicas porque decalcam o formato do sólido incandescente na pele.

Líquido fervente

Em primeiro lugar, o líquido fervente **não é capaz de crestar** pelos, **não carboniza** e a lesão que provoca é **mais geral** do que local.

As lesões causadas por líquido fervente apresentam **graus decrescentes de gravidade**. Isso porque, quando o líquido atinge o corpo, acaba por escorrer, o que ocasiona perda de calor e, como consequência, produz lesões decrescentes de diferentes graus.

A depender do líquido, o seu resfriamento pode ocasionar mudança de estado, passando do líquido para o sólido, como a cera de uma vela. A substância no seu estado sólido pode, então, ser encontrada no corpo da vítima.

Vapor superaquecido

As lesões ocasionadas por vapor superaquecido **não chamuscam os pelos**, **não carbonizam** e são **mais gerais** do que locais. Também costumam ser mais acidentais do que criminosas e podem ocorrer por vazamento de caldeiras e radiadores de automóveis, por exemplo.

 Decifrando a prova

(2019 – Instituto AOCP – PC/ES – Perito Médico-Legista – Adaptada) O frio e o calor podem modificar o estado físico dos corpos humanos e causar lesões, respectivamente, conhecidas por geladuras e queimaduras, que podem ser classificadas em graus (1 a 4). Dessa forma, é correto afirmar que, no caso das geladuras/queimaduras, respectivamente, os eritemas e as flictenas representam características de segundo grau.

( ) Certo ( ) Errado

Gabarito comentado: de acordo com o autor Genival Veloso de França (2017), "a ação localizada do frio, também conhecida como geladura, produz lesões muito parecidas com as queimaduras pelo calor e tem sua classificação em graus: primeiro grau, lesão caracterizada pela palidez ou rubefação local e aspecto anserino da pele; segundo grau, eritema e formação de bolhas ou flictenas de conteúdo claro e hemorrágico; terceiro grau, necrose dos tecidos moles com formação de crostas enegrecidas, aderentes e espessas; quarto grau, pela gangrena ou desarticulação. Na primeira Grande Guerra, foram descritas lesões, designadas como pés de trincheira, que consistiam na gangrena dos pés pela permanência e falta de proteção ao frio". Portanto, a assertiva está certa.

(2017 – FCC – Politec/AP – Perito Médico-Legista – Adaptada) Extremos de calor e de frio podem lesar o organismo de forma difusa ou em determinada região de sua superfície. Em relação à ação térmica, é incorreto afirmar que a insolação pode ocorrer em ambientes confinados ou ao ar livre.

( ) Certo ( ) Errado

Gabarito comentado: é correto afirmar que a insolação pode ocorrer em ambientes confinados ou ao ar livre. De acordo com o doutrinador Genival Veloso de França (2017, p. 137), "a insolação é proveniente do calor ambiental em locais abertos ou raramente em espaços confinados, concorrendo para tanto, além da temperatura, os raios solares, a ausência da renovação do ar, a fadiga, o excesso de vapor d'água. A interferência do sol não desempenha maior significação nessa síndrome, segundo se julgava anteriormente. Há de se levar em conta também alguns fatores intrínsecos, tais como: estado de repouso ou de atividade, patologias preexistentes, principalmente as ligadas aos sistemas circulatório e respiratório, o metabolismo basal, hipofunção paratireoidiana e suprarrenal do indivíduo". Portanto, a assertiva está errada.

4.14 ELETRICIDADE

4.14.1 Introdução

Antes de aprofundar os estudos sobre lesões causadas por eletricidade, faz-se necessário rememorar alguns conceitos sobre a matéria.

Primeiramente, cabe lembrar que a menor partícula de uma matéria é chamada de **átomo**. O átomo, por sua vez, possui um núcleo composto de espécies subatômicas: os nêutrons (partículas que não possuem carga elétrica), os prótons (partículas com carga positiva) e os elétrons (partículas com carga negativa que orbitam ao redor do núcleo).

As cargas elétricas de mesma intensidade e de sinais contrários se neutralizam. Ou seja, a carga elétrica de um próton (positiva) anula a carga elétrica de um elétron (negativa). Qualquer átomo apresenta número de prótons e de elétrons iguais, logo é eletricamente neutro.

Essas partículas subatômicas viajam entre átomos diferentes. Esse átomo que viaja chama-se íon, que pode ter carga positiva ou negativa. Quando esse íon que viaja tem carga positiva, ele se chama cátion; quando tem carga negativa, chama-se ânion.

Esse conhecimento possui relevância no presente estudo porque a corrente elétrica nada mais é do que a oscilação desses elétrons em diferentes átomos, que são conduzidos pelo fio condutor, formando determinada matéria, permitindo que os elétrons fluam em determinado sentido entre as partículas atômicas que formam determinado material. Nesse ponto, temos a classificação entre bons e maus condutores de energia.

Assim, os **condutores elétricos** podem ser definidos como materiais que permitem a passagem da corrente elétrica desde o gerador até o receptor que viabiliza sua utilização.

Há alguns séculos, a humanidade descobriu que os materiais poderiam ser bons ou maus condutores elétricos.

O corpo humano, por exemplo, é um ótimo condutor elétrico, já que é composto de água, sais minerais etc. Dessa forma, quando a energia elétrica atravessa o corpo humano, ela pode causar lesões.

Ao estudar a energia elétrica, três premissas são importantes.

A **primeira premissa** é de que a energia elétrica só entra no corpo se ela tiver como sair. Se a corrente elétrica não tiver como sair, ela não entra no corpo.

A **segunda premissa** é de que a corrente elétrica evita ao máximo a resistência à sua passagem. Então, a quantidade de energia elétrica que está sendo transmitida é calculada por uma fórmula, qual seja, a da voltagem (capacidade que o gerador tem de transmitir energia), que é igual à resistência multiplicada pela intensidade da corrente ($V = R \times i$).

A voltagem é medida em **volts**, a resistência (dificuldade que se oferece por determinados materiais à passagem da corrente elétrica) é medida em **ohm** e a intensidade da corrente elétrica é medida em **ampere**.

Assim, a corrente elétrica não gosta de ohm. Se a corrente elétrica é transmitida por um fio condutor que se bifurca em dois condutores, se um dos materiais oferece mais resistência do que o outro, ela seguirá pelo caminho em que a resistência é menor.

A **terceira premissa** é de que, em idênticas condições, a corrente elétrica procura, no seu escoamento, sempre as menores distâncias.

Dessa forma, dentro de uma **classificação de energia elétrica**, dois tipos podem ser cobrados em provas e concursos: a chamada **energia elétrica natural ou cósmica**, que possui como principal fonte as faíscas elétricas ou raios, e a chamada **energia elétrica artificial ou industrial**.

Ambas podem atingir o corpo humano e causar lesões ou até mesmo a morte.

4.14.2 Energia elétrica natural

O Brasil é o campeão mundial em raios. Primeiro por conta da sua extensão territorial, segundo por sua localização em relação à linha do Equador.

As nuvens carregadas eletricamente têm uma diferença de potencial com a terra. Assim, quando elas se aproximam muito da superfície terrestre, a diferença de potencial entre elas provoca a ocorrência do raio.

A grande maioria das pessoas atingidas por raios não morre, já que a energia elétrica encontra um ponto de entrada e, ao localizar um ponto de saída, apenas atravessa o corpo, possibilitando à vítima chances de sobrevivência – apesar das lesões.

As características dessas lesões, quando se trata de energia elétrica natural (ou energia cósmica), caso sejam fatais e levem a vítima à morte, recebem o nome de **fulminação** ou **eletrofulminação**. Quando a eletricidade natural causa apenas lesões, isto é, se a vítima sobrevive àquela descarga elétrica, elas são chamadas de lesões por **fulguração** ou **eletrofulguração**.

Dessa forma, caso um raio caia em uma região descampada e atinja uma pessoa, havendo óbito, a perícia criminal irá ao local para fazer a perícia de morte violenta. Aqui cabe um parêntese: o conceito de morte abrange o Suicídio, Acidente ou Crime (SAC), ou seja, é o óbito que se dá por causas externas. Já a morte natural se dá por causas internas. Importante ainda destacar que o conceito de morte suspeita diz respeito àquela que não se sabe se é natural ou violenta. Por isso, uma dúvida entre morte por suicídio ou morte por homicídio não é suspeita, é violenta.

Nesse exemplo, na perinecroscopia, os peritos notam que as vestes da vítima estão rasgadas, uma vez que a energia que a atravessou foi tão grande que as rasgou. Os metais que ela tinha no corpo estão imantados, assim como as cercas daquela região. Além disso, a autópsia identifica que a vítima apresenta o **sinal de Lichtenberg**.

Isso evidencia que toda a corrente elétrica, ao passar, gerou um campo magnético, deixando vestígios no local. Ocorre o que se dá o nome de **imantação metálica** após a passagem de um raio.

Quanto ao **sinal de Lichtenberg**, este é um sintoma visualizado na pele, mas que não ocorre nela, já que o sinal ocorre nos vasos sanguíneos superficiais que, em virtude da passagem elétrica, sofrem uma inflamação (vasculite elétrica). Essa inflamação faz que os vasos inflamados decalquem sua trama vascular na pele. Assim, a trama vascular fica visível, em formato arboriforme (ramificado). Importante registrar que essa lesão é temporária.

Além disso, com a passagem da corrente elétrica, pode ser que os objetos que a vítima estava utilizando mudem de estado (ficando total ou parcialmente fundidos). Tal ocorrência, chamada de **efeito Joule** (transformação da energia elétrica em calor), deixa, na pele do cadáver, vestígios dos metais fundidos, fenômeno esse que recebe o nome de **metalização**.

Portanto, a imantação e a metalização são fenômenos que indicam para o perito criminal que por ali passou uma corrente elétrica.

Em suma, no caso da energia natural, o local de entrada provoca lesões em aspecto arboriforme, chamadas de **sinal de Lichtenberg**. Internamente, pode produzir hemorragias musculares, queimaduras, roturas de vasos grossos, rotura no coração, congestão, hemorragia dos globos oculares, equimoses subpleurais, fraturas e queimaduras mais ou menos profundas por conta da carga elétrica. O local de saída, geralmente, são os pés.

Já estudamos a eletrofulguração e a eletrofulminação. Há, no entanto, uma terceira expressão que pode gerar certa confusão em uma prova de concurso público. É a chamada **eletroperfuração**. Não se trata de perfuração feita pela eletricidade. Na verdade, nada tem a ver com isso.

A unidade básica do corpo humano é a célula. A célula é composta de membrana plasmática, citoplasma e núcleo. Células que têm núcleo são eucariontes e sem núcleo são procariontes.

A membrana plasmática da célula é cheia de poros. Essa membrana tem como característica a seletividade, que exerce o controle do que entra e do que sai das células. O controle do sódio e do potássio é fundamental para o equilíbrio elétrico das células e é feito pela membrana plasmática, por meio de seus poros.

Quando uma corrente elétrica passa, há um alargamento desses poros, desajustando a seletividade da célula.

Assim, a **eletroperfuração é a variação do diâmetro dos poros da membrana celular, alterando seu diâmetro por conta da passagem da corrente elétrica e afetando sua seletividade, ocasionando desequilíbrio químico entre o sódio e o potássio.**

Decifrando a prova

(2018 – Cespe/Cebraspe – PC/ES – Delegado – Adaptada) A respeito de identificação médico-legal, de aspectos médico-legais das toxicomanias e lesões por ação elétrica, de modificadores da capacidade civil e de imputabilidade penal, julgue o item que se segue.

O termo eletroplessão é utilizado para se referir a lesões produzidas por eletricidade industrial, enquanto o termo fulguração é empregado para se referir a lesões produzidas por eletricidade natural.

( ) Certo ( ) Errado

Gabarito comentado: a eletroplessão é a lesão causada por energia elétrica industrial produzida por meio do atrito entre duas substâncias, como a energia eólica. Por sua vez, a fulguração é um termo utilizado para se referir a lesões produzidas por eletricidade natural. Portanto, a assertiva está certa.

(2019 – Instituto AOCP – PC/ES – Perito Médico-Legista – Adaptada) É incorreto afirmar que a marca de Jellinek se refere a uma lesão causada por uma energia de ordem mecânica.

( ) Certo ( ) Errado

Gabarito comentado: a marca de Jellinek se refere a uma lesão causada por uma energia de ordem física. O sinal de Jellinek é característica de dano por corrente elétrica artificial que tem relação com a porta de entrada da corrente elétrica no organismo. Gabarito: certo.

(2018 – Instituto AOCP – ITEP/RN – Agente de Necrópsia – Adaptada) É correto afirmar que as lesões tegumentares arboriformes, procedentes de fenômenos vasomotores, às vezes presentes em vítimas de descargas elétricas atmosféricas (raios) define o sinal de Lichtenberg.

( ) Certo ( ) Errado

> **Gabarito comentado:** o sinal de Lichtenberg é uma lesão vascular, de aspecto arborescente, tipicamente observada nos acidentes de fulguração. Portanto, a assertiva está certa.

4.14.3 Energia elétrica artificial

Quando uma energia elétrica atinge o corpo humano, a pele oferece certa resistência, e o seu estado irá influenciar a resistência oferecida.

Estima-se que a pele seca, áspera, espessa, calosa, queratinizada, carbonizada, protegida por borracha, cerâmica, gera uma resistência à passagem da energia elétrica em torno de 30 a 50 mil ohms. No entanto, a pele molhada, úmida, lisa, delgada, suada, sem proteção isolante, tem sua resistência reduzida para 5 mil ohms.

Sabe-se que resistência e intensidade têm uma relação inversamente proporcional. Portanto, pensando em uma situação de mesma voltagem, alterando apenas a resistência, a intensidade será maior ou menor.

Essa corrente elétrica, ao entrar no corpo, pode deixar um sinal no local atingido. Esse sinal, deferentemente do sinal de Lichtenberg (nos vasos), é na pele, e chama-se **marca ou sinal elétrico de Jellinek**. Entretanto, nem sempre haverá essa lesão, ou seja, a marca de Jellinek não é um sinal que estará sempre presente.

Essa lesão provocada pela entrada da energia elétrica é uma lesão seca, dura, indolor, com bordas elevadas e fundo escavado.

Muitas vezes o ferimento retrata a forma do condutor que originou a descarga.

Nesse caso, ela será uma lesão patognomônica, ou lesão com assinatura.

Em se tratando de energia elétrica artificial, tanto a lesão quanto a morte são chamadas de **eletroplessão**.

🧩 Decifrando a prova

(2018 – Instituto AOCP – ITEP/RN – Agente de Necrópsia – Adaptada) Um indivíduo está fazendo uma conexão clandestina na rede elétrica quando, repentinamente, recebe uma descarga elétrica fatal. Esse tipo de morte é designado fulguração.

( ) Certo ( ) Errado

Gabarito comentado: esse tipo de morte é designado eletroplessão. De acordo com Genival Veloso de França (2017), "A eletricidade artificial ou industrial, por sua vez, tem por ação uma síndrome chamada Eletroplessão. É, geralmente, acidental, podendo, no entanto, ter origem suicida ou homicida. Conceitua-se a eletroplessão como qualquer efeito proporcionado pela eletricidade industrial, com ou sem êxito letal. As lesões superficiais dessa forma de eletricidade alteram-se de acordo com a corrente de alta ou baixa tensão. A lesão mais típica é conhecida como marca elétrica de Jellinek, embora nem sempre esteja presente". Portanto, a assertiva está errada.

(2018 – Cespe/Cebraspe – Polícia Federal – Perito Criminal Federal – Adaptada) A respeito de tortura e de exames periciais para diagnóstico de vítimas submetidas a tortura, tratamentos cruéis, desumanos ou degradantes, julgue o item subsequente.

A tortura por eletricidade com o uso de toalha molhada interposta entre a pele e o condutor energizado aumenta a superfície de passagem da eletricidade e nem sempre deixa a marca típica de Jellinek.

( ) Certo ( ) Errado

Gabarito comentado: de acordo com o autor Genival Veloso de França (2017, p. 141), "a perícia deve ficar atenta para o diagnóstico das lesões produzidas pela ação da eletricidade em 'sessões de tortura', principalmente nos órgãos genitais das vítimas. Sob o ponto de vista microscópico, nem sempre essas lesões provocadas por descarga elétrica são típicas. Ainda mais: as lesões eletroespecíficas (marca elétrica de Jellinek) não são muito diferentes das lesões produzidas em 'sessões de tortura', a não ser o fato destas últimas não apresentarem depósitos metálicos (ferro ou cobre), em face dos cuidados de não se deixarem vestígios". Portanto, a assertiva está certa.

4.14.4 Mais lesões por eletricidade

A partir de uma análise microscópica das células, observam-se suas características histopatológicas. Essas células, atingidas por descargas elétricas, ficam com o núcleo e com o citoplasma alongado. Diante do seu aspecto, receberam o nome de **lesão em paliçada**, fazendo uma alusão às toras de madeiras que formavam os fortes dos índios no velho oeste.

Assim, lesão em paliçada é característica histopatológica de uma célula que recebeu a passagem de energia elétrica natural ou cósmica.

Queimaduras elétricas são outras lesões que não se confundem com o sinal de Jellinek. As queimaduras elétricas são resultantes do efeito Joule (transformação da energia elétrica em calor). Elas formam escaras negras, podendo ou não apresentar as marcas do condutor. As queimaduras podem ser de todos os graus.

Nas **lesões eletromecânicas de Jellinek**, a depender da voltagem que atinge a pessoa, pode ser que haja um deslocamento do corpo da vítima, arremessando-a da lesão no ponto de entrada da energia elétrica; a pessoa atingida também apresenta **lesões secundárias**, em virtude do deslocamento da vítima, denominadas lesões eletromecânicas de Jellinek.

Quando a voltagem é multo alta, o ar pode conduzir a energia e a corrente elétrica pode atingir um corpo sem que haja qualquer tipo de toque. É o que se chama **arco elétrico**.

4.14.5 Mortes por eletricidade de baixa, média e alta amperagem   eletroplessão

Como já vimos, a energia elétrica pode ser altamente danosa para o corpo humano, causando lesões graves e até mesmo a morte. Observe que até mesmo uma eletricidade de baixa voltagem, como de uma tomada, pode ser fatal, pois pessoas mais sensíveis podem ter **alteração do ritmo dos batimentos cardíacos**, causando uma arritmia.

Assim, as mortes decorrentes de energia elétrica de **baixa amperagem** podem ter como causa a **fibrilação ventricular**. Explicamos: quando uma corrente alternada passa pelo coração, pode vir a fazê-lo fibrilar. Essa fibrilação leva ao que se chama na medicina legal de choque cardiogênico (sem o bombeamento cardíaco eficiente, a pressão arterial pode atingir níveis mínimos). Isso significa que a força com que bate o coração não é suficiente para bombear o sangue para todas as células do corpo, porque o coração está fibrilando por conta da corrente de baixa amperagem que passou por ele.

Conforme os ensinamentos do professor Hygino de Carvalho Hercules (2014), "Correntes acima de 2A são tidas como desfibrilantes. Provocam contração global da musculatura cardíaca, com parada em sístole. Se mantidas por mais de 2 minutos, o coração mantém-se contraído e ocorre dano cerebral irreversível".

> ### Importante!
>
> Pergunta de prova: No caso de uma vítima morta em razão de uma energia elétrica, qual o sinal que pode ser visualizado pelo perito na autópsia?
>
> Se na resposta vier "fibrilação ventricular", estará errado, já que não é possível visualizar a fibrilação com a vítima morta. A fibrilação ventricular não se verifica na autópsia. A resposta certa seria o sinal de Jellinek, que pode ser visto pelo perito.

Caso uma pessoa seja submetida à **corrente de média amperagem**, sua morte pode se dar por **parada respiratória**. Isso porque a eletricidade **atinge o tronco do indivíduo**, e os músculos da respiração entram em crise, desorganizam-se, ficam paralisados. Dessa forma, a morte é causada por espasmo prolongado da musculatura respiratória.

Nesse caso, segundo o professor Hygino de Carvalho Hercules (2014), "tanto o diafragma, quanto os músculos da parede costal e abdominal contraem-se de modo espasmódico e impedem a movimentação respiratória".

Mas pode ocorrer também que a **corrente elétrica de alta amperagem** passe pelo **encéfalo**. Ao passar pelo encéfalo, a morte não se dará por asfixia, mas por paragem cardiorrespiratória de origem central. Isso porque, no encéfalo (quatro sílabas), há quatro órgãos: o cérebro, o cerebelo, a ponte e o bulbo. Ponte e bulbo formam o chamado tronco cerebral. É no bulbo que estão os centros cardiorrespiratórios. É do bulbo que sai o nervo vago que estimula o coração e os pulmões.

Resumindo, é comum, na doutrina médico-legal, apontar três teorias para as mortes por eletricidade. As correntes elétricas podem causar a morte por **parada respiratória de origem periférica ou morte pulmonar**, em virtude de asfixia decorrente da tetanização dos músculos respiratórios, quando atinge os pulmões; por **parada cardiorrespiratória de origem central ou morte cerebral**, se passar pelo encéfalo, em virtude de hemorragia nas paredes ventriculares do cérebro, do bulbo, entre outros fatores; ou por **parada cardíaca ou morte cardíaca**, em virtude de fibrilação ventricular, quando passar pelo coração.

Importante esclarecer que o termo "tetanização dos músculos respiratórios" é apontado na doutrina do professor Genival Veloso de França (2014), significando um fenômeno decorrente da contração muscular produzida por um impulso elétrico. Quando a frequência dos estímulos ultrapassa certos limites, o músculo é levado à contração completa, permanecendo nessa condição até que cessem os estímulos, após o que lentamente retorna ao estado de repouso.

As causas de morte em decorrência de eletricidade variam de acordo com a intensidade da corrente, podendo ser brevemente exemplificadas com base no quadro a seguir:

Variedade	Voltagem	Formas de morte
Alta tensão	De 1.200 V a 5.000 V	Cerebral, bulbar, e cardiorrespiratória
Média tensão	De 120 V a 1.200 V	Asfixia por tetanização respiratória e asfixia
Baixa tensão	De 10 V a 120 V	Fibrilação ventricular e parada cardíaca

4.15 ENERGIA BAROMÉTRICA

4.15.1 Introdução

Inicialmente, como já afirmado algumas vezes, é de extrema relevância saber o significado dos prefixos e sufixos, obtendo êxito em muitas questões apenas com esse conhecimento. Portanto, o prefixo *baro* significa pressão, e o sufixo *patia* significa mal, doença.

Seguindo. A Terra apresenta ao seu redor uma camada de atmosfera. Quanto mais alto se está, menor é a camada de atmosfera. Por outro lado, quanto mais perto do nível do mar, maior é a camada de atmosfera. E, abaixo do nível do mar, maior ainda é a pressão. As pressões muito altas, ou muito baixas, causam alterações, podendo vir a produzir lesões no corpo humano.

Nesse contexto, surgem as chamadas **baropatias**, que são doenças oriundas da **variação da pressão**. Apenas para situar, o estudo das baropatias está englobado dentro da traumatologia, na parte das energias físicas não mecânicas.

Antes de adentrarmos mais afundo nesse estudo, algumas considerações devem ser pontuadas:

O ar atmosférico é composto de gases: 78% de nitrogênio, 21% de oxigênio e 1% de outros gases. A doutrina do professor Delton Croce se refere ao nitrogênio como azoto, sinônimos.

A composição do ar é sempre a mesma (78% de nitrogênio, 21% de oxigênio e 1% de outros gases), seja ao nível do mar, seja em elevadas altitudes. Ocorre que, quanto maior é a altitude, menor é a quantidade de ar disponível, por isso se diz que, em elevadas altitudes, o ar é mais rarefeito.

Portanto, é óbvio que a quantidade de oxigênio absoluta disponível em grandes altitudes é menor. Isso porque o ar disponível em grandes altitudes é menor, consequentemente a quantidade de moléculas de oxigênio disponível também é menor.

Uma segunda informação importante é que o ar exerce um peso, uma pressão sobre nós, chamada de pressão atmosférica. Ao nível do mar, essa pressão gira em torno de 760 mmhg (milímetro de mercúrio), que é o equivalente a 1 atmosfera.

Conforme vai aumentando a altitude, a coluna de ar sobre os corpos vai diminuindo; logo, a pressão atmosférica também diminui. Em virtude dessa **diminuição da pressão**, conforme se **eleva a altitude**, vão surgindo as baropatias.

4.15.2 Baropatias causadas pela diminuição da pressão

Inicialmente, cabe reforçar a ideia de que a pressão e a altitude são medidas inversamente proporcionais. Ou seja, quanto maior a altitude, menor a pressão atmosférica exercida sobre o corpo.

A respeito do tema, Hygino de Carvalho Hercules (2014) explicita: "A pressão atmosférica normal resulta do peso das diversas camadas de ar sobre a superfície terrestre. Ao nível do mar, corresponde ao peso de uma coluna de mercúrio com 760 mm de altura, ou seja, 1 atm (atmosfera). Isso significa que, à medida que se atinge altitude maior, diminui proporcionalmente a pressão exercida pelo ar".

A doutrina chama as lesões produzidas por **baixa pressão atmosférica** (grandes altitudes) de **mal dos aviadores** ou **mal das montanhas**. Já aquelas produzidas por **grande pressão atmosférica** (baixa altitude) são denominadas **mal dos caixões, mal dos mergulhadores** ou **mal dos escafandristas**.

Quando uma pessoa se submete a pressões muito baixas ou muito altas, o organismo dela tende a se adaptar a essas novas condições ambientais, possuindo mecanismos termorreguladores a fim de manter a oxigenação do corpo em níveis satisfatórios.

Em relação a grandes altitudes, quando se chega a uma altitude de 4.500 metros, a pressão atmosférica é tão baixa que o corpo já não consegue manter seu funcionamento normal sem auxílio de algum equipamento de respiração.

O oxigênio dos órgãos chega pelo sangue, logo, como defesa, o cérebro acelera o batimento cardíaco para o sangue circular mais rápido e transportar mais oxigênio. Assim, uma pessoa nessa situação manifesta taquicardia, náuseas, enjoo, sangramento pelo nariz e desmaios, podendo até mesmo morrer. Contudo, é de extrema relevância observar a velocidade com que a pessoa é submetida às grandes altitudes, pois, quanto maior a velocidade, mais agudos os sintomas.

Uma dessas baropatias é a o **mal dos aviadores** ou **mal das montanhas**, que é um conjunto de sinais e sintomas que acometem o indivíduo que se submete a altas altitudes sem estar adaptado. É uma versão aguda da variação de altitude, onde o ar é rarefeito, ocasionando complicações no organismo.

Outra baropatia ocasionada pelas grandes altitudes é chamada de **doença de monge**. Pode-se dizer que esta é a forma crônica do mal dos aviadores ou das montanhas, que são a forma aguda da doença.

A doença de Monge acomete as pessoas que vivem em grandes altitudes. Recebe esse nome porque o médico que a estudou foi um pesquisador chamado Carlos Monge, nada tendo a ver com os monges morarem em grandes altitudes.

Para melhor compreensão dessa baropatia, devemos rememorar que, no sangue, há uma parte líquida e uma parte sólida. A parte sólida é formada pelos elementos figurados:

hemácias (eritrócitos); leucócitos (glóbulos brancos); e plaquetas (fragmentos de células usadas na coagulação do sangue).

Dentro das hemácias, há uma proteína que se liga ao oxigênio chamada de hemoglobina. A ligação entre o oxigênio e a hemoglobina para transportá-lo se chama oxiemoglobina.

Em grandes altitudes, a quantidade de oxigênio disponível diminui. Assim, como mecanismo para capturar esse oxigênio de forma mais eficiente, o corpo começa a aumentar a quantidade de hemácias disponíveis, por meio da multiplicação da secreção de um hormônio chamado de eritropoietina, que provoca, na medula, a produção de eritrócitos, aumentando, por conseguinte, a quantidade de hemoglobina para se ligar ao pouco oxigênio existente, desenvolvendo um quadro de **poliglobulia compensadora**.

Desse modo, um indivíduo normal tem por volta de 5 milhões de hemoglobinas, ao passo que os indivíduos que vivem em altas altitudes têm por volta de 6 ou 7 milhões.

Entretanto, aumentando a quantidade do soluto numa solução (maior quantidade de hemácias no sangue), ela flui de forma mais difícil, ficando mais densa. Logo, quanto maior o número de hemácias, sem o aumento da quantidade de plasma, o sangue fica mais viscoso, dificultando a circulação, podendo obstruir vasos sanguíneos, o que ocasiona uma trombose.

Além disso, os indivíduos que possuem a doença de Monge ficam com as extremidades dos dedos avolumadas, os chamados **dedos em baqueta de tambor** – mais uma característica dessa baropatia.

Nesse sentido, o professor Hygino de Carvalho Hercules (2014) muito bem retrata as principais características da doença de monge:

> [...] é a forma crônica da DM. É própria de indivíduos já maduros que habitam há muito tempo nas grandes altitudes. Caracteristicamente, apresentam lábios enegrecidos, mucosas de cor vinhosa muito escura, ambos em função do hematócrito muito elevado dessas pessoas. Os dedos apresentam extremidades em baqueta de tambor. Há diminuição da aptidão aos esforços físicos e sintomas de ordem neurológica, como cefaleia, tonteiras, parestesias e sonolência.

4.15.3 Baropatias causadas pelo aumento da pressão

Em relação às lesões provocadas por alta pressão atmosférica, um caso muito especial que merece destaque é a situação dos mergulhadores: quanto maior a profundidade, maior a pressão.

Assim, podem ocorrer problemas também quando o indivíduo mergulha. Quando um mergulhador desce a grandes profundidades, há sobre ele uma coluna de água. Portanto, a cada 10 metros de profundidade, aumenta-se 1 atm de pressão sobre o indivíduo. Ou seja, um mergulhador a 50 metros de profundidade está exposto a 6 atmosferas, 5 advindas da coluna de água e 1 da coluna de ar.

Nesse sentido discorre o professor Hygino de Carvalho Hercules (2014): "algumas atividades humanas submetem o indivíduo a pressões ambientes superiores à que ele está acostumado ao nível do mar, ou seja, 1 atm. Tal situação ocorre principalmente com mergulhadores, mas também existe no ambiente de trabalho de mineiros que retiram matérias-primas do subsolo".

Por conta disso, foi necessária a criação de equipamentos para contrabalancear a pressão externa e interna do organismo, visto que a incapacidade de igualá-las pode ocasionar lesões no organismo, definidas como barotraumas, nesse caso denominadas **mal dos caixões, mal dos escafandristas** ou **mal dos mergulhadores**.

Decifrando a prova

(2015 – Funiversa – SPTC/GO – Perito Médico-Legista de 3ª Classe – Adaptada) A respeito das alterações orgânicas produzidas pelos efeitos da pressão atmosférica, é correto afirmar que baropatias são alterações provocadas no organismo pela permanência em locais de baixa ou alta pressão, bem como as decorrentes de variações bruscas de pressão ambiental; também são incluídas as alterações produzidas pelas ondas de choque das explosões.

( ) Certo ( ) Errado

Gabarito comentado: as baropatias são doenças oriundas da variação na pressão atmosférica, como ocorre no caso das montanhas, por exemplo. Portanto, a assertiva está certa.

(2015 – Funiversa – SPTC/GO – Perito Médico-Legista de 3ª Classe – Adaptada) É correto afirmar que a doença de Monge é uma baropatia que ocorre por exposição continuada e prolongada a ambientes de baixa pressão.

( ) Certo ( ) Errado

Gabarito comentado: a doença de Monge é uma doença das montanhas crônica em que, à medida que a pressão aumenta, o ar fica rarefeito e o ser humano tem um quadro de hipoxia e hiperemia. Portanto, a assertiva está certa.

4.15.4 Leis da física no estudo das lesões barométricas

4.15.4.1 Lei de Boyle-Mariotte

Sobre as leis da física no estudo das lesões barométricas, a primeira é a lei de Boyle-Mariotte, que prevê que, sob temperatura constante, o volume de um gás é inversamente proporcional à pressão exercida sobre ele, ou seja, **quanto maior a pressão, menor o volume**.

O estudo dessa lei será de extrema relevância ao analisarmos os mergulhos sem aparelhos, ou seja, em apneia.

Dessa forma, quando uma pessoa mergulha, o ar inspirado antes de afundar será consumido durante o tempo em que estiver debaixo d'água. Conforme o mergulhador afunda, o pulmão, que está cheio de ar, começa a se comprimir, diminuindo de volume por conta do aumento da pressão, o que facilita a passagem do oxigênio para os capilares.

No entanto, quando ele começa a voltar à superfície, a pressão nos pulmões começa a diminuir e seu volume aumentar, não impulsionando mais o oxigênio para os vasos sanguíneos com tanta facilidade. Com a falta de oxigênio, o mergulhador desmaia (apaga), e esse fenômeno recebe o nome de apagamento, o que faz o indivíduo inalar água e se afogar.

Outro risco no mergulho em apneia é o **barotrauma de ouvido**.

Explicamos: o tímpano é uma membrana que separa o ouvido médio do ouvido externo. Quando o indivíduo mergulha, a pressão empurra essa membrana para dentro do ouvido médio, e o mergulhador empurra o ar por dentro da trompa de Eustáquio ou trompa auditiva, que, por sua vez, empurra o tímpano de volta para fora, equilibrando a pressão. Isso recebe o nome de **manobra de Valsalva**.

Ocorre que, em grandes pressões, essa manobra de Valsalva pode não funcionar, perfurando o tímpano e fazendo entrar água no ouvido médio, responsável pelo equilíbrio, provocando uma desorientação no indivíduo, um desequilíbrio.

4.15.4.2 Lei de Dalton

A pressão exercida por uma mistura gasosa é igual à soma das pressões parciais de cada um dos gases que compõem a mistura. Ou seja, se há uma mistura de gás hélio com gás oxigênio (heliox), para saber a pressão dessa mistura, deve-se saber qual pressão o oxigênio exerce (pressão parcial do oxigênio) e qual pressão o hélio exerce (pressão parcial do gás hélio).

O que interessa em uma mistura é saber a pressão parcial do oxigênio, necessário para a manutenção da vida.

4.15.4.3 Lei de Henry

A terceira lei é a lei de Henry, que é a "lei da Coca-Cola", da "garrafa de champanhe", por meio da qual se pega uma grande quantidade de ar e a dilui em uma massa líquida.

Quanto maior a pressão colocada no gás, maior é a possibilidade de diluí-lo numa massa líquida.

Observe que, quando se pretende colocar um número maior de moléculas de gás, é necessário diminuir a temperatura do líquido. Isso porque, diminuindo-se a temperatura, as moléculas líquidas ficam mais unidas, sobrando mais espaço para as moléculas de gás.

Dessa forma, a concentração de um gás dissolvido em uma massa líquida é diretamente proporcional à pressão exercida pelo gás na mistura líquido-gás.

Essa lei será importante quando analisarmos o mergulho com SCUBA (*Self – Contained – Underwater – Breathing – Apparatus*), que injeta ar dentro dos pulmões dos mergulhadores com a mesma pressão à qual eles estão sendo submetidos pelo volume de água. Por isso, o sangue desse mergulhador fica repleto de ar dissolvido, assim como um champanhe, uma Coca-Cola.

Repare que a pressão atmosférica em grandes profundidades é enorme, e o mergulhador só não é esmagado porque recebe uma pressão de dentro para fora na mesma proporção que está recebendo de fora para dentro, equilibrando-as.

O grande problema é quando o mergulhador está em grandes profundidades e sobe rapidamente. Nesse caso, a pressão diminui e os gases diluídos no seu sangue começam a se descomprimir, formando bolhas dentro do sangue, ocasionando a chamada **embolia traumática pelo ar**.

Por conta disso, a descompressão deve ser feita de forma lenta; caso contrário, as bolhas caem na circulação sanguínea, causando a rotura das paredes alveolares e a consequente hemorragia intrapulmonar.

A doença da descompressão possui uma forma aguda, que é a embolia traumática pelo ar, e uma forma crônica, chamada da **doença de *bends***, que decorre também da descompressão inadequada, causando um acúmulo de gases descomprimidos nas articulações e provocando contraturas dolorosas.

Quando o mergulhador não faz uma descompressão adequada, bolhas podem se alojar nas articulações, causando fortes dores, as quais fazem o indivíduo se curvar.

Para sanar os traumas ocasionados pela descompressão ineficiente, o mergulhador deve ser colocado em uma câmara hiperbárica.

4.15.5 Baropatias por explosões

Inicialmente, podemos conceituar explosão como o efeito produzido pela transformação química de determinadas substâncias que, de forma violenta e brusca, produzem uma quantidade excessiva de gases com capacidade de causar malefícios à vida ou à saúde de um ou de vários indivíduos.

Essa quantidade excessiva de gases ocasiona um aumento da pressão ao redor do foco e uma compressão súbita do ar, gerando uma onda de choque, um *blast*.

A doutrina médico-legal classifica o *blast* em: primário, secundário, terciário e quaternário.

- ***Blast* primário:** é a onda de choque propriamente dita, de modo que a intensidade do *blast* sobre o corpo diminuirá quanto mais distante a pessoa estiver da explosão. Os órgãos e as cavidades que contêm ar são os mais afetados pelo *blast* primário.
- ***Blast* secundário:** é o lançamento dos fragmentos, como estilhaços ou projéteis colocados no interior da granada. Conforme ensina o professor Hygino de Carvalho Hercules (2014), a fragmentação desses elementos ocorre pelo *blast* primário, mas os pedaços são propelidos pelo vento explosivo. Transformados em projéteis supersônicos, esses fragmentos penetram no corpo da vítima com uma ação perfurocontundente.
- ***Blast* terciário:** é a onda de choque que atua sobre as pessoas ao redor da explosão, jogando-as contra o chão ou objetos, tendo como resultado lesões por ação contundente ativa e passiva.
- ***Blast* quaternário:** é conceituado por exclusão, ou seja, tudo o que não for enquadrado como primário será considerado *blast* quaternário. Conforme o entendimento da maior parte da doutrina, consideram-se efeitos quaternários as queimaduras, as intoxicações e as radiações.

Em 04.08.2020, houve uma explosão que virou notícia no mundo, trazendo um exemplo real de *blast*. A megaexplosão no porto de Beirute abriu uma cratera de 43 metros de profundidade, deixando mais de 300.000 pessoas desabrigadas, causando mais de 150 mortes e 6.000 feridos, além de dezenas de desaparecidos. A explosão do armazém se deu pela reação química causada por 2.750 toneladas de nitrato de amônio.

Efeitos de explosão violenta.

🧩 Decifrando a prova

(2015 – Funiversa – PC/DF – Perito Médico-Legista – Adaptada) Nas explosões, o efeito causado por fragmentos do artefato, como estilhaços de granada e projetis colocados em seu interior, e por pedaços de corpos fragmentados pela explosão é denominado *blast* primário.
( ) Certo ( ) Errado

Gabarito comentado: o efeito causado é denominado *blast* secundário. O denominado *blast* é o conjunto de efeitos lesivos de uma explosão. O *blast* primário é a onda de choque propriamente dita atuando diretamente em órgãos que contêm ar (pulmões, ouvidos, tubo digestivo). Já o *blast* secundário resulta de "projéteis" (fragmentos) oriundos do estilhaçamento do material explosivo ou de objetos no local da explosão, podendo ocasionar uma série de lesões variáveis. Portanto, a assertiva está errada.

4.16 RADIOATIVIDADE

A radioatividade produz lesões a curto, médio e longo prazo. A radiação vai produzindo lesões, a exemplo de alterações genéticas e alterações no sangue, bem como nas células reprodutivas, e pode matar pessoas mesmo anos depois do contato com ela.

Outra forma de energia física que pode causar lesões é a luz.

4.17 LUZ

Pode ser a luz natural ou a luz artificial. Uma grande intensidade de luz aplicada sobre a vítima pode causar cegueira imediata e permanente, por exemplo. A exposição da vítima à luz por um longo período pode afetar o psiquismo, o comportamento e pode ser utilizada como forma de tortura. Além disso, há a possibilidade de irritação do cérebro por estímulo luminoso, como no caso da epilepsia fotossensível.

4.18 SOM

Também é uma forma de energia física, mas se propaga por um meio mecânico. O som se difunde em ondas que têm amplitude e frequência e precisam do ar para poder se propagar. O som não se propaga no vácuo.

A unidade de medida do som é o **decibel**. Dependendo da intensidade do som, a vítima pode ficar surda de maneira imediata e permanente.

Ademais, há duas espécies de sons que podem causar lesões: **o som intenso e o som intermitente**.

Quando o delegado vai fazer uma vistoria em determinado local para ver as condições de trabalho e se depara com um trabalhador muito protegido com equipamentos, é sinal de que a poluição sonora do local é muito alta. Sempre é melhor isolar a fonte do som do que o trabalhador.

Na tabela de decibéis, um som igual ou superior a 160 pode provocar surdez imediata e permanente. Só que sons em menor intensidade por um longo período podem provocar surdez parcial ou total.

A NR 15 tem uma tabela que mostra por quanto tempo um trabalhador pode ficar exposto a determinada intensidade de sons para não sofrer lesões.

Por exemplo, um ruído contínuo de 115 decibéis de impacto ou de 140 contínuo pode acabar provocando lesões.

4.19 ENERGIAS DE ORDEM QUÍMICA

Os entorpecentes serão tratados posteriormente quando do estudo da toxicologia.

As substâncias de natureza química são aquelas que atuam nos tecidos vivos do corpo e provocam lesões. Podem ser de **natureza somática** (estrutura do corpo), **fisiológica** (funcionamento do corpo) ou **psicológica**.

Aqui há dois grandes grupos: os **cáusticos ou corrosivos** (dentro deles, os coagulantes e os liquefacientes); e os **venenos ou tóxicos** (serão tratados de toxicologia forense).

Com relação aos cáusticos e corrosivos, suas subespécies são os **coagulantes** e os **liquefacientes**. Os liquefacientes, ao entrarem em contato com o corpo humano, fazem derreter sua estrutura. O coagulante faz o contrário, não derrete, mas coagula, transforma num tecido denso, assemelhado a uma cicatriz. O coagulante age como um mecanismo de desidratação dos tecidos e os liquefacientes agem como um mecanismo de dissolução dos tecidos.

Uma dessas substâncias cáusticas é o ácido sulfúrico, chamado de **vitríolo**. Já as lesões provocadas por ele são chamadas de **lesões por vitriolagem**.

Em relação aos venenos ou tóxicos, cabe destacar aqui que são substâncias de qualquer natureza (sólidos, líquidos, gasosos, naturais, sintéticos) que, quando em contato com o corpo humano, podem produzir lesão ou ocasionar a morte.

O problema é que, de acordo com esse conceito, qualquer coisa poderia ser considerada venenosa ou tóxica.

Por exemplo, a água pode ser considerada um veneno quando ingerida em excesso, assim como o açúcar, para quem não tolera, pode ser considerado um veneno. Contudo, não é disso que a toxicologia forense se ocupa, não tratando dos tóxicos em geral, mas daquelas substâncias que apresentam toxicidade elevada.

Toxicidade é uma característica que só algumas substâncias têm. Pode ser conceituada como a capacidade de, mesmo em pequenas doses, causar efeitos danosos. Essas substâncias serão estudadas em toxicologia forense.

Quando se trabalha com venenos ou tóxicos, o principal papel da perícia é a determinação da causa jurídica do envenenamento, ou seja, se foi suicida, homicida ou acidental.

Outra importante distinção é a diferença entre o envenenamento e a intoxicação alimentar.

O **envenenamento** ocorre quando uma pessoa ingere veneno pensando tratar-se de um alimento. Como exemplo, poderíamos citar o caso de um indivíduo que consome carne de baiacu contaminada pelo veneno desse peixe – seria um caso de envenenamento. Já, na **intoxicação alimentar**, o alimento é próprio para consumo, mas está contaminado com elementos nocivos, como fungos, bactérias etc.

Importante dizer que, toda vez que o perito suspeitar de intoxicação ou envenenamento, poderá realizar os exames necessários sem, contudo, precisar de autorização especial para tanto, possuindo autonomia técnica nesse sentido.

Decifrando a prova

(2019 – Instituto AOCP – PC/ES – Perito Médico-Legista – Adaptada) Em relação às energias de ordem química, das substâncias que são capazes de causar danos à vida e à saúde, é correto afirmar que os ácidos produzem escaras secas e de cor variada.

( ) Certo ( ) Errado

Gabarito comentado: de acordo com os ensinamentos de Genival Veloso de França (2017, p. 143), "[...] a diferença entre as escaras produzidas em vida ou depois da morte nem sempre é fácil, pois alguns ácidos, por exemplo, atuam com a mesma intensidade e características no vivo ou no cadáver, e sua diferença é tanto mais difícil quanto mais precocemente o morto foi atingido. E a identidade da substância é feita pelo aspecto das lesões e por reações químicas. Os ácidos produzem escaras secas e de cor variável". Portanto, a assertiva está certa.

5 Asfixiologia forense

5.1 INTRODUÇÃO

Asfixia, do grego *asphyxía*, significa "falta de pulso". Conceitualmente falando, asfixia significa a dificuldade respiratória (por diversos meios) que leva à falta de oxigênio no organismo, ou seja, é a instalação de um quadro de **hipoxia** (baixa quantidade de oxigênio) e **hipercapnia** (alta quantidade de gás carbônico).

Entretanto, para melhor compreensão da matéria, devemos fixar alguns conceitos e rememorar o funcionamento do sistema respiratório, o qual todos nós aprendemos no ensino médio.

Já sabemos que o ar que respiramos é composto de 78% de nitrogênio, 21% de oxigênio e 1% de outros gases, incluindo o gás carbônico.

Quando o ser humano inspira, até que o oxigênio chegue aos pulmões, 4% já são consumidos nesse trajeto, logo chegam 17% de oxigênio a cada respiração.

Se o ar inspirado estiver com pouco oxigênio disponível, porque está em local sem ventilação ou em grandes altitudes, o organismo já começa a sofrer reações desfavoráveis. Inobstante, é importante saber que a morte se dá, normalmente, não pela falta de oxigênio, mas, sim, pelo excesso de gás carbônico, já que, nessas condições, a troca gasosa é impedida, ocasionando a chamada hipercapnia.

Por conseguinte, vale a pena ressaltar que as artérias são vasos sanguíneos que se afastam do coração, normalmente transportando sangue rico em oxigênio, e as veias são vasos sanguíneos que se aproximam do coração, normalmente transportando sangue rico em gás carbônico.

Assim, as artérias estão distribuindo sangue para o corpo e as veias estão recolhendo o sangue e fazendo-o voltar ao coração para ser impulsionado aos pulmões e fazer a troca gasosa entre oxigênio e gás carbônico nos alvéolos (hematose).

Por fim, por mais que o sentido etimológico da palavra "asfixia" seja ausência de pulso, vimos que não é esse o sentido estudado na medicina legal. Tecnicamente, para a medicina legal, asfixia é um fenômeno que se dá por um quadro de hipoxia e hipercapnia (ou hipercarbia), ou seja, baixa quantidade de oxigênio e elevada quantidade de gás carbônico no sangue, respectivamente.

5.2 ASFIXIAS COM RELEVÂNCIA PARA A MEDICINA LEGAL

As asfixias mecânicas que interessam para a medicina legal precisam ser:

- primárias quanto ao tempo;
- violentas quanto ao modo;
- mecânicas quanto ao meio.

Primárias quanto ao tempo, porque qualquer morte, em última análise, acaba por se desdobrar em uma asfixia, já que, em qualquer tipo de morte, no fim de tudo, resultará na falta de oxigênio no processo da oxidação da molécula de glicose. Só que essas asfixias não são primárias, ou seja, não são a causa da morte.

Portanto, as asfixias que têm relevância médico-legal precisam ser primárias quanto ao tempo porque precisam ser a causa da morte, e não sua consequência.

Violentas quanto ao modo, pois a morte deve ser proveniente de uma causa violenta. Lembrando que mortes violentas são Suicídio, Acidente ou Crime (SAC).

Mecânicas quando ao meio, uma vez que será estudado que há asfixias cujo aspecto é somente químico, não sendo mecânico. Estas não serão estudadas em asfixiologia, mas, sim, nos casos de envenenamentos por tóxicos. Entretanto, não se deve perder de vista que, embora o meio seja mecânico, as energias envolvidas na asfixia são de ordem físico-química.

Assim, asfixias que interessam ao estudo da asfixiologia são primárias quanto ao tempo, violentas quanto ao modo e mecânicas quanto ao meio.

5.3 ASPECTO QUÍMICO DAS ASFIXIAS

A energia vulnerante que causa a morte nas asfixias é de origem físico-química, ou seja, terá um componente físico e um componente químico.

Explicamos: pense no exemplo de um caso de sufocação direta, em que um indivíduo tem suas vias aéreas tampadas (energia física), impedindo que o oxigênio entre no aparelho respiratório e, por conseguinte, seja utilizado pelas células, na respiração celular (energia química).

Como foi dito, asfixiar é gerar um quadro de hipoxia e hipercarbia (ou hipercapnia).

Entretanto, para que serve o oxigênio no nosso corpo?

Primeiramente, temos que ter em mente que tudo que fazemos gasta energia. Sem energia, não há vida. E, para que nosso corpo gere energia, precisamos nos alimentar. Ao ingerirmos alimentos, o processo digestivo converte algumas substâncias em moléculas de glicose. Essa glicose cai na corrente sanguínea, que, por sua vez, as conduz até as células, onde ela será quebrada, dentro da mitocôndria. A molécula de glicose é uma hexose, isto é, um açúcar que possui seis carbonos ($C_6H_{12}O_6$), e a ligação química entre os carbonos é quebrada pelo organismo, gerando energia. Esta é liberada e armazenada em um composto chamado de ATP (adenosina trifosfato), energia essa que o ser humano utiliza para se manter vivo.

Ocorre que a queima da molécula de glicose (oxidação da glicose) pode ser feita na presença de oxigênio e na ausência de deste. Se a queima da molécula de glicose é feita na presença de oxigênio, estamos diante da chamada respiração aeróbica. Todavia, se essa queima é feita na ausência de oxigênio, diz-se que houve uma respiração anaeróbica.

A respiração anaeróbica formará quatro moléculas de ATP e o íon H^+ (hidrogênio positivo). Entretanto, destacam-se dois complicadores: primeiro que a quantidade de energia produzida é pequena, segundo é a formação do íon H^+, pois este é ácido e, portanto, acidifica o corpo que, como sabemos, não trabalha em condições de acidose, levando as células à morte.

Já, na respiração aeróbica, com a presença de oxigênio, o organismo forma 38 moléculas de ATP, 6 moléculas de água e 6 moléculas de gás carbônico. Observe que o íon H^+ resultante da queima da molécula de glicose, que é prejudicial ao organismo quando está livre, se une ao oxigênio e forma água (H_2O), utilizada em larga escala no organismo.

Dessa forma, a única função do oxigênio que o ser humano respira é ser utilizado dentro da mitocôndria onde ocorre a queima da molécula de glicose, para se ligar ao substrato lesivo, hidrogênio positivo, oriundo da quebra da molécula de glicose para formar a água, não permitindo que a célula acidifique e morra.

Todavia, há um grande percurso para que o oxigênio seja inspirado e levado até as células. Observe: pela inspiração, o ar entra nos pulmões, vai para os alvéolos e, nestes, passa para o sangue. No sangue, o oxigênio se liga à hemoglobina e é transportado até as células. Dentro destas, ele vai para a mitocôndria, onde se liga ao hidrogênio positivo por meio de uma ligação química mediante a enzima "citocromo c oxidase"; aí, sim, forma-se a água, impedindo que o corpo acidifique.

Em suma, asfixiar alguém é, de algum modo, impedir que a célula utilize o oxigênio, interrompendo essa cadeia em qualquer ponto dela. Por essa razão, há diversas formas de asfixia.

5.4 TERMOS DE NECESSÁRIO CONHECIMENTO QUANDO DO ESTUDO DA ASFIXIOLOGIA

Com relação à respiração:

• **Eupneia**

É a respiração normal do ser humano (16/min no adulto). Um ser humano adulto respira em média 16 vezes a cada minuto. Em uma respiração normal, entram e saem, em média, 500 mL de ar.

• **Dispneia**

É a dificuldade em respirar, respiração forçada, difícil.

- **Ortopneia**

É mais comum em pessoas com doença cardíaca ou pulmonar por acúmulo de líquido nos pulmões, condição em que a pessoa, quando está deitada, tem a respiração dificultada por esse líquido, o que a obriga a se sentar.

- **Apneia**

É a parada definitiva ou temporária na respiração.

Com relação aos pulmões:

- **Ar circulante**

Ar que entra e sai dos pulmões a cada movimento inspiratório/expiratório.

- **Ar complementar**

Quantidade máxima em inspiração forçada.

- **Ar de reserva**

Quantidade máxima que pode ser eliminada em expiração forçada.

- **Ar residual**

Volume mínimo de ar que permanece nos pulmões.

- **Capacidade pulmonar**

Ar que entra e sai dos pulmões a cada movimento.

5.5 FASES DA ASFIXIA

Quando uma pessoa é asfixiada, normalmente esse processo se dá em dois momentos diferentes, ou seja, em duas fases.

A primeira é a **fase de irritação**, chamada de fase da dispneia inspiratória. É a dificuldade para inspirar causada por algum motivo que provoca uma agitação, uma luta para conseguir inspirar. Um segundo momento, ainda dentro dessa fase, é a dispneia expiratória, ou seja, a vítima não consegue colocar para fora o gás carbônico, aquele ar viciado dentro dos pulmões. Isso dá angústia na vítima, que se movimenta, debate-se. Leva alguns minutos.

Depois de alguns minutos, se essa situação não for superada, a vítima entra na segunda fase, chamada de **fase do esgotamento**. O nome já diz tudo, nesse momento, a pessoa está cansada, não luta mais, já apresenta uma apneia, já está exausta e já não respira. Ainda é possível que a vítima se recupere nessa fase, apesar de aparentar estar morta. Geralmente, pessoas recuperadas nessa fase costumam apresentar lesões no cérebro decorrentes da falta de oxigênio. O professor Genival Veloso de França (2017, p. 148) estabelece a cronologia de quatro fases das asfixias mecânicas, conforme o quadro a seguir:

Cronologia das fases da asfixia		
1ª Fase	Fase cerebral	Enjoos, vertigens, sensação de angústia e lipotimias.
2ª Fase	Fase de excitação cortical	Convulsões generalizadas e contrações dos músculos respiratórios e da face.
3ª Fase	Fase respiratória	Lentidão, superficialidade dos movimentos respiratórios, insuficiência ventricular direita.
4ª Fase	Fase cardíaca	Sofrimento do miocárdio, batimentos quase imperceptíveis.

5.6 SINAIS GERAIS DA ASFIXIA – TRÍADE ASFÍXICA OU TRÍADE DA ASFIXIA

Há certo consenso doutrinário em apontar três sinais identificados em casos de asfixia. Trata-se da chamada **tríade asfíxica ou tríade da asfixia**, ou seja:

- sangue fluido e escuro;
- congestão poliviceral;
- manchas de Tardieu (petéquias disseminadas).

Importante frisar que não são sinais patognomônicos de asfixia, porque, em mortes rápidas ou fulminantes, sem muita perda de sangue, induzem ao quadro de tríade asfíxica.

- **Sangue fluido e escuro**

Quando ocorre a morte, o sistema chamado de sistema fibrinolítico é acionado e a fibrinolisina destrói a fibrina; assim, o sangue do cadáver não coagula. Se o sangue não coagula, ele fica fluido.

Além disso, com a morte, aumenta-se a taxa de hidrogênios positivos, visto que não há oxigênio para formação da oxiemoglobina, que dá a tonalidade de vermelho-vivo ao sangue. Com isso, a hemoglobina se liga ao hidrogênio formando a **hemoglobina reduzida**, que possui **cor vermelho-escura**. Por isso, o sangue dos cadáveres asfixiados fica fluido e escuro.

A grande concentração de hemoglobina reduzida desenvolverá outro quadro, chamado de **cianose**, que ocorre quando há mais de 5% de hemoglobina reduzida na circulação de pessoa normal. Na cianose, a vítima fica azulada, escurecida (ciano = azul). Esse quadro de cianose denota uma hipoxia, ainda que inicial.

- **Congestão poliviceral**

Em medicina, quando se diz que um vaso está congesto, significa que ele está repleto de sangue. Congestão poliviceral é a congestão de muitas vísceras, isto é, com a progressiva falta de oxigênio (hipoxia) e o excesso de gás carbônico (hipercapnia), o organismo provoca uma vasodilatação generalizada e, com isso, as vísceras, muitos vascularizadas, ficam repletas de sangue contido nos vasos que as constituem.

- **Manchas de Tardieu ou petéquias disseminadas**

Se esse vaso está repleto de sangue, a pressão dentro dele aumenta, sugerindo um extravasamento de sangue. Tal extravasamento se embrenha nas malhas dos tecidos e provoca equimoses generalizadas, em forma de pequenos pontos, chamadas de petéquias.

Importante frisar que a tríade asfíxica não se trata de sinais patognomônicos de asfixia, porque outras mortes, geralmente rápidas e sem derramamento de sangue, podem apresentar esses sinais.

🧩 Decifrando a prova

(2012 – Funcab – PC/RJ – Delegado – Adaptada) Nas necropsias, em casos de morte por asfixias em geral, na ausência de lesões externas específicas, o perito deverá basear o seu diagnóstico no achado de um conjunto de sinais internos, que estarão descritos no corpo do laudo cadavérico. A autoridade policial, ao ler o laudo pericial, irá observar a presença constante de:

a) edema cerebral, petéquias pulmonares e sangue coagulado.

b) fluidez do sangue, congestão e equimoses viscerais.

c) desidratação corporal e hemorragia visceral.

d) edema pulmonar, distensão intestinal e congestão vascular.

e) encontro de espuma e de corpos estranhos nas vias respiratórias.

Gabarito comentado: a autoridade policial irá observar os sinais da tríade asfíxica, que consiste em sinais de probabilidade de asfixia formados por manchas de Tardieu, congestão polivisceral, sangue fluido/raro e coloração escura. Portanto, a resposta é a letra B.

5.7 CLASSIFICAÇÃO OU MODALIDADES DE ASFIXIAS

As asfixias são produzidas por vários meios. Entretanto, não há consenso doutrinário quanto às classificações para as asfixias em geral.

Genival Veloso de França (2017), citando a classificação de Afrânio Peixoto, afirma ser a que mais se aproxima do critério médico-legal, dividindo as asfixias em três grupos:

- **Asfixias puras** – são manifestadas pela hipoxia e hipercapnia.

- **Asfixias complexas** – são manifestadas pela constrição das vias respiratórias com hipoxia e hipercapnia, interrupção da circulação cerebral e inibição por compressão dos elementos nervosos do pescoço (enforcamento e estrangulamento).

- **Asfixias mistas** – trata-se daquelas em que se confundem e se superpõem, em graus variados, os fenômenos circulatórios, respiratórios e nervosos (esganadura).

Embora não haja muita relevância nas classificações doutrinárias, mas, sim, no estudo das diversas formas de asfixia, entendemos que as modalidades ficam didaticamente mais bem compartimentadas conforme o quadro a seguir:

Asfixias	Por constrição do pescoço	Enforcamento	–
		Esganadura	
		Estrangulamento	
	Por sufocação	Direta ou ativa	Oclusão dos orifícios das vias aéreas
			Oclusão das vias aéreas
		Indireta ou passiva	Soterramento
			Confinamento
	Por colocação da vítima em	Meio líquido (afogamento)	–
		Ambiente de gases irrespiráveis	

Decifrando a prova

(2016 – Funcab – PC/PA – Delegado – Adaptada) De acordo com a classificação de Afrânio Peixoto, as asfixias podem ser definidas como puras, complexas e mistas. Acerca dessa classificação, é um exemplo de asfixia pura a esganadura.

( ) Certo ( ) Errado

Gabarito comentado: a esganadura é uma espécie de asfixia mista e não pura, diferente do confinamento, que é um exemplo de asfixia pura, porque a modificação do ar ambiental tem como único fator a asfixia mecânica (não tem a presença de nenhum fator circulatório e neurológico). Portanto, a assertiva está errada.

5.7.1 Constrições do pescoço

No que tange à asfixia por constrição do pescoço, há três possibilidades:

- enforcamento;
- estrangulamento;
- esganadura.

Nessas três hipóteses, uma força física apertará o pescoço até que se instale o quadro asfíxico.

5.7.1.1 Enforcamento

Trata-se de forma de asfixia mecânica, por meio da qual um material qualquer, que pode ser uma corda, um fio, uma corrente, um lençol, aperta o pescoço da vítima mediante o peso de seu próprio corpo.

O professor Genival Veloso de França (2014) explica, de forma bem detalhada, os três períodos do enforcamento.

O **primeiro período** começa quando o corpo, abandonado e sob ação de seu próprio peso, provoca, pela constrição do pescoço, sensação de **calor, zumbidos, sensações luminosas na vista** e **perda da consciência** por conta da interrupção da circulação cerebral.

Já o **segundo período** caracteriza-se por **convulsões e excitação do corpo** em decorrência de fenômenos respiratórios, impossibilidade de entrada e saída de ar, diminuindo o oxigênio e aumentando o gás carbônico.

Por fim, no **terceiro período**, surgem **sinais de morte aparente**, até o aparecimento da morte real, com cessação da respiração e da circulação.

Portanto, o enforcamento tem uma peculiaridade, visto que quem traciona o laço no pescoço da vítima é o próprio peso do corpo.

O laço pressionado contra o pescoço deixa um sulco, que, a depender de como for preso, possuirá características diferentes.

Antes de analisarmos o sulco em si, faz-se necessário apresentarmos uma classificação doutrinária a respeito do nó. Para tanto, nós nos valeremos dos ensinamentos do professor Hygino de Carvalho Hercules (2014), que aduz que "O laço em geral, é formado por apenas uma volta e dotado de um nó, que pode ser fixo ou deslizante. Ao nó, opõe-se a alça do laço. Se o nó estiver para trás, na nuca, e a alça para diante, o enforcamento será chamado de típico. Fora dessa posição, será atípico".

Dessa forma, o enforcamento será considerado **típico** se o nó estiver localizado na parte da nuca e **atípico** se o nó estiver em qualquer outro lugar.

Em se tratando do sulco em si, se a corda for presa, amarrando-se o nó na lateral do pescoço (enforcamento atípico), o sulco apresentará uma marca oblíqua, um sulco oblíquo. Haverá um ponto, que é onde fica o nó, onde quase não há pressão. Nesses locais (de máxima pressão), o sulco é mais profundo; nos de mínima pressão, o sulco é mínimo, a marca é mínima ou inexistente.

Há ainda os enforcamentos completos e os incompletos, classificação que se relaciona à posição dos membros do enforcado. O professor Hygino de Carvalho Hercules (2014) ensina que, "no enforcamento completo, os membros costumam ficar estendidos ao longo do corpo. É possível encontrar pequenas escoriações ou equimoses discretas caso o corpo esteja próximo de anteparos capazes de causá-las de modo passivo no momento das convulsões que antecedem a morte". No enforcamento incompleto, os membros não ficam totalmente suspensos, havendo um ponto de contato com o chão.

Na quase totalidade dos casos de enforcamento, o enforcado é encontrado com o corpo totalmente suspenso, caracterizando enforcamento completo, método bastante utilizado para o suicídio. Ocorre que, quando a perícia se depara com um enforcamento incompleto, por mais incomum que possa ser, não deve descartar a hipótese de suicídio.

A morte no enforcamento pode ser causada por **fator respiratório**, ou seja, por asfixia mecânica, no caso de bloqueio da inspiração, por **fator circulatório**, quando o peso da própria vítima faz que haja uma pressão nos grandes vasos, interrompendo a circulação, e por **fatores nervosos**, quando há inibição dos nervos que passam no pescoço.

5.7.1.2 Estrangulamento

No caso do estrangulamento, há um laço ao redor do pescoço da vítima, que age de forma mecânica tracionada por qualquer meio que não seja a força da gravidade, mediante o peso do próprio corpo.

Em suma, tanto no estrangulamento quanto no enforcamento, há um laço que passa pelo pescoço. Se a força que apertar o laço for o peso do corpo, há o enforcamento. Por outro lado, se for qualquer outra que não o peso do corpo, ocorre o estrangulamento.

A causa jurídica do estrangulamento pode ser suicida, acidental ou homicida. Nesse caso, a forma mais comum, estatisticamente, é o homicídio. Já, no enforcamento, a forma mais comum é acidente ou suicídio.

Nessa modalidade de constrição, as causas da morte, os sintomas e as fases são idênticos aos de enforcamento.

A análise do sulco é de extrema relevância, pois, a depender das suas características, estaremos diante de um caso ou de outro.

Primeiramente, cabe esclarecer que o laço tem duas partes: o nó (encontro das duas pontas do laço) e a alça (parte que toca o pescoço).

A primeira diferença, no que tange à profundidade do sulco, é que, **no enforcamento, sua profundidade é heterogênea**, uma vez que, quanto mais perto do nó, menor o contato com o pescoço da vítima e menor a profundidade do sulco. **Já, no estrangulamento, o sulco é homogêneo**, uma vez que o nó e a alça tocam o pescoço da vítima de forma igual.

Portanto, **no enforcamento, o sulco é incompleto**, porque a parte do nó quase não toca o pescoço da vítima, enquanto, **no estrangulamento, o sulco é completo**, porque o laço toca totalmente o pescoço da vítima.

Uma segunda diferença consiste no sentido do sulco, pois, **no enforcamento, o sulco é oblíquo e ascendente**, ao passo que, **no estrangulamento, o sulco é horizontal, transversal ao corpo**, visto que, geralmente, a corda não é puxada para cima, dando a volta inteira no pescoço.

A terceira característica é relacionada ao **osso hioide**, localizado na parte anterior do pescoço, abaixo da mandíbula e à frente da porção cervical da coluna vertebral. **No enforcamento, o sulco é alto**, normalmente acima do osso hioide e da laringe. Já, **no estrangulamento, o sulco é baixo**, normalmente abaixo do osso hioide e da laringe.

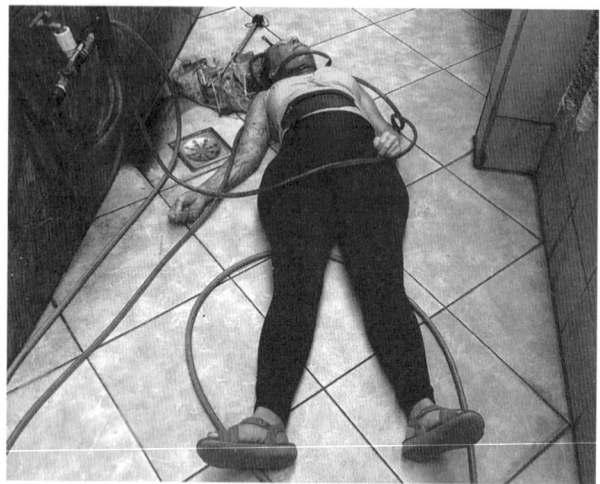

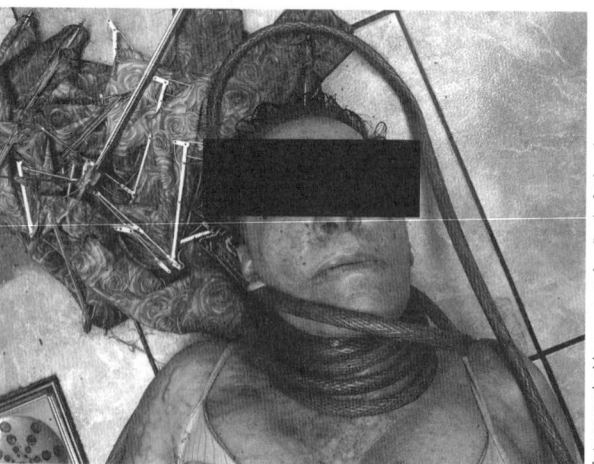

Vítima de estrangulamento.

Observe que, em caso de estrangulamento utilizando-se um esfigmomanômetro (aparelho usado pelo médico para medir a pressão), por exemplo, quase não há sulco, porque o laço é largo. Como a força foi direcionada sobre uma grande superfície, a pressão em cada ponto é pequena, não deixando marca ou apenas deixando marca quase imperceptível (P = F/S). Dessa forma, é possível que haja um estrangulamento quase sem sulco.

Por outro lado, se o laço é fino, a superfície é muito pequena, aumentando a pressão, o que deixa o sulco bastante visível, ou seja, quanto menor a superfície, maior a pressão.

Um ponto em comum nas características entre os dois tipos de sulco é que tanto o estrangulamento quanto o enforcamento podem revelar o decalque do laço, apresentando o **sinal de Bonnet**, além de ser capaz de revelar um sulco duplo caso o laço também seja duplo.

Sulco de enforcamento	Sulco de estrangulamento
Oblíquo	Horizontal
Ascendente	Tranversal
Descontínuo	Completo
Profundidade heterogênea	Profundidade homogênea
Supralaríngeo e supra-hioide	Sublaríngeo e sub-hioide
Pode revelar o decalque do laço (sinal de Bonnet)	

Importante frisar que tais aspectos do sulco nessas modalidades de constrição do pescoço são a regra, mas é possível a ocorrência de forma não característica, por exemplo: um sulco de enforcamento horizontal, no caso de um enforcamento típico e incompleto. Isso pode ocorrer quando a vítima se suicida amarrando o laço em um lugar baixo, próximo ao chão, apenas apoiando o pescoço no laço, ocorrendo um enforcamento típico (nó atrás) e incompleto (vítima não estava toda suspensa no ar).

> **Importante!**
>
> **Questão de prova:** Nos enforcamentos atípicos, para onde está virada a cabeça do cadáver?
>
> **Resposta:** A cabeça está virada para o lado contrário ao do nó, menos para a frente, porque, neste caso, o enforcamento seria típico.

5.7.1.3 Esganadura

A esganadura é a terceira forma clássica de asfixia por constrição do pescoço. A grande diferença é que, nesse caso, quem aperta o pescoço são as **mãos**, ou seja, não há laço. Trata-se de asfixia mecânica pela constrição anterolateral do pescoço, produzida pela ação direta das mãos do agente. E, como não há laço, não há sulco.

Outra característica importante em relação à esganadura é que essa modalidade de asfixia somente pode se dar por **homicídio**, ou seja, não há como uma pessoa cometer suicídio se esganando.

Essa espécie de constrição do pescoço traz lesões próprias, sinais próprios, que poderão ser internos ou externos.

Importantes **sinais externos** são estigmas digitais (marca das mãos de quem apertou o pescoço), estigmas ungueais (marca das unhas), escoriações, equimoses e hematomas. Ocasionalmente, há a fratura do hioide.

Podem ocorrer também as petéquias subconjuntivais e a cianose da fase, causadas pelo aumento da pressão.

Como **sinais internos**, destacam-se dois, citados pela literatura médico-legal. Um deles é a fratura do osso hioide e a chamada equimose retrofaríngea de Brouardel.

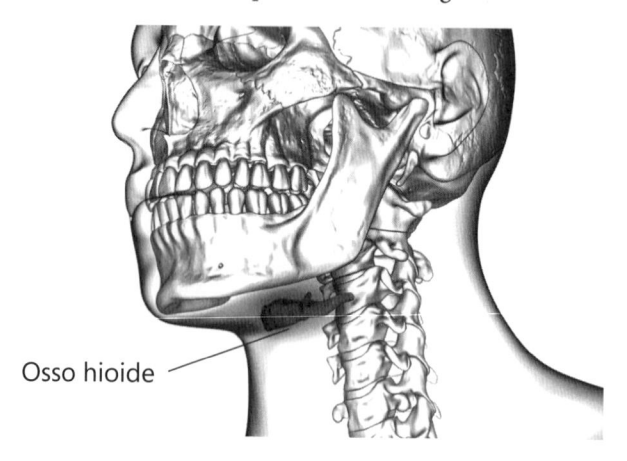

Osso hioide

Essa equimose se localiza na parte posterior da faringe provocada por pressioná-la contra a coluna vertebral em razão da compressão na parte anterior do pescoço. Contudo, vale salientar que não é um sinal exclusivo da esganadura, podendo ocorrer em todas as modalidades de asfixia por constrição do pescoço.

É bastante comum encontrar esse tipo de asfixia (esganadura) em **crimes sexuais**. Muitas vezes, esse tipo de asfixia ocorre por acidente, na asfixia autoerótica. Isso porque haveria um aumento da libido durante a prática sexual, pois, a partir do momento em que um quadro asfíxico se instala, o hipotálamo recebe a informação de que a quantidade de gás carbônico no sangue está elevada (hipercarbia) e, como consequência, há uma vasodilatação generalizada, gerando um estímulo sexual maior.

Visto que o pescoço é uma região muito delicada, essa manobra de excitação por meio da asfixia autoerótica pode ocasionar um quadro de perda da consciência ou uma parada cardiorrespiratória por conta da pressão no nervo vago, podendo levar a óbito.

Deve-se atentar ainda que a asfixia é uma das qualificadoras do homicídio, o que o torna um crime hediondo. Mas também pode gerar um tipo autônomo, como no caso do art. 252 do CP, que ocorre por asfixia química. Outro tipo penal envolvido é o art. 253 do CP.

Decifrando a prova

(2018 – Fundatec – PC/RS – Delegado – Adaptada) Em relação às asfixias por constrição cervical, analise as afirmações a seguir, assinalando V, se verdadeiras, ou F, se falsas.

( ) O enforcamento, de acordo com sua definição médico-legal, quando diagnosticado indica a ocorrência de suicídio.

(   ) O enforcamento, de acordo com sua definição médico-legal, necessita que o peso do corpo da vítima acione o laço. Dessa forma, os casos descritos como enforcamento, mas nos quais a vítima não estava completamente suspensa (pés não tocando o solo) devem ser classificados como "montagem" (tentativa de ocultação de homicídio).

(   ) O enforcamento, de acordo com sua definição médico-legal, não necessita do peso do corpo da vítima para ocorrer.

( ) A esganadura pode ser consequência de suicídio ou de homicídio.

É correto afirmar que a ordem correta de preenchimento dos parênteses, de cima para baixo, é F – F – F – V.

(   ) Certo (   ) Errado

Gabarito comentado: a ordem correta de preenchimento dos parênteses, de cima para baixo, é F – F – F – F. O enforcamento nem sempre indica a ocorrência de suicídio, pois a causa jurídica da morte pode ser acidental ou homicida. Ademais, o enforcamento pode ser completo ou incompleto. Por fim, o enforcamento é a forma de asfixia mecânica produzida por constrição do pescoço por meio de um laço acionado pelo peso do copo da própria vítima. Já a esganadura não pode ser consequência de suicídio, pois a causa jurídica da morte, necessariamente, será homicídio. Portanto, a assertiva está errada.

(2018 – UEG – PC/GO – Delegado – Adaptada) As asfixias mecânicas se enquadram na categoria dos traumas de natureza físico-química. Nos casos das constrições cervicais – enforcamento, estrangulamento e esganadura –, as asfixias demonstram sinais característicos que as diferenciam entre si. Nesse sentido, é correto afirmar que a esganadura só ocorre na forma dolosa, uma vez que as formas acidental e culposa são afastadas pelo mecanismo de ação empregado.

(   ) Certo (   ) Errado

Gabarito comentado: a esganadura é o meio de asfixia mecânica originada pela constrição no pescoço pelas mãos do autor do ato ilícito, logo não tem laço. Portanto, a assertiva está certa.

(2018 – Nucepe – PC/PI – Perito Médico-Legista – Adaptada) Um médico-legista, ao chegar à sala de necropsia, deparou-se com três cadáveres; o primeiro apresenta elementos sinaléticos que são sulco único, com profundidade variável e direção oblíqua ao eixo do pescoço com interrupção superior posterior; no segundo, os sulcos são duplos, de profundidade constante e transversais ao eixo do pescoço; no terceiro, em vez de sulcos, havia equimoses e escoriações nos dois lados do pescoço e na sua parte anterior, próximo ao hioide. Nessa situação, é incorreto afirmar que os tipos de morte mais prováveis são, respectivamente: asfixias por esganadura, enforcamento e estrangulamento.

(   ) Certo (   ) Errado

Gabarito comentado: na situação anteriormente descrita, é correto afirmar que os tipos de morte mais prováveis são, respectivamente: asfixias por enforcamento, estrangulamento e esganadura. O enforcamento é a forma de asfixia mecânica produzida por constrição do pescoço por meio de um laço acionado pelo peso do copo da própria vítima. Já o estrangulamento é a forma de asfixia em que a constrição cervical é por meio de um laço acionado por força diversa do peso da vítima. Por sua vez, a esganadura é a forma de asfixia mecânica originada pela constrição no pescoço pelas mãos do autor do ato ilícito. Portanto, a assertiva está certa.

(2016 – Funcab – PC/PA – Papiloscopista – Adaptada) De acordo com os conceitos médico-legais, enforcamento incompleto é aquele no qual o corpo da vítima não encosta no solo nem toca em qualquer ponto de apoio.

(   ) Certo (   ) Errado

Gabarito comentado: enforcamento incompleto é aquele em que a parte do corpo da vítima toca em algum ponto de apoio ou encosta no solo. Portanto, a assertiva está errada.

5.7.1.4 Sinais de asfixia por constrição do pescoço

Como já foi visto, há diversos sinais peculiares nas asfixias por constrição do pescoço. Alguns causados pelo atrito do laço com a pele do pescoço, produzindo o que chamamos de sulco, outros em virtude da pressão exercida pela mão de um agente sobre o pescoço de outra pessoa. Assim, passemos a analisar alguns desses sinais, com bastante incidência em concurso público, a saber:

- **Sinal de Bonnet**

Decalque do material do laço no sulco no pescoço da vítima.

- **Sinal de Ponsold**

É uma hipótese causada pelo fluxo de sangue no pescoço. Se o laço aperta o pescoço, acaba impedindo a passagem do sangue. Esse acúmulo do sangue em certas áreas do corpo, mas ausente em outras, ocasiona cores diferentes.

As áreas congestas de sangue são chamadas de hipóstase, enquanto as áreas em que falta sangue e, por isso, ficam amareladas, esverdeadas, são chamadas de livor. Assim, sinal de Ponsold são os livores cadavéricos, em placas, por cima e por baixo das marcas dos sulcos.

- **Sinal de Neyding**

São infiltrações hemorrágicas puntiformes no fundo do sulco. Isso significa que o atrito entre o laço e o pescoço da vítima pode provocar manchas de sangue no fundo do sulco.

- **Sinal de Ambroise Paré**

Não é sempre que este sinal está presente, mas pode aparecer em razão do atrito do laço decalcado na pele, o que a deixa com aspecto apergaminhado, enrugado, podendo até mesmo apresentar sinais de escoriação no fundo do sulco.

- **Sinal de Lesser**

São as vesículas sanguinolentas (bolhas de sangue) no fundo do sulco.

Lembrando que esses quatro sinais podem aparecer, não sendo obrigatório que eles estejam presentes. Por exemplo, uma vítima enforcada com um lençol dificilmente apresentaria esses sinais por conta do baixo atrito do lençol com a pele.

- **Sinal de Morgagni-Valsalva-Orfila-Roemer**

Há ainda um último sinal a ser destacado que pode ocorrer, que também não é obrigatório, chamado de sinal de Morgagni-Valsalva-Orfila-Roemer.

No pescoço, dentro de sua estrutura, há o osso hioide revestido de músculos. A força do laço pode provocar a quebra desse osso. Caso esteja quebrado, isso é um indício a mais de que houve a constrição do pescoço. No entanto, caso se encontre inteiro, isso não quer dizer que não houve asfixia. Portanto, quando esse osso aparece quebrado, recebe o nome de sinal de

Morgagni-Valsalva-Orfila-Roemer. Pode ocorrer no enforcamento, no estrangulamento e na esganadura.

- **Linha argentina**

O aperto do pescoço por um laço duro, geralmente, arranha a epiderme e provoca uma escoriação, que deixa a derme visível (mas não a ultrapassa). Como a derme tem um aspecto brancacento, essa linha (prateada/brancacenta) que se forma no pescoço pela força que o laço exerce é chamada de linha argentina.

Portanto, a linha argentina é a exposição da derme pelo arrancamento da epiderme, formando uma linha prateada/brancacenta. É sinal de constrição do pescoço por estrangulamento ou enforcamento.

- **Sinal de Amussat**

A carótida é um vaso sanguíneo que passa pelo pescoço, possuindo uma túnica interna e outra externa. Quando o pescoço é apertado, essa túnica interna da carótida pode se romper. O rompimento dessa túnica interna da carótida pelo laço é chamado de sinal de Amussat.

Método mnemônico	RICA	
	R	ROMPIMENTO
	I	TÚNICA INTERNA
	CA	CARÓTIDA

- **Sinal de Friedberg**

No entanto, o aperto desse pescoço pode não romper a carótida, mas, sim, gerar uma equimose na parte externa dessa artéria. Essa equimose na túnica externa é o sinal de Friedberg.

- **Sinal de Dotto**

Ao lado da artéria carótida, no pescoço, passa o nervo vago. Este é isolado por uma "camada", chamada de bainha de mielina.

Quando a vítima tem o pescoço apertado, pode ocasionar uma lesão na bainha de mielina, denominada sinal de Dotto.

- **Sinal de França**

Só ocorre nos casos de esganadura. Causado pela compressão da unha do agressor no pescoço da vítima, o sinal de França é a marca de unha do agressor na parte interna (túnica interna) da carótida.

- **Sinal de Thoinot**

Zona violácea no nível das bordas do sulco.

- **Sinal de Azevedo-Neves**

Livores puntiformes por cima e por baixo das bordas do sulco.

- **Sinal de Schulz**

Borda superior do sulco saliente e violácea.

Lesões no pescoço		
Enforcamento	**Estrangulamento**	**Esganadura**
Constrição produzida por laço acionado pela força do peso do próprio corpo da vítima.	Constrição produzida por laço acionado por força estranha ao peso do corpo.	Constrição produzida diretamente pelas mãos do agente.
Sulco oblíquo.	Sulco transversal e horizontal.	Não há sulco, mas há marcas ungueais que se distribuem pela região anterolateral do pescoço.
Sulco descontínuo.	Sulco contínuo.	
Sulco desigualmente profundo, sendo mais acentuado na região oposta ao nó.	Sulco de bordas e profundidade uniformes.	
O nó, geralmente, é colocado na região posterior do pescoço.	Não há nó.	Não há nó.

 Decifrando a prova

(2018 – Cespe/Cebraspe – Polícia Federal – Perito Criminal Federal – Adaptada) No que se refere à medicina legal, julgue o item que segue.

O sinal de Amussat, que corresponde à lesão na túnica íntima da artéria carótida, é mais comum no enforcamento do que na esganadura.

( ) Certo ( ) Errado

Gabarito comentado: segundo Genival Veloso de França (2017, p. 162), "Amussat descreveu um sinal, que tem o seu nome, constituído da secção transversal da túnica íntima da artéria carótida comum nas proximidades de sua bifurcação. Essas rupturas podem ser únicas ou múltiplas, superficiais ou profundas, visíveis a olho nu ou não. São mais encontradas nos enforcamentos por laços finos e duros, ocupando uma maior ou menor parte da circunferência do vaso. O referido sinal é mais encontrado na artéria do lado oposto do nó. [...] Há outras lesões vasculares mais raras, como: a ruptura da túnica externa da artéria carótida interna ou externa (sinal de Lesser)". Portanto, a assertiva está certa.

5.7.2 Sufocação

Essa segunda modalidade de asfixia é aquela em que se **impede o fluxo de ar nos pulmões**. Sabe-se que o ar entra pelo nariz ou pela boca, passa pela traqueia e chega até os pulmões. Se qualquer local desses estiver bloqueado, impedindo a passagem de ar até os pulmões, ocorrerá a asfixia por sufocação.

A sufocação se subdivide em: **sufocação direta**, que pode ser por obstrução das vias aéreas superiores (faringe, laringe, traqueia, brônquios), ou obstrução dos orifícios respiratórios naturais (boca e narinas); e **sufocação indireta**.

5.7.2.1 Sufocação direta

A sufocação direta gera um quadro de hipercapnia e hipoxia (asfixia) considerando que o ar ambiental não é inspirado por conta da **obstrução dos orifícios naturais ou das vias aéreas superiores**.

A sufocação direta por obstrução dos orifícios respiratórios naturais (narinas e boca) ocorre quando o agente coloca as mãos nas narinas e na boca da vítima, por exemplo. Esse tipo de asfixia deixa sinais, que, geralmente, são os estigmas digitais ou ungueais.

Os estigmas digitais, feitos pela poupa dos dedos do agressor, possivelmente, deixarão uma equimose. Por outro lado, os estigmas ungueais, possivelmente, causarão uma escoriação semilunar na região da boca ou das narinas.

Caso sejam encontrados tais estigmas no momento da perinecroscopia (exame em volta do cadáver), darão ensejo a fortes indícios de que ali ocorreu um homicídio. A obstrução dos orifícios respiratórios naturais, normalmente, é criminosa.

Importante frisar que não é obrigatório que os estigmas digitais e ungueais estejam presentes na sufocação direta por obstrução dos orifícios respiratórios naturais. Isso porque o agressor pode ter usado algum objeto para efetuar a sufocação, como um travesseiro.

Entretanto, os orifícios naturais (narinas e boca) podem estar livres, ocorrendo a obstrução das vias aéreas superiores, como os brônquios, a traqueia, a laringe ou a glote. Por exemplo, quando uma criança engole um chiclete ou um objeto pequeno e obstrui a passagem do ar, ocorre uma asfixia por sufocação direta por obstrução das vias aéreas superiores, o que, normalmente, é acidental. Portanto, o impedimento do caminho do oxigênio, para chegar aos pulmões e fazer a troca gasosa, está nas vias aéreas superiores.

🧩 Decifrando a prova

(2018 – Instituto AOCP – ITEP/RN – Agente Técnico Forense – Adaptada) Na morte por sufocação direta, o mecanismo aplicado é a compressão do tórax, impedindo a expansão e, em consequência, a respiração.

( ) Certo ( ) Errado

Gabarito comentado: na morte por sufocação direta, o mecanismo aplicado é a oclusão da entrada de ar na via respiratória. Portanto, a assertiva está errada.

5.7.2.2 Sufocação indireta

A sufocação pode ser ainda indireta, por meio da qual as vias aéreas e os orifícios respiratórios estão livres, porém algo está **impedindo os movimentos da respiração**.

Tal modalidade de sufocação se subdivide em: crucificação; fratura do gradil costal; compressão do tórax; e energia elétrica de média amperagem.

- **Sufocação indireta por exaustão da musculatura respiratória – crucificação**

Na crucificação, o único apoio para o crucificado são as mãos presas. Isso faz os músculos intercostais ficarem extenuados, o que dificulta os movimentos respiratórios e impossibilita, por conseguinte, os movimentos de expansão e retração do tórax, gerando uma morte por asfixia por sufocação indireta.

Exemplo emblemático dessa modalidade de sufocação se deu com Jesus Cristo, que morreu asfixiado por exaustão da musculatura respiratória.

- **Fraturas múltiplas do gradil costal**

Havendo fratura do gradil costal, o tórax não consegue fazer os movimentos de expansão e relaxamento, impedindo que o ar chegue até os pulmões e seja levado até as células, provocando a asfixia e, por conseguinte, a morte.

- **Compressão do tórax**

Nessa modalidade de sufocação indireta, o coração fica comprimido contra a coluna verte-bral, de modo que impede sua sístole (contração) e diástole (distensão ou relaxamento), fazendo que o sangue não chegue a todas as partes do corpo.

A compressão do tórax é muito comum nos desabamentos e desmoronamentos, quan-do objetos muitos pesados caem sobre as vítimas fazendo pressão no peito delas. Assim, a circulação de retorno fica prejudicada, ou seja, nem todo sangue que vai volta, em razão do peso que comprime o coração.

Dessa forma, o sangue é acumulado no interior dos vasos da cabeça e do pescoço, oca-sionando um extravasamento de sangue nas malhas dos tecidos. Isso causa milhares de pe-téquias no pescoço e na face, deixando-os com uma cor violácea intensa, o que se chama de **máscara de Morestin**.

Ressalta Hygino, que "Thoinot refere que já foi chamada de infiltração equimótica difusa da face por Lejars, de cianose cervicofacial por Le Dentu e por máscara equimótica também por Mauclaire e por Burnier, além de Morestin".

Ainda, as pessoas que falecem por sufocação indireta por compressão do tórax podem apresentar escoriações, equimoses, feridas contusas por ação contundente da compressão no tórax, assim como fraturas dos arcos costais e roturas pulmonares.

- **Contração da musculatura respiratória – energia elétrica de média amperagem**

Quando do estudo da energia elétrica, foi dito que, se a energia elétrica de média am-peragem não passar pelo bulbo, mas, sim, pelo tórax, sem atingir o coração, pode ocasionar a tetanização dessa musculatura, ou seja, enquanto essa corrente estiver passando, a mus-culatura contrairá de forma ininterrupta, impedindo sua respiração, fazendo que a vítima morra por asfixia.

Assim, a sufocação indireta por constrição/contração dos músculos respiratórios pode ocorrer por eletroplessão (energia artificial que produz sinal de Jellinek) de média ou alta am-peragem, que, atingindo o tronco durante alguns minutos, causa o espasmo da musculatura respiratória de origem periférica.

5.7.3 Modificação do ar ambiental

A terceira modalidade de asfixia é a asfixia por modificação do ar ambiental. Se o ar respirável for trocado por líquido, ocorrerá o **afogamento**.

Se for modificado por um sólido pulverulento, ocorrerá o chamado **soterramento** (pode ser em sentido amplo ou estrito), no qual a pessoa tem o corpo todo desobstruído, mas está recoberta por algum material (terra, por exemplo) que impede a passagem do ar.

Por último, o ar ambiental pode ser trocado por **outro gás que não seja tóxico**. Isso por-que, se o gás for tóxico, será estudado na toxicologia, quando do estudo do envenenamento. Por exemplo, ocorrendo o **confinamento**, há o esgotamento do ar, porque a vítima está em um local com pouca ventilação. Portanto, todo oxigênio que existia ali foi consumido e, a partir de então, ocorre asfixia por sufocação na modalidade confinamento.

Assim, afogamento, soterramento e confinamento são mortes por modificação do ar ambiental.

Parte da doutrina costuma incluir o soterramento e o confinamento como hipóteses também de sufocação indireta, mas, como dissemos, a classificação em si não é importante, sendo relevante o estudo de cada uma das hipóteses.

Decifrando a prova

(2017 – Cespe/Cebraspe – PC/GO – Delegado – Adaptada) Em relação às asfixias, é incorreto afirmar que, na sufocação por compressão do tórax, se observam pulmões congestos e com hemorragias.

( ) Certo ( ) Errado

Gabarito comentado: a sufocação por compressão do tórax é uma forma de sufocação indireta, que, geralmente, ocorre quando um peso se sobrepõe sobre o corpo da vítima, impedindo-a de respirar, ocasionando o fenômeno da congestão polivisceral. Portanto, a assertiva está errada.

(2018 – Instituto AOCP – ITEP/RN – Perito Médico-Legista – Adaptada) A asfixia violenta causada por compressão do tórax denomina-se sufocação direta.

( ) Certo ( ) Errado

Gabarito comentado: na morte por sufocação direta, o mecanismo aplicado é a oclusão da entrada de ar na via respiratória. Nos casos de sufocação por compressão do tórax, há a chamada sufocação indireta, que, geralmente, ocorre quando um peso se sobrepõe sobre o corpo da vítima, impedindo-a de respirar, havendo o fenômeno da congestão poliviscsceral. Portanto, a assertiva está errada.

(2018 – Fumarc – PC/MG – Escrivão – Adaptada) Em relação à máscara equimótica de *Morestin*, não é correto afirmar que ocorre na asfixia por monóxido de carbono, a qual é tipicamente azulada.

( ) Certo ( ) Errado

Gabarito comentado: a máscara equimótica de Morestin pode ser encontrada nas lesões por asfixia indireta, não sendo correto afirmar que ocorre na asfixia por monóxido de carbono. Ademais, nos casos de asfixia por monóxido de carbono, a face fica com a tonalidade rosa, e não azul. Portanto, a assertiva está certa.

5.7.3.1 Soterramento

Inicialmente, cumpre mencionar que o soterramento é uma espécie de asfixia por modificação do ar ambiental. Assim, nas hipóteses de asfixia por modificação do ar ambiental, troca-se o ar ambiental (78% nitrogênio, 21% oxigênio e 1% outros gases) por outra coisa. No soterramento, substitui-se esse ar ambiental por **sólido pulverulento**. Não pode ser um sólido de grande dimensão, tem que ser pulverulento.

Normalmente, isso ocorre nos desabamentos, nos desmoronamentos, em que os sólidos que compõem o prédio viram poeira.

O professor Hygino de Carvalho Hercules (2014) classifica o soterramento em sentido amplo e estrito.

Assim, soterramento em sentido amplo é aquele no qual a vítima está sob os escombros, mas ainda não inalou o sólido pulverulento. Basta, portanto, que ela esteja recoberta pelos destroços, no caso de um desmoronamento, ou pelo material pulverulento, como num sepultamento.

Já soterramento em sentido estrito é a hipótese em que a vítima do soterramento inalou o sólido pulverulento, podendo este ser encontrado nas vias aéreas superiores e nos orifícios naturais, havendo, portanto, resíduos sólidos nas porções mais internas da árvore respiratória.

Importante destacar que as causas de morte nos casos de soterramento são várias, destacando o professor Hygino (2014) que, "[...] do ponto de vista prático, raros são os casos de morte causada exclusivamente pela penetração de corpos sólidos pulverulentos nas vias respiratórias. Mesmo nos casos de sepultamento acidental, entram em jogo outros mecanismos como, por exemplo, a compressão torácica".

No exemplo anterior, pode acontecer que um grande objeto (uma laje, uma placa de concreto etc.) tenha caído sobre o tórax da vítima. Nesse caso, haverá uma asfixia não na subespécie modificação do ar ambiental, mas, sim, na subespécie sufocação indireta por compressão do tórax. Nesta hipótese, irá se verificar a máscara equimótica de Morestin, como visto anteriormente, que são típicas de constrição do tórax.

Um dos sinais que também se observará nos casos de soterramento é a presença do **cogumelo de espuma**. Este é formado em virtude de alterações cardiorrespiratórias que misturam o ar com a água. Essa espuma é expelida pelos orifícios respiratórios, sendo, igualmente, uma característica marcante nos afogamentos, sobretudo nos de água salgada.

Decifrando a prova

(2013 – UEG – PC/GO – Delegado – Adaptada) Com relação às asfixias, é correto afirmar que o soterramento é um tipo de asfixia em que ocorre a substituição do meio aéreo por terra.
( ) Certo ( ) Errado
Gabarito comentado: o soterramento é uma modalidade de asfixia que se dá por modificação do ar ambiental, ou seja, há troca do ar ambiental utilizado na expiração e na inspiração por um ar sólido pulverulento/granular. Portanto, a assertiva está errada.

5.7.3.2 Afogamento

O afogamento é uma asfixia por modificação do ar ambiental, por meio da qual se troca o ar respirável por uma grande quantidade de líquido.

Fazendo-se uma analogia com os casos de enforcamento, o indivíduo afogado não necessita ter seu corpo completamente submerso no líquido, caracterizando-se, nesse caso, o **afogamento incompleto**; por conseguinte, aquele que se encontra com o corpo totalmente submerso é chamado de **afogado completo**.

Afogado azul (verdadeiro) × afogado branco (falso ou branco de Parrot)

Quando se fala em afogado, a literatura médico-legal o divide em:

- afogado azul (verdadeiro ou real);
- afogado branco (falso ou branco de Parrot).

O afogado branco de Parrot possui como grande característica não apresentar sinais quase patognomônicos de afogamento. É um cadáver que, apesar de ter sido encontrado em meio líquido, não morreu em decorrência do afogamento.

Dessa forma, não apresenta sinais, por exemplo, manchas de Paltauf, cogumelo de espuma, algas diatomáceas na medula óssea dos ossos longos, a densidade dos átrios está igual, o ponto de congelamento do sangue está igual nos átrios etc. Ou seja, todos os sinais quase patognomônicos de afogamento não estão presentes, mas o indivíduo foi encontrado morto na água. Esse cadáver é chamado de afogado branco.

> ### Importante!
>
> Lembrar que: a autópsia branca é aquela em que o legista não consegue identificar a causa da morte. A tentativa branca ou incruenta é aquela que não lesa o bem jurídico tutelado, e o afogado branco é aquele que não pode atribuir a causa da morte ao afogamento. Isto é, a causa da morte é outra.

A literatura médico-legal diz que o indivíduo pode ter entrado em contato com o meio líquido com temperatura corporal mais elevada, causando um **choque térmico** (choque hipovolêmico) em virtude da variação abrupta de temperatura. O choque térmico seria uma possível causa da morte no afogamento branco.

Outra hipótese seria o afogado branco ter sofrido um **espasmo de glote**, estimulando um reflexo vagal, ocasionando uma parada cardiorrespiratória de origem central, devido à penetração de líquido frio na árvore respiratória.

Segundo o entendimento do professor Hygino de Carvalho Hercules (2014), no afogamento branco, ocorre um "quadro anatomopatológico em que não se acha qualquer sinal capaz de comprovar a aspiração do líquido. Pode ocorrer também a existência de uma **síndrome de imersão**, ou **hidrocussão**, sendo esta uma parada cardíaca que ocorre quando uma pessoa mergulha em água a temperatura de 5°C abaixo da corporal. Esse choque térmico é tão mais frequente quanto menor for a temperatura da água".

Assim, como não se pode explicar a morte pela asfixia química ou mecânica da substituição do ar respirável pela água, explica-se de outra forma, para justificar uma morte que, em tese, seria indeterminada. Portanto, o afogado branco seria aquele indivíduo encontrado morto em meio líquido, mas sem os sinais de afogamento.

Em contrapartida, o afogado azul ou verdadeiro recebe esse nome por ser encontrado em um **quadro cianótico**, ou seja, o sangue circulante é um sangue azulado, por conta da presença de hemoglobina reduzida (hemoglobina que se liga ao hidrogênio), que apresenta uma coloração escurecida, que faz o cadáver ficar azulado.

Portanto, o afogado azul ou verdadeiro ou real é aquele que, em vez de respirar ar, respirou líquido, que, geralmente, é água, a qual pode ser doce ou salgada.

> ### 🧩 Decifrando a prova
>
> **(2018 – Instituto AOCP – ITEP/RN – Agente Técnico Forense – Adaptada)** Quanto ao afogamento branco, é correto afirmar que a denominação decorre do descolamento da epiderme, que resulta na intensa palidez do cadáver.
> ( ) Certo ( ) Errado
> **Gabarito comentado:** quanto ao afogamento branco, é correto afirmar que a morte ocorre rapidamente por inibição cardiorrespiratória, antes de se aspirar a água. Portanto, a assertiva está errada.

Afogamento em água doce × afogamento em água salgada

Inicialmente, cumpre esclarecer que a água doce também tem sal, porém menos do que a água salgada, por isso é chamada de doce.

O sangue humano também tem sal, mas menos que a água salgada e mais que a água doce.

Proporcionalmente falando, a quantidade de sal entre a água salgada, o sangue e a água doce está bem exemplificada na imagem a seguir:

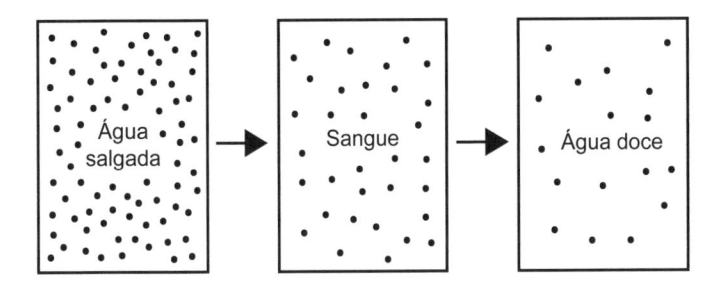

Para melhor compreensão desses mecanismos, é importante ter em mente que, na natureza, esses compostos, quando em contato, tendem ao equilíbrio, ou seja, passa-se de onde tem mais para onde tem menos.

Assim, quando o indivíduo está se afogando em **água doce**, a água que está a entrar em seus pulmões é uma água com menos sal que o sangue. A tendência, então, seria passar o sal do sangue para dentro do pulmão. Ocorre que o sal não passa porque a membrana celular não deixa, mas a água passa. Dessa forma, a água doce irá passar para a corrente sanguínea, porque o sangue tem mais sal do que a água do rio e o caminho natural da água é ir para onde tem mais sal, a fim de tentar dissolvê-lo, equilibrando os meios por um processo de **osmose**.

Logo, o sangue fica mais líquido e a água que passa para dentro do sangue incha as células, que ficam repletas de água. Dessa maneira, se a célula tinha determinado diâmetro, agora tem um diâmetro maior, em razão de ter sido dilatada ao receber água.

As células vão inchando até explodirem, ocorrendo o que se dá o nome de **hemólise**. Com isso, o composto químico que há dentro delas, que é o potássio, cai na corrente sanguínea, que o leva para o coração. E o potássio, quando chega ao coração, acaba gerando uma fibrilação ventricular.

Portanto, com tudo que dissemos anteriormente, percebemos que a morte do afogado em água doce não se dá pelo processo mecânico do afogamento, em que o pulmão, repleto de água, impede a entrada de ar, gerando um processo mecânico de afogamento, mas, sim, em razão de **fibrilação ventricular**.

Por outro lado, na hipótese do afogamento em **água salgada**, o mecanismo de morte é diferente. Isso porque a água salgada tem mais sal do que o sangue, e, para que os meios fiquem em equilíbrio, como o sal não passa, a água do sangue passa para os pulmões por osmose para tentar dissolver a maior quantidade de sal.

Dessa forma, o pulmão ficará repleto de água: a água que entra pelos orifícios respiratórios mais a água do sangue que entra nos pulmões para dissolver o sal e equilibrar os meios. Assim, o sangue fica menos líquido, ou seja, mais denso.

E, se, no caso do afogamento em água doce, as células explodem por conta da entrada da água (hemólise), no afogado em água salgada o processo é o inverso, ou seja, as células ficam murchas – esse fenômeno se chama de **crenação**.

Portanto, a morte no afogado em água salgada não se dá por fibrilação ventricular, mas, sim, por **afogamento mecânico**, já que não há troca gasosa em razão de o pulmão estar repleto de água, e não de ar.

⚡ Decifrando a prova

(2017 – Fundatec – IGP/RS – Perito Médico-Legista – Adaptada) Sobre afogamento, é incorreto afirmar que, nos afogados em água salgada, a hemodiluição associada à asfixia causa hemólise, liberação do potássio intracelular e parada cardíaca em fibrilação ventricular.

( ) Certo ( ) Errado

Gabarito comentado: em água doce, é correto afirmar que a hemodiluição associada à asfixia causa hemólise, liberação do potássio intracelular e parada cardíaca em fibrilação ventricular. Já, em água salgada, há hipovolemia e edema pulmonar, fazendo que a morte ocorra por asfixia. Portanto, a assertiva está certa.

Principais sinais nos afogamentos em água doce e em água salgada

- **Cogumelo de espuma:** tanto no afogamento em água doce quanto no afogamento em água salgada, o líquido que adentra pelos orifícios respiratórios vai para os pulmões. Essa água, misturada com o ar que já se encontra dentro dos pulmões, faz surgir o cogumelo de espuma.

Ensina o professor Hygino de Carvalho Hercules (2014) que, "quando o indivíduo é resgatado com vida e submetido à respiração artificial, a espuma é eliminada juntamente com o líquido em excesso. Mas, quando se dá a morte, e o corpo é retirado para a terra pouco tempo depois, costuma eliminar a espuma pelas narinas e pela boca, de modo que ela constitui uma massa branca arredondada que lembra um chapéu de cogumelo".

Importante frisar ainda que não é sinal patognomônico de afogamento, já que pessoas que morrem de edema pulmonar agudo, ou de outra forma de asfixia, podem eliminar espuma parecida com essa, mas, como regra, não chega a ser tão exuberante como nos casos de afogamento.

- **Maior densidade sanguínea no átrio esquerdo (água salgada):** nos afogamentos em água salgada, vimos que o sangue perde água para o pulmão, na tentativa de equilibrar os meios, ficando mais denso. Dessa forma, quando for medida a densidade do sangue no átrio esquerdo, comparada com a densidade do sangue do átrio direito, essas densidades serão diferentes, sendo o átrio esquerdo mais denso, obrigatoriamente.

Então, a medida da densidade do sangue dos átrios é sinal patognomônico de afogamento. Portanto, se a prova disser que, nessa comparação, as densidades são iguais, a conclusão que se tira é de que esse indivíduo não morreu afogado, ou seja, é um afogado branco de Parrot.

Observação: Aqui, é importante rememorar conhecimento adquirido por todos nós no ensino médio. Quando falamos de aparelho respiratório e circulatório, estudamos que tudo que sai do pulmão vai para o coração, entrando pelo átrio esquerdo – lembrando que o coração tem dois átrios e dois ventrículos –, depois passa para o ventrículo esquerdo, que, por sua vez, passa para todo o corpo.

Esse sangue, que sai do pulmão e entra no átrio esquerdo, entrou em contato com os alvéolos e foi oxigenado, ocorrendo a hematose, que é a troca do gás carbônico pelo oxigênio. Logo, esse sangue rico em oxigênio tem coloração vermelho-viva, porque é rico em oxiemoglobina.

O vaso que traz o sangue do pulmão para o átrio esquerdo é a veia pulmonar (**veia** é o vaso que **volta** para o coração e **artéria** é o vaso que se **afasta** do coração). Já o vaso que transporta o sangue do ventrículo esquerdo para todo o corpo é a artéria aorta. Observe a imagem a seguir:

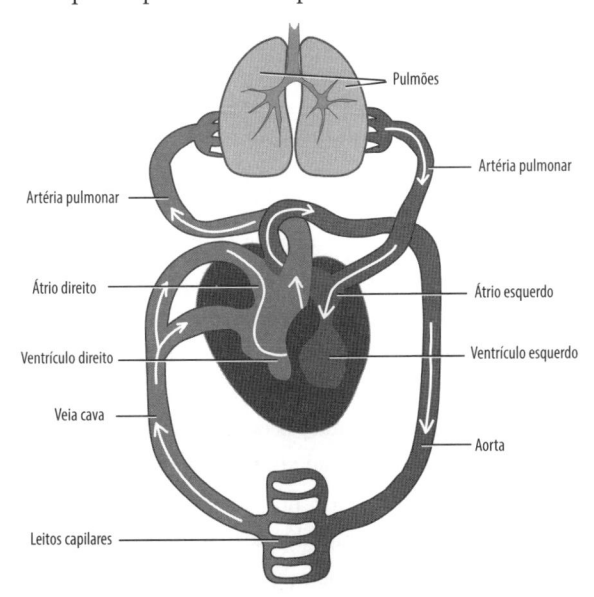

Sistema cordiovascular.

- **Menor densidade sanguínea no átrio esquerdo (água doce):** em contrapartida, se o indivíduo morreu afogado em água doce, a densidade do átrio esquerdo será menor que a densidade do átrio direito, porque o sangue do lado esquerdo do coração será mais líquido do que o do lado direito. No ventrículo, é a mesma coisa, tudo o que ocorre no átrio ocorre no ventrículo.

Assim como ocorre em água salgada, a medida da densidade do sangue dos átrios é sinal patognomônico de afogamento. Então, repitimos, se a medição dessas densidades não der diferença, essa vítima não morreu afogada.

- **Ponto de congelamento do sangue (crioscopia de Carrara):** também é um sinal patognomônico de afogamento. Explicamos. O indivíduo que se afoga em água salgada possui o sangue mais denso no átrio esquerdo. Assim, se esse sangue tem maior quantidade de sal, seu ponto de congelamento é mais baixo do que o ponto de congelamento do átrio direito, ou seja, congela a uma temperatura menor.

Ao contrário do que ocorre no afogamento em água salgada, o ponto de congelamento do sangue no átrio esquerdo é maior do que o ponto de congelamento do sangue no átrio direito, porque possui mais água e menos sal.

- **Algas diatomáceas na medula óssea dos ossos longos:** repare que, dentro de uma coleção de água, seja de mar, seja de lago, sendo analisada microscopicamente, verifica-se a presença de algas, chamadas de algas diatomáceas. Quando o indivíduo se afoga, a água vai para dentro de seu corpo e, junto com ela, essas algas, que caem na corrente sanguínea e ficam espalhadas por todo o corpo, inclusive dentro dos ossos.

Na hipótese de um cadáver ser encontrado em fase de putrefação ou mesmo já esqueletizado, não haveria a possibilidade de identificarem-se os sinais descritos anteriormente. Assim, com a análise microscópica dos ossos desse cadáver, é possível identificar se a morte se deu por afogamento com a presença de algas diatomáceas na medula óssea dos ossos longos. Também é sinal patognomônico de afogamento.

Sinais internos e externos do afogado verdadeiro

Em suma, os sinais quase patognomônicos de afogamento são: cogumelo de espuma (ou enfisema hidroaéreo), densidade diferente nos átrios, ponto de congelamento do sangue diferente nos átrios, presença de algas diatomáceas na medula óssea de ossos longos, manchas de Paltauf. Esses sinais são do afogado verdadeiro ou afogado azul.

Se nenhum desses sinais for encontrado no cadáver, esse indivíduo não terá morrido afogado. Nesse caso, provavelmente se estará diante de um afogado branco de Parrot.

Podemos destacar, ainda, outros sinais externos e internos do afogado verdadeiro, conforme o quadro a seguir:

Sinais externos	
Cianose da face (rosto azulado)	Aparece na maior parte de todas as asfixias.
Pele anserina	Ou "pele de galinha", corresponde ao eriçamento dos pelos – sinal de Bernt.
Maceração da pele (pele enrugada)	A epiderme fica infiltrada de água, principalmente as mãos e os pés.
Plâncton nas mãos e nas unhas (dependendo da água em que se afogou)	Pela presença desses materiais no meio líquido onde ocorreu a imersão.
Lesões de arrasto (de Simonin)	Pelo embate do corpo no leito ou curso de água.
Retração dos mamilos, dos testículos e do pênis	Pela baixa temperatura da água e pelo choque térmico provocado.
Rigidez cadavérica precoce	Pela baixa temperatura da água e pelo choque térmico provocado.
Proeminência da língua (língua para fora da boca)	Não é sinal exclusivo dos afogados, aparece, com frequência, nas asfixias mecânicas.
Cabeça de negro	A cabeça em adiantado estado de putrefação adquire uma coloração verde-escura.

Sinais internos	
Diluição do sangue	A ingestão de grande quantidade de água acaba por fluidificar o sangue em razão do equilíbrioosmótico rompido.
Cogumelo de espuma	O plasma sanguíneo passa para o alvéolo e há grande formação de espuma, que preenche aárvore respiratória e sai pela boca.
Manchas de Paltauf	Produzidas pela ação hemolítica da água sobre as hemorragias pleurais (Tardieu). São manchas deTardieu acompanhadas de um halo hemolítico.
Plâncton e água nas vias respiratórias e digestivas	Pela aspiração e ingestão de grande quantidade de líquido.
Presença de líquido no ouvido médio	

Confinamento

O confinamento é a modalidade de asfixia por modificação do ar ambiental pelo ar que não seja respirável. Pode ocorrer em local aberto ou fechado.

Exemplo clássico de asfixia por confinamento em **local aberto** é aquele ocorrido em um poço artesiano muito profundo, em que não há renovação de ar. Nesse caso, o indivíduo desce no poço e desenvolve um quadro de hipoxia por conta da baixa quantidade de oxigênio, acaba desmaiando e é levado à morte.

O confinamento também pode ocorrer em **local fechado**, em que não há circulação e renovação do ar, como em geladeiras antigas que só abriam por fora.

Teoria física do confinamento

O corpo humano é, normalmente, mais quente (36,5°C) que o meio ambiente. Se não há renovação do ar, a temperatura ambiental aumenta, porque o corpo perde calor para o meio ambiente, para que fique em equilíbrio.

Nessa linha, o hipotálamo, percebendo que o ambiente está esquentando, dá ordem para que o organismo aumente a sudorese, fazendo o corpo perder líquido.

Com o suor, a umidade do ar ambiental aumenta. Quanto mais úmido o ar ficar, mais difícil será a evaporação do suor e, por consequência, mais difícil será retirar o calor do corpo por meio da transpiração. Com isso, o corpo continua quente, instalando-se um quadro de hipertermia, que ocasiona a morte.

Teoria química do confinamento

Sem a renovação do ar ambiental, os níveis de gás carbônico aumentam. Com isso, o centro respiratório bulbar, estimulado pelo gás carbônico, acelera o ritmo respiratório, consumindo mais oxigênio. Dessa forma, surgem os sinais de hipoxia e hipercapnia, ocasionando a morte.

5.7.4 Outras modalidades de asfixia

A última modalidade é o que a doutrina chama de outras formas de asfixia. Por exemplo, as asfixias químicas, produzidas pelo monóxido de carbono, pelo cianeto e pelo curare (substância, colocada pelos índios na ponta da zarabatana, que causa um relaxamento muscular generalizado, impedindo a musculatura envolvida na respiração, asfixiando a vítima).

5.7.4.1 Asfixia por monóxido de carbono (asfixia química)

A hemoglobina possui uma afinidade química pelo monóxido de carbono 250 vezes maior que sua afinidade pelo O_2. Assim, quando a hemoglobina está ligada ao CO, ainda que haja oxigênio disponível, este não consegue se ligar à hemoglobina, já que o seu sítio de ligação está ocupado pelo monóxido de carbono.

Observa-se ainda que, nesse tipo de asfixia, as vísceras se apresentam em cor de cereja, ou seja, com aspecto acarminado dos livores caso haja morte.

Características do gás:

- Inodoro – não apresenta odor.
- Insípido – não apresenta sabor.
- Incolor – não apresenta cor.
- Miscível ao ar – mistura-se com facilidade ao ar ambiental.
- Encontrado como subproduto da combustão.

5.7.4.2 Asfixia por cianeto (asfixia química)

O cianeto é tóxico em meio ácido. Sua ação inibe a enzima "citocromo c oxidase", que permite a reação dentro da mitocôndria entre os hidrogênios ácidos com o oxigênio, evitando, assim, a acidose celular.

Considerando, como dito alhures, que o referido tóxico possui uma ação inibitória na "citocromo c oxidase", os hidrogênios oriundos da oxidação da molécula de glicose não são inativados, ocorrendo, então, a acidificação da célula e, por consequência, sua morte, ocasionando também a morte dos tecidos e órgãos afetados por tal fenômeno químico.

6   Toxicologia forense

6.1   INTRODUÇÃO

A toxicologia forense, basicamente, trabalha com saber o que é a intoxicação, o que é agente tóxico, seu diagnóstico e quais são os elementos básicos da toxicologia.

6.2   VENENOS OU TÓXICOS

Considera-se tóxica qualquer substância que possa produzir **efeito prejudicial ao ser humano**. A partir dessa característica, poderíamos concluir que qualquer substância pode ser tóxica, já que o açúcar pode ser tóxico para um diabético, assim como a ingestão de grandes volumes de água, por exemplo.

Os tóxicos podem se apresentar na forma de veneno quando for uma substância mineral ou orgânica, de origem animal, vegetal ou sintética que, mesmo em pequenas doses, é capaz de provocar graves alterações no organismo e até mesmo causar a morte.

Dessa forma, o efeito tóxico causado pela atuação de uma substância no organismo não é a questão mais relevante para a toxicologia forense, mas, sim, a característica chamada de **toxicidade**, entendida como a capacidade que determinadas substâncias possuem de causar efeitos danosos, mesmo em pequenas dosagens.

Segundo Delton Croce, tóxicos são substâncias que, quando introduzidas no organismo em quantidades relativamente pequenas, são capazes de produzir lesões graves à saúde, em razão das reações químicas que produzem.

Portanto, toxicidade é a capacidade inerente a uma substância de produzir risco ou perigo ao organismo, e, em **toxicologia**, são estudadas apenas as poucas substâncias com essa característica.

Substância	Nomenclatura associada	Origem
Mercúrio	Hidrargirismo	Garimpo de ouro
Arsênico	Mitridatismo	Curtição do couro
Chumbo	Saturnismo	Tintas a óleo, fabricação de vidro e cerâmica
Pesticidas organofosforados	Carbamatos	Chumbinho

- O arsênico possui afinidade pelo grupamento químico que contém enxofre.
- A queratina da pele e dos fâneros é rica em enxofre. Logo, podem mostrar resíduos de arsênico até em corpos esqueletizados.
- Uma das complicações causadas pela intoxicação pelo chumbo é o transtorno mental psicótico causado pelo saturnismo – psicose tóxica. Além disso, nas gengivas pode aparecer a orla de Burton.
- O chumbinho (carbamato) inibe a enzima acetilcolinesterase, a qual destrói a acetilcolina liberada após cada transmissão dos impulsos nervosos aos diversos órgãos. Dessa forma, podem ocorrer espasmos generalizados e os sinais e sintomas são muito variados, podendo ocorrer a morte.

6.3 CLASSIFICAÇÃO DOS TÓXICOS/DROGAS/ENTORPECENTES/PSICOTRÓPICOS

Os tóxicos são substâncias químicas que agem sobre o cérebro, alterando o nível de consciência, produzindo estados de excitação, depressão ou alterações variadas no psiquismo.

Observe que não se trata aqui de substância necessariamente ilícita, podendo se tratar de substâncias lícitas, naturais ou artificiais, compradas, mediante prescrição, na farmácia ou no supermercado.

O consumo dessas substâncias, naturais ou sintéticas, gera a **toxicomania** ou a **toxicofilia**, que é um estado de intoxicação crônica ou periódica, prejudicial ao indivíduo e nociva à sociedade.

No estudo da toxicomania, o uso de tais substâncias entorpecentes passa, basicamente, por três momentos, quais sejam:

- compulsão;
- tolerância;
- dependência.

Compulsão é algo que se faz sem controle, é uma vontade incontrolável. Na fase compulsiva, o indivíduo busca o alívio do sofrimento causado pela falta daquela substância. O problema é que, com a utilização habitual/compulsiva, o usuário, cada vez mais, precisa de doses maiores, ingressando na segunda fase, que se chama tolerância.

A **tolerância** é o aumento gradual da dose utilizada, para que se obtenham os mesmos efeitos. E não demora muito para que o indivíduo chegue à terceira fase.

A terceira fase é a **dependência**, que pode ser química, psíquica ou física, tendendo a desencadear crises de abstinência quando o indivíduo é privado da utilização daquela substância.

A **dependência química**, também conhecida por fármaco-dependência, é um estado físico ou psíquico causado pela interação do organismo com um ou mais fármacos, gerando modificações no comportamento e compulsão pelo uso da substância.

Por sua vez, a **dependência psíquica** é a compulsão de consumo periódico da droga para obtenção de prazer ou para alívio de um mal-estar.

Já a **dependência física** é marcada por transtornos de natureza física ou pela síndrome da abstinência quando não há o consumo da droga.

6.4 ETIOLOGIAS DA INTOXICAÇÃO

Quando falamos em intoxicação, inúmeras podem ser as suas causas. Esse contato pode ser voluntário, acidental, criminoso ou até mesmo pelo seu mau uso, no caso daqueles que são prescritos por médicos.

6.5 TOXICOCINÉTICA

É o trajeto que a substância percorre no corpo da vítima após a ingestão. Podemos considerar que esse trajeto possui, basicamente, três etapas:

- exposição;
- absorção;
- excreção.

A **exposição** busca saber por qual via o produto entrará no corpo da vítima. Pode ser via parenteral (injetada diretamente na veia), dérmica, oral, pulmonar, pela mucosa ou pela conjuntiva.

Uma vez exposto, o organismo passa para a fase da **absorção**, que é a passagem do tóxico através das membranas até o sangue.

Por fim, após a circulação da substância por todo o corpo e a produção de seus efeitos, ela será excretada. Assim, na fase da **excreção**, a saída da substância pode se dar por urina, saliva, suor, unhas, cabelo, ossos, esperma, mama ou fezes.

Importante destacar que a droga pode ser detectada nas unhas, nos cabelos e nos ossos, mesmo que tenha sido usada há meses, ao passe que, na urina e no sangue, só é detectada nas primeiras horas.

6.6 BIOTRANSFORMAÇÃO

Biotransformação, transformação metabólica ou bioconversão é o processo em que substâncias como fármacos, nutrientes, dejetos e toxinas dentro de um organismo passam por **reações químicas, geralmente mediadas por enzimas, que o convertem para um composto diferente do originalmente administrado**.

Se uma pessoa tem um contato com uma droga e esta produz determinado efeito, a utilização frequente desse entorpecente faz que o organismo necessite de doses cada vez maiores para a produção dos mesmos efeitos. Em outras palavras, a administração repetida de uma substância de maneira habitual estimula a atividade enzimática, aumentando a sua própria biotransformação.

6.7 CLASSIFICAÇÃO DE DELAY E DENIKER

Essa classificação divide os psicotrópicos em:

- psicolépticos (ou psicocatalépticos);
- psicoanalépticos;
- psicodislépticos.

6.7.1 Psicolépticos (ou psicocatalépticos)

Como já dissemos algumas vezes, o aprendizado dos prefixos e sufixos é de suma importância, já que eles nos dão "cola" a respeito do que aquela palavra significa. Veja, "psico" relaciona-se à "mente", "cata" dá a ideia de "para baixo" e "léptico", que se prende.

Por isso, os psicocatalépticos alteram o nível de consciência para **diminuir a atividade do sistema nervoso**, reduzindo a motricidade (reflexos mais lentos), a sensibilidade, a resposta emocional e o raciocínio.

Fazem parte desse grupo os hipnóticos, como os derivados barbitúricos (ex.: gardenal), os neurolépticos (ex.: cloropromazina) e os tranquilizantes, como os derivados benzodiazepínicos (ex.: *valium*).

6.7.2 Psicoanalépticos

Analisando os radicais, "psico" relaciona-se à "mente", "ana" dá a ideia de "para cima" e "léptico", que se prende.

São substâncias que têm ação elevadora do tônus psíquico, ou seja, **estimulam o sistema nervoso central** e a vigilância, diminuem a fadiga momentânea e estimulam o humor.

Os principais exemplos são as anfetaminas e anorexígenos. Há drogas desse grupo comumente vendidas para perda de peso.

6.7.3 Psicodislépticos (ou psicotóxicos, ou psicodélicos, ou psicomiméticos, ou alucinógenos)

Analisando os radicais, "psico" relaciona-se à "mente", "dis" dá a ideia de "distorção", "confusão", e "léptico", que se prende.

Essa terceira classificação de drogas produz a dissociação do psiquismo, são **desestruturantes da atividade mental**, produzindo quadros semelhantes a psicoses, como delírios, alucinações etc.

Fazem parte desse grupo os embriagantes, como inalantes químicos (ex.: clorofórmio), os alucinógenos ou despersonalizantes (ex.: maconha), entre outros.

Subdividem-se em: alucinógenos e despersonalizantes.

Os **alucinógenos** são causadores de alucinações (psilocibina do cogumelo, mescalina), enquanto os **despersonalizantes** são aqueles que alteram a personalidade, desagregando-a (LSD).

6.8 PERÍCIA TOXICOLÓGICA

A perícia toxicológica pode ter como objeto pessoas ou substâncias.

Para saber se um indivíduo apresenta ou não sinais de contato com a substância, o exame deve ser feito no **menor intervalo de tempo possível**. Quanto mais rápido a amostra for colhida, mais contundente será a prova de que essa pessoa estava sob o efeito de entorpecentes. A doutrina diz que o ideal é a colheita desse material em até 4 horas do uso, ou seja, a perícia deve ser feita logo após a prisão.

No entanto, pode ocorrer de a perícia recair sobre substância entorpecente. Por exemplo, quando um indivíduo é preso em flagrante, realiza-se o laudo de constatação para verificar a natureza e a quantidade da droga, conforme aduz o § 1º do art. 50 da Lei nº 11.343/2006. Vejamos:

> **Art. 50.** Ocorrendo prisão em flagrante, a autoridade de polícia judiciária fará, imediatamente, comunicação ao juiz competente, remetendo-lhe cópia do auto lavrado, do qual será dada vista ao órgão do Ministério Público, em 24 (vinte e quatro) horas.
>
> § 1º Para efeito da lavratura do auto de prisão em flagrante e estabelecimento da materialidade do delito, é suficiente o laudo de constatação da natureza e quantidade da droga, firmado por perito oficial ou, na falta deste, por pessoa idônea.
>
> § 2º O perito que subscrever o laudo a que se refere o § 1º deste artigo não ficará impedido de participar da elaboração do laudo definitivo.
>
> § 3º Recebida cópia do auto de prisão em flagrante, o juiz, no prazo de 10 (dez) dias, certificará a regularidade formal do laudo de constatação e determinará a destruição das drogas apreendidas, guardando-se amostra necessária à realização do laudo definitivo.
>
> § 4º A destruição das drogas será executada pelo delegado de polícia competente no prazo de 15 (quinze) dias na presença do Ministério Público e da autoridade sanitária.
>
> § 5º O local será vistoriado antes e depois de efetivada a destruição das drogas referida no § 3º, sendo lavrado auto circunstanciado pelo delegado de polícia, certificando-se neste a destruição total delas.

Ressalta-se, entretanto, que, tecnicamente, não se pode afirmar que o laudo de constatação é uma perícia, já que não tem o condão de comprovar a materialidade do delito, servindo tão somente para respaldar o auto de prisão em flagrante.

Em contrapartida, o laudo toxicológico é o exame toxicológico propriamente dito em que o perito faz o exame químico que estabelece o diagnóstico e prova a materialidade do delito indispensável à imputação e ao processo do imputado.

🧩 Decifrando a prova

(2015 – Vunesp – PC/CE – Delegado – Adaptada) Durante uma avaliação pericial em um homem de 22 anos, são constatadas as seguintes características: lesões puntiformes em região antecubital direita; pupilas extremamente mióticas; rebaixamento do nível de consciência; redução da frequência respiratória e redução da temperatura corpórea. Em relação aos achados descritos, é correto afirmar que a descrição aponta para uma tentativa de indução de coma de forma criminosa, possivelmente por droga alucinógena (ácido lisérgico).

( ) Certo ( ) Errado

Gabarito comentado: os achados corroboram o uso de droga ilícita com característica do tipo opioide (heroína). A droga ilícita conhecida como heroína causa dependência em poucas semanas e sua apresentação é em pó branco sintético. Ela apresenta algumas características, como: lesões puntiformes em região antecubital direita; pupilas extremamente mióticas; rebaixamento do nível de consciência; redução da frequência respiratória e redução da temperatura corpórea. Portanto, a assertiva está errada.

(2018 – Fumarc – PC/MG – Delegado – Adaptada) Não está correto afirmar que o Oxi é droga sintética, consumida em cápsulas, de custo elevado e causa pouca agressão ao sistema nervoso central.

( ) Certo ( ) Errado

Gabarito comentado: o Oxi faz bastante mal para o organismo, pois afeta o sistema nervoso central, e é de pequeno valor. Ele é fabricado a partir do refino de folhas de cocaína oxidadas com outras substâncias e pode ser utilizado por meio da queima das pedras em cachimbos. Portanto, a assertiva está certa.

(2018 – Cespe/Cebraspe – Delegado – Adaptada) A respeito de identificação médico-legal, de aspectos médico-legais das toxicomanias e lesões por ação elétrica, de modificadores da capacidade civil e de imputabilidade penal, julgue o item que se segue.

O ácido lisérgico pode causar no usuário distúrbios de percepção e aguçamento dos sentidos: seus efeitos atingem o pico no prazo de duas a quatro horas do uso e podem durar até doze horas.

( ) Certo ( ) Errado

Gabarito comentado: o LSD (ácido lisérgico) é uma droga psicodisléptica que provoca uma ação perturbadora do sistema nervoso central, pois causa embaralhamento, alucinações ou ilusões. O seu uso é por meio da ingestão oral. Essa droga causa algumas reações no organismo, como estado de reação megalomaníaco e depressão. Ademais, os seus efeitos atingem o pico no prazo de duas a quatro horas do uso e podem durar até doze horas. Portanto, a assertiva está certa.

6.9 ÁLCOOL

Preliminarmente, registra-se que o álcool etílico é uma droga depressora do sistema nervoso central, e não estimulante.

Em um primeiro momento, o álcool produz um relaxamento nas barreiras sociais, e, por conta disso, o indivíduo fica desinibido. A ação direta da substância no córtex cerebral até produz um efeito inicial estimulante, mas logo se convola com a continuidade da ingestão em depressor.

O alcoolismo é uma doença reconhecida pela Organização Mundial da Saúde, sendo o conjunto de anomalias clínicas resultantes da intoxicação pelo consumo excessivo e prolongado de bebidas alcoólicas. O alcoólatra verdadeiro atravessa quatro fases:

- A primeira é a **pré-alcoólica sintomática**, ou **fase alfa de Jellinek**, na qual o uso do álcool é social e há um estado de gratificação após o consumo. Sua duração é de poucos meses a dois anos.
- A segunda é a **fase prodrômica**, ou **fase beta de Jellinek**, na qual se instala o hábito de beber acompanhado do sentimento de culpa, vergonha, agressividade com possibilidade de períodos de amnésia.
- A terceira é chamada de **fase crucial**, ou **fase gama de Jellinek**, na qual o consumo de álcool é exagerado, o sujeito fica agressivo, negligente com relação ao trabalho. Ocorre o que se chama de remissões, quando o indivíduo tenta parar, mas não consegue.
- A quarta e última é a **fase crônica**, em que a há decadência física, psíquica e social. Há também a possibilidade de ocorrer psicose alcoólica, alucinações visuais e *delirium tremens*.

Síndrome da abstinência

Como vimos, a utilização habitual de algumas substâncias causa dependência e a falta dela ocasiona a chamada síndrome da abstinência. Esse quadro pode ser desenvolvido com a utilização do álcool e de outros entorpecentes.

Trata-se de uma modalidade de transtorno mental, reconhecida pela OMS e caracteriza-se, no alcoólatra, por contrações musculares involuntárias, agitação extrema, vômitos incoercíveis, alucinações visuais e auditivas e terror intenso.

6.9.I Intoxicação alcoólica (embriaguez)

Inicialmente, vale lembrar que dizer que o indivíduo está embriagado não é sinônimo de ingestão de álcool, já que a embriaguez pode ser causada por outras substâncias.

Importante ainda destacar que a embriaguez por álcool ou substância de efeitos análogos, voluntária ou culposa, não exclui a imputabilidade penal. Entretanto, o Código Penal traz duas exceções de responsabilidade, conforme podemos observar:

Art. 28. Não excluem a imputabilidade penal:

I – a emoção ou a paixão;

II – **a embriaguez, voluntária ou culposa, pelo álcool ou substância de efeitos análogos**.

§ 1º É isento de pena o agente que, **por embriaguez completa**, proveniente de caso fortuito ou força maior, era, ao tempo da ação ou da omissão, **inteiramente incapaz** de entender o caráter ilícito do fato ou de determinar-se de acordo com esse entendimento.

§ 2º **A pena pode ser reduzida** de um a dois terços, se o agente, por embriaguez, proveniente de caso fortuito ou força maior, **não possuía**, ao tempo da ação ou da omissão, **a plena capacidade** de entender o caráter ilícito do fato ou de determinar-se de acordo com esse entendimento. (grifos nossos).

Falando de embriaguez alcoólica, destacam-se três fases:

- **Fase da excitação/desinibição/do macaco**

Nesta fase, o indivíduo tem plena noção do que faz e se caracteriza por agitação, excessos verbais, presença de freios sociais no comportamento.

Lembre-se de que a sanção pode ser diminuída se caracterizada a situação prevista no § 2º do art. 28 do CP.

- **Fase da confusão/agitação do leão**

Neste caso, o indivíduo já ingeriu uma quantidade maior de álcool, que varia de acordo com o que a pessoa ingere, alguns entram nesta fase com pouca ingestão e outros com muita.

Nesta fase, o indivíduo já tem dificuldade na fala, esquece o que fez, fica agressivo, apresenta arrependimentos etc.

Aqui, já é considerada embriaguez completa; logo, se ele entrou nesta fase sem intenção, ou seja, se a embriaguez foi involuntária, é possível o afastamento da responsabilidade criminal.

- **Fase comatosa/sono/do porco**

Se a fase anterior já era considerada embriaguez completa, esta também o será.

Apesar de a nomenclatura não ajudar muito neste caso, por induzir a pensar que seria um estágio de coma, na verdade, trata-se de um período de sono profundo.

Em suma, quando a legislação fala em embriaguez completa, ela se refere à fase de confusão e à fase comatosa, já que a fase da excitação é considerada embriaguez incompleta.

6.9.2 Modalidades de embriaguez

Há, basicamente, quatro modalidades de embriaguez: voluntária, involuntária, culposa e preordenada. A **voluntária** é relativa ao indivíduo que se embriaga porque quer, podendo ser completa ou incompleta, sendo em ambos os casos, responsável criminalmente por tudo que causar.

Já a embriaguez **involuntária** é aquela que ocorre contra a vontade do indivíduo, ou sem que ele tenha consciência de que está ingerindo bebida alcoólica. Se for completa, não terá responsabilidade criminal alguma sobre o que produziu. Se for incompleta, a responsabilidade criminal será parcial.

Há ainda a embriaguez **culposa**, por quebra do dever de cuidado, a exemplo do sujeito que deveria tomar determinada dose de remédio, mas toma outra. Nesse caso, responde criminalmente.

Finalmente, a última modalidade é a embriaguez **preordenada**. O propósito do agente é se embriagar para romper os freios e praticar um delito. Nesse caso, sendo preordenada, completa ou incompleta, o agente terá sua pena agravada na forma do art. 61, II, *l*, do CP.

6.9.3 Formas da embriaguez patológica

- **Embriaguez agressiva e violenta**

Estado em que delitos podem ser praticados, inclusive de forma ordenada e segura, a fim de sugerir até mesmo premeditação.

- **Embriaguez excitomotora**

Inquietação que pode levar à raiva destrutiva com eventual amnésia lacunar posterior.

- **Embriaguez convulsiva**

Ocorrência de instintos destrutivos seguidos de episódio de convulsões epileptiformes.

- **Embriaguez delirante**

Tendência ao suicídio após ideias de autoacusação e autodestruição.

As formas citadas anteriormente não guardam relação de proporcionalidade com a quantidade de álcool ingerida e podem ocorrer mesmo após mínimas doses da substância, porque trata-se de patologia.

6.9.4 Exame toxicológico

O diagnóstico da embriaguez no indivíduo vivo se dá por meio de um exame combinado, isto é, um exame do corpo e comportamento, chamado de **somatopsíquico**.

Por outro lado, no cadáver, obviamente, só o corpo, por meio do exame das vísceras e do sangue venoso.

No caso do indivíduo vivo, o comportamento do embriagado ao tempo do evento criminoso deve ter mais valor que o exame bioquímico. Isso por conta da variedade de resposta ao álcool entre os indivíduos.

O juiz deve conjugar os exames químico-periciais (laudo de constatação, exames técnicos, como o de sangue) com outros elementos, como a prova testemunhal.

O perito deve sempre lembrar à autoridade judiciária ou à autoridade policial que existe variação de tolerância ao consumo das substâncias químicas entre os indivíduos. Não há como se afirmar que o indivíduo estava embriagado apenas pela dosagem alcoólica que apareceu no exame toxicológico.

Quanto ao exame somatopsíquico, faz-se uma parte no laboratório e outra parte no local, podendo ser realizada pelo agente público que atender à ocorrência.

O observador deve verificar os seguintes sinais:

- grau de dilatação das pupilas do agente (pupila em midríase);
- pressão baixa (hipotensão arterial);

- hálito etílico;
- face e olhos congestos (vermelhos);
- sialorreia (se está babando);
- vômito com odor assemelhado a vinagre;
- loquacidade (indivíduo falando muito);
- confusão;
- arrogância;
- desorientação tempo-espacial;
- dificuldade na articulação das palavras;
- diminuição na sensibilidade térmica e dolorosa.

Esses sinais não são certeza do consumo de substância entorpecente, mas são indicativos.

Além disso, a dosagem alcoólica no sangue deve esclarecer dúvidas. Contudo, há jurisprudência que afirma que exame de alcoolemia positivo pode ser invalidado pela prova testemunhal.

Importante mencionar que, no exame do morto, o que se avalia é o corpo e, para que se tenha um exame fiel, é preciso que esse corpo seja mantido em refrigeração, porque as decomposições químicas decorrentes da morte podem mascarar e alterar o resultado do exame. Além disso, o álcool é substância volátil.

Em regra, a alteração na alcoolemia se dá entre 30 minutos aproximadamente da ingestão do álcool. As alterações começam após 5 minutos e chegam ao máximo em 30 minutos. Depois de cerca de 2 horas, a alteração começa a diminuir. E 24 horas após a interrupção da ingestão de bebida alcoólica, não há mais indícios da ingestão no organismo.

6.9.5 Álcool e condução de veículo automotor

A Lei nº 12.760/2012 (Lei Seca) alterou o Código de Trânsito Brasileiro para fixar a tolerância zero com relação à ingestão do álcool. No entanto, é importante lembrar que a lei não se destina somente à aferição da ingestão alcoólica mas também de entorpecentes em geral.

A avaliação da ingestão do álcool é feita, especialmente, por meio do etilômetro ("bafômetro"), que capta o ar alveolar, sinalizando o seu uso.

⟐ Decifrando a prova

(2018 – Fundatec – PC/RS – Delegado – Adaptada) Sobre os conceitos médico-legais de "embriaguez alcoólica", de "alcoolemia" e de "tolerância ao álcool", é correto afirmar que, sempre que a alcoolemia detectar álcool etílico no sangue, o exame para verificação de embriaguez alcoólica será positivo.

( ) Certo ( ) Errado

Gabarito comentado: a embriaguez alcoólica é uma situação transitória; logo, nos casos em que a alcoolemia detectar álcool etílico no sangue, o exame para verificação de embriaguez alcoólica não será, necessariamente, positivo. Portanto, a assertiva está errada.

6.10 PRINCIPAIS DROGAS

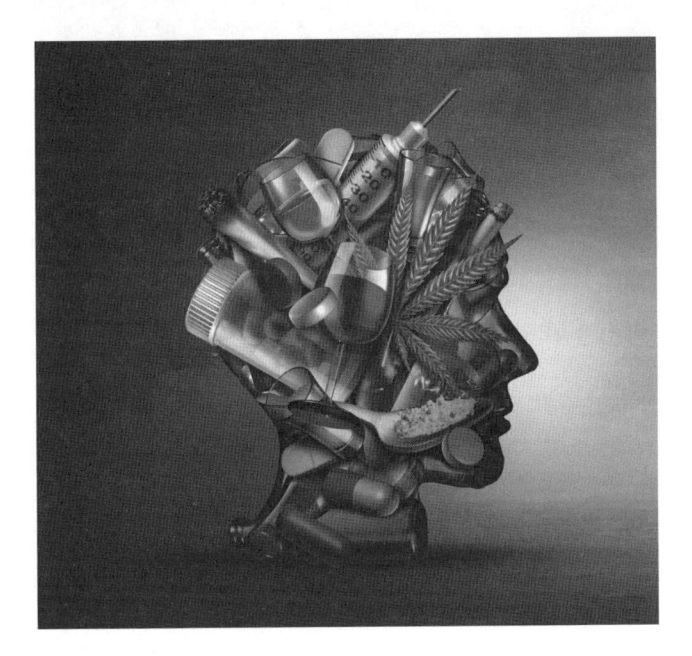

6.10.1 Derivados do ópio

O ópio é o fruto imaturo da papoula, e são muitos os seus derivados, por exemplo: morfina, heroína, codeína, entre outras. O ópio *in natura* é pouquíssimo utilizado no Brasil, já que seu processo de industrialização é muito difícil.

A **heroína** é fabricada a partir da morfina presente no ópio. É administrada pela via parenteral (injetada na veia) ou por pirólise (queimada e fumada). Age em 1 a 5 minutos após o uso e é capaz de atravessar a barreira placentária.

Seus efeitos são euforia, disforia, autoconfiança, ansiedade, depressão, analgesia, sonolência, diminuição da libido, depressão respiratória e morte nos casos de overdose.

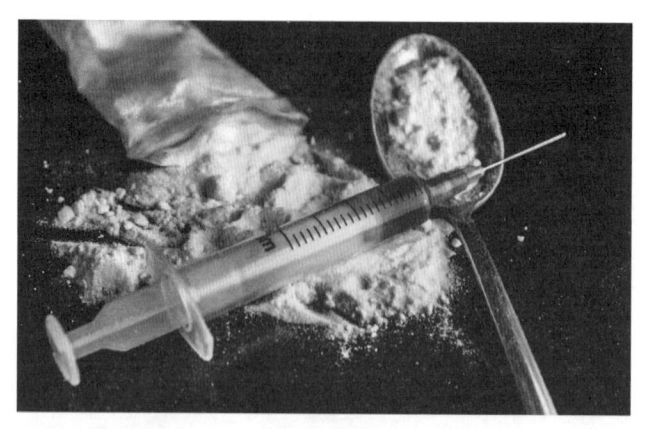

Heroína.

A **morfina** desaparece do organismo em 8 horas, a codeína em 24 horas e a heroína em 30 horas, lembrando que podem ser detectados vestígios no cabelo e nas unhas após meses do uso.

6.10.2 Compostos benzodiazepínicos

Drogas ansiolíticas, usadas no tratamento de ansiedade, insônia, crises convulsivas severas, tremores e dores de cabeça. Ex.: diazepam, oxazepam etc.

6.10.3 Cocaína

A cocaína é extraída das folhas da planta *Erythroxylum coca*. Essas folhas, inicialmente, eram usadas como anestésico local e para redução do apetite mascando-se as folhas.

Essa substância é um produto refinado das folhas dessa planta. É consumida aspirada, diluída em água ou injetada. Ela costuma ser muito adulterada, falsificada.

Seus principais efeitos são euforia, excitação, alucinação, erotismo, desinibição, insônia, alucinações auditivas, anorexia, demência, paranoia e psicose tóxica.

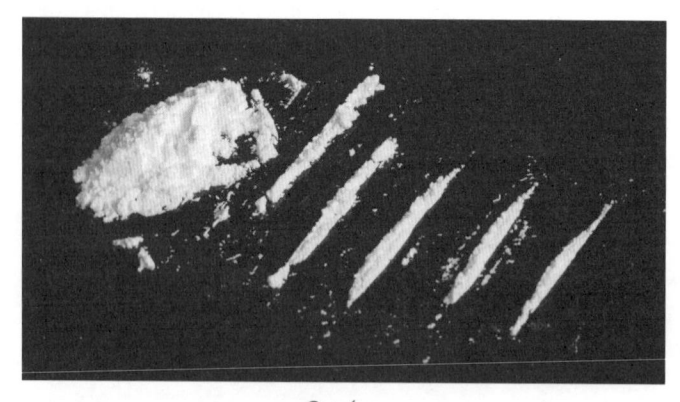

Cocaína.

Já o *crack* é o dejeto na produção da cocaína e, justamente por ser um resíduo, tem uma ação muito mais breve (em torno de 20 minutos), podendo ser queimado ou inalado (pirólise).

Crack.

Outro derivado da cocaína é a **merla**, que é um somatório das folhas da própria coca com alguns produtos químicos (ácido sulfúrico, querosene, cal etc.). Transforma-se numa pasta com concentração em torno de 40% a 70% de cocaína, podendo ser ingerida pura ou misturada em cigarro (normal ou de maconha).

Mais um subderivado da cocaína é o **oxi**, que é o *crack* oxidado. É feito a partir de uma base livre da cocaína (cerca de 80% da combustão) e combustível. Ingerido mediante pirólise, ele possui uma potência 5 vezes maior que a do *crack*.

6.10.4 Maconha

A maconha é obtida a partir dos brotos da *Cannabis sativa*, cuja substância ativa é o THC (tetra-hidrocanabinol).

Seus efeitos são hiperemia das conjuntivas, aumento do apetite, sonolência, preguiça, riso fácil, comprometimento da memória recente etc.

O **canabidiol** é outro derivado da *Cannabis sativa*, sendo muito usado na medicina, com fins terapêuticos.

Maconha.

6.10.5 *Ecstasy* (MDMA)

O *ecstasy* é uma droga social, porque é produzido em pó, com efeito assemelhado ao da anfetamina, e, para facilitar seu consumo, ele é prensado em forma de comprimidos.

Deixa o indivíduo mais extrovertido, com maior comunicabilidade, ocorrendo posteriormente uma queda da libido, lesões no cérebro, no coração e no fígado.

Comprimidos de ecstasy.

É uma droga frequentemente relacionada a usuários com melhores condições financeiras.

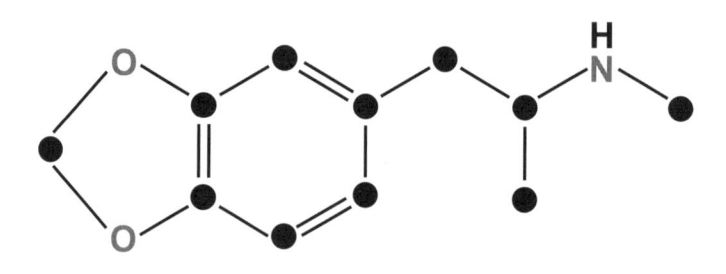

MDMA

Representação da molécula do ecstasy.

6.10.6 25B-NBOMe

É um derivado da fenetilamina psicodélica 2C-B, descoberta, em 2004, por Ralf Heim, na Universidade Livre de Berlim. Age no organismo como se fosse um LSD, porém possui baixo custo. Seu consumo é por via oral (papéis de 1 cm²).

7 Sexologia forense

7.1 INTRODUÇÃO

É a disciplina científica que estuda as questões relacionadas com o sexo em seus aspectos médicos, jurídicos, filosóficos e sociológicos.

Para adentrarmos nesse estudo, é de extrema relevância uma análise minuciosa da gravidez. A partir dessa análise, poderemos identificar a tipificação, ou não, de diversos crimes, como aborto, infanticídio, estupro etc.

Antes de falarmos propriamente da gravidez, algumas informações devem ser lembradas.

Com relação ao sexo genético, a célula humana tem 46 cromossomos, 23 pares, sendo 22 pares autossômicos (não tem a ver com o sexo) e só 1 par sexual (XY, no caso do homem, e XX, no caso da mulher).

Obviamente, o homem e a mulher possuem células reprodutoras, que são estimuladas pela hipófise, glândula localizada na base do cérebro, que possui a função de controlar a maioria das outras glândulas endócrinas. A célula reprodutora do homem é o **espermatozoide**, que é produzido nos testículos. A célula reprodutora da mulher, por sua vez, é o **óvulo**, produzido no ovário.

As células reprodutoras têm metade da carga genética, isso porque irá se juntar com a outra. Ou seja, os espermatozoides têm 23 cromossomos (22 autossômicos e 1 sexual, X ou Y) e os óvulos também têm 23 cromossomos (22 autossômicos e 1 sexual, só podendo ser o X).

O espermatozoide fecunda o óvulo, surgindo, da junção deles, o ovo ou zigoto. Assim, ovo ou zigoto é o resultado da fecundação da célula reprodutora feminina com a célula reprodutora masculina.

Esse ovo ou zigoto vai sofrer uma série de divisões celulares. A divisão do zigoto, também chamada clivagem ou segmentação, origina, inicialmente, duas células chamadas blastômeros. Em seguida, estes se dividem novamente, formando 4 células, depois 8, e assim se segue até a formação de muitas células no estágio da mórula, desse modo chamada por se assemelhar a uma amora. Posteriormente, há evolução para o embrião, que se desenvolve e toma a forma da espécie à qual ele pertence, transformando-se em feto. Este, por fim, dará origem à criança recém-nascida.

7.2 GRAVIDEZ

Para haver gravidez, é necessário ter havido o desenvolvimento sexual adequado. A mulher se desenvolve mais precocemente, em relação ao homem, com a produção de estrogênio, um dos hormônios produzidos no ovário, surgindo, então, os caracteres sexuais secundários, como as mamas, os pelos etc.

O ciclo menstrual é inaugurado com a **primeira menstruação**, chamada de **menarca**, aparecendo, normalmente, entre 11 e 14 anos de idade. Esses ciclos podem ser regulares ou irregulares, prolongando-se até por volta dos 45 anos até chegar à última menstruação, chamada de menopausa. Esse período de redução hormonal até a **menopausa** é conhecido como **climatério**. Um termo sinônimo de menstruação é catamênio.

Logo, havendo desenvolvimento sexual, há capacidade reprodutiva.

Para haver gravidez, portanto, deve haver a união da célula reprodutora masculina com a feminina. A fecundação ocorrerá no aparelho reprodutor feminino. Assim, antes de se chegar à fecundação, é importante relembrar alguns ensinamentos adquiridos no ensino médio.

Como foi dito anteriormente, a mulher, a partir de determinada idade, começa a ovular, preparando-se fisiologicamente para receber o produto da concepção, que é o ovo ou zigoto. Essa preparação está ligada à menstruação.

Por meio de um comando cerebral, que se dá pela hipófise, o ovário é estimulado a produzir o óvulo. Este, por sua vez, fica dentro de um corpúsculo chamado de **folículo de Graaf**, ou **folículo ovariano**, que são células foliculares.

Esse folículo vai crescendo com o óvulo dentro dele até chegar ao momento que se rompe e libera o óvulo, fazendo que este caia na trompa. Nesse momento, o folículo de Graaf passa a receber o nome de **corpo amarelo** ou **corpo lúteo**.

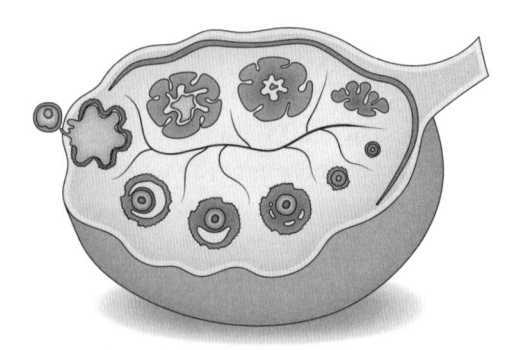

Ovulação.

O corpo amarelo irá produzir um hormônio, chamado de **progesterona**, o qual viabiliza a gravidez, agindo no útero, preparando-o para receber o concepto, caso haja fecundação.

Imaginando que o óvulo não tenha sido fecundado, após algum tempo, o útero, preparado para receber o concepto, descama-se, desfaz-se, é a menstruação.

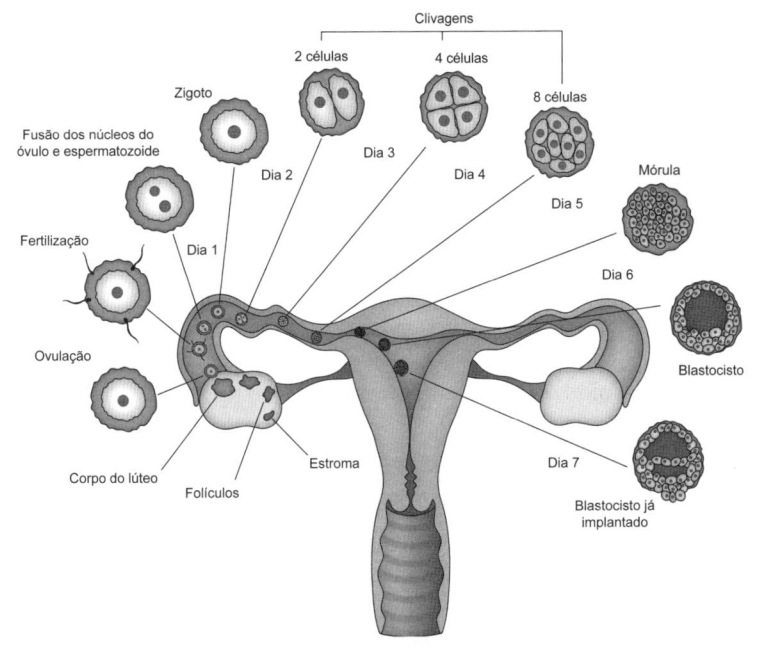

Processo de ovulação e fertilização – clivagens.

Por outro lado, pode ter havido a fecundação, que se dá no terço médio superior da trompa uterina, formando o ovo ou zigoto. Este, por sua vez, desce pela trompa e chega (de 5 a 7 dias depois) ao útero, acoplando-se na parede uterina, no endométrio, quando então ocorre a nidação. Essa migração, por vezes, não ocorre perfeitamente, e a gravidez se dá nas trompas ou vai para o abdômen, ocasionando a chamada **gravidez ectópica**.

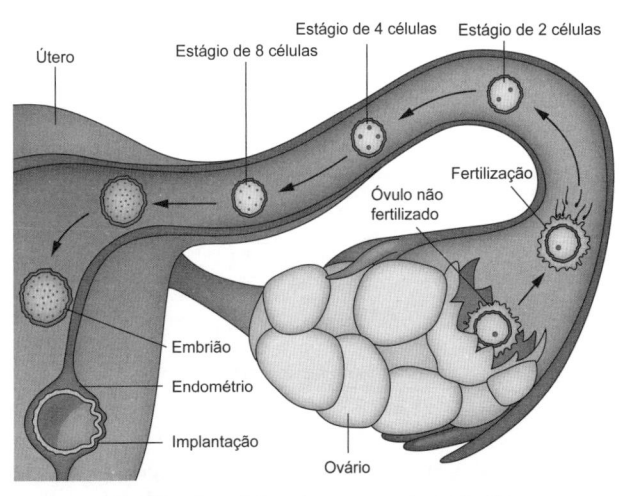

Detalhe do ovário e do processo de ovulação.

Ocorrida a nidação, o próprio embrião vai produzir um hormônio chamado de B-HCG (hormônio gonadotrófico-coriônico), que possui a função de estimular o corpo amarelo a não parar de produzir o hormônio progesterona, para que não ocorra a descamação da parede do útero, mantendo-a conservada, para o pleno desenvolvimento do embrião.

Pergunta: E qual a importância desse estudo? Nesse ponto reside uma grande controvérsia para determinar se houve, ou não, o crime de aborto, por exemplo. Isso porque o Código Penal não define o que é aborto, ficando a cargo da medicina legal, que irá dizer que "aborto é matar o concepto interrompendo a gravidez, com ou sem a sua expulsão". Se a conduta se dá durante a gravidez, faz-se necessário determinar o seu início e o seu final, para que seja possível apontar a sua ocorrência.

Dessa forma, surgem algumas correntes, que passaremos a analisar adiante.

Uma **primeira corrente** entende que a vida começa com a fecundação, com base na chamada **teoria concepcionalista**. A concepção ou fecundação seria o momento em que o espermatozoide fecunda o óvulo no terço médio superior da trompa uterina. Nesse momento, teria ocorrido a fecundação e já haveria vida.

Note que o **art. 2º do CC** adota essa tese ao afirmar que a personalidade jurídica se inicia com o nascimento com vida, porém **a lei civil já assegura os direitos do nascituro desde a concepção**.

Por sua vez, uma **segunda corrente, adotada pelo direito penal**, diz que **a gravidez começa com o fenômeno da nidação**. Momento posterior à concepção, já que este é o acoplamento do ovo ou zigoto na parede uterina.

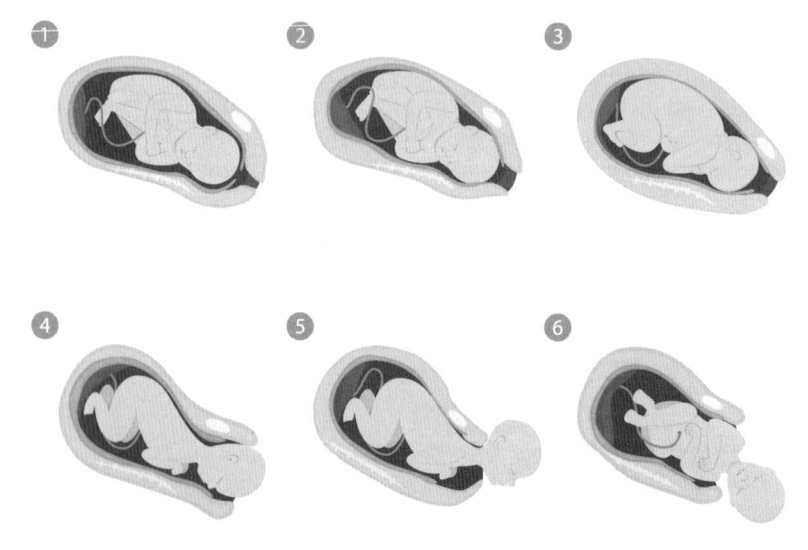

Estágios do parto normal.

Explicamos: o ovário expele o óvulo na trompa uterina. Ocorre que o óvulo só tem um ciclo de vida de 24 a 36 horas. Assim, quando ele é expelido pelo ovário, tem que percorrer um caminho até o útero, passando pelas trompas. Todavia, ele não dura o tempo necessário para chegar até o útero, já que esse percurso demora cerca de 5 a 7 dias. Dessa forma, a única chance de esse óvulo chegar com vida ao útero é se encontrar o espermatozoide no terço médio superior da trompa uterina, ocorrendo a fecundação. Com a formação do ovo ou zigoto, este consegue fazer o percurso até o útero e se aninhar no endométrio (nidação).

Afinal, matar o concepto nesse percurso anterior à nidação configura crime?

Se fosse adotada a teoria concepcionalista, configurar-se-ia aborto. No entanto, para o CP, que adotou a teoria natalista, a gravidez só começa com a nidação. **Portanto, matar o concepto depois da fecundação e antes da nidação, quando ainda não há gravidez, não configura aborto**.

Por isso, métodos anticoncepcionais como DIU e pílula do dia seguinte são permitidos, porque "matam" o concepto antes da nidação e, para o direito penal, ainda não há o início da gravidez.

Da mesma forma, quando há uma **gravidez ectópica** (nas trompas ou no abdômen), o ovo pode ser removido, já que **não é considerado aborto**, pois não houve nidação.

Assim, inicia-se a gravidez com a nidação e matar o concepto a partir de então configura crime de aborto (arts. 124 ao 127 do CP).

7.2.1 A importância da declaração de gravidez

A gravidez deve durar em torno de 40 semanas lunares, ou seja, 280 dias (9 meses, mais ou menos). O tempo mínimo para que o concepto possa viver fora do organismo da mãe sem precisar de suporte médico é de 196 dias. Contudo, um concepto em torno de 6 meses, de 180 dias, já conseguiria viver independentemente do organismo da mãe. E o máximo da gravidez humana é de 294 dias, mas pode se estender até 300 dias.

A declaração da gravidez é importante para diversas áreas jurídicas. Por exemplo:

- **no Direito Civil**, casar com uma mulher grávida sem ter conhecimento da gravidez pode ser causa de anulação do casamento por erro essencial. Na investigação de paternidade, não sendo possível a coleta de DNA, o cálculo de tempo da gravidez acaba sendo útil;
- **no Direito Penal**, as acomodações que uma mulher grávida deve ter no estabelecimento prisional são diferenciadas;
- **no Direito do Trabalho**, a gravidez gera estabilidade e possibilita a licença-maternidade.

7.2.2 Ausência de gravidez

Além dos casos de declaração de gestação e confirmação de diagnóstico pelo médico, há casos em que a mulher não está grávida, seja porque simula uma gravidez, seja até mesmo porque acredita estar grávida, vejamos:

- **Metassimulação** – a mulher declara a gravidez, mas mente quanto ao tempo. Metade do tempo da gravidez é imperceptível a olho nu, o que permite situações como a metassimulação.

- **Simulação** – situação em que a mulher sabe que não está grávida, mas afirma estar.
- **Dissimulação** – é a situação inversa, ou seja, a mulher sabe que está grávida, mas nega que esteja.
- **Pseudociese ou gravidez psicológica** – ocorre em situações em que a mulher acredita sinceramente estar grávida, mas não está.
- **Desconhecimento da gravidez** – situação em que a mulher não sabe estar grávida, havendo casos em que a gravidez é levada até o nascimento da criança sem que a mãe tenha conhecimento.

Decifrando a prova

(2016 – Cespe/Cebraspe – Polícia Científica/PE – Perito Médico-Legista – Adaptada)
Tendo em vista que o diagnóstico de gravidez é importante em medicina legal para a obtenção dos elementos dos crimes de estupro e de aborto, é incorreto afirmar que a ausência de gravidez impede que realizadores de manobras abortivas sejam condenados por crime de aborto provocado.

( ) Certo ( ) Errado

Gabarito comentado: é correto afirmar que a ausência de gravidez impede que os agentes do crime sexual sejam condenados por crime de aborto provocado, pois inexiste feto (sujeito passivo). Portanto, a assertiva está errada.

7.3 ABORTO

Inicialmente, é relevante conceituar o aborto como a **morte do produto da concepção (feto ou embrião), em qualquer momento da gravidez**. Ou seja, qualquer técnica utilizada para a morte do embrião, desde a nidação até o início do parto, é considerada aborto.

Os meios para a prática do aborto são os mais variados possíveis, como uso de medicamentos tóxicos, métodos mecânicos (aspiração, raspagem ou curetagem etc.).

Em sua obra, *Crimes contra a pessoa*, o professor Bruno Gilaberte (2021) ensina que "[...] o aborto pode ser natural, acidental ou provocado. Natural ou espontâneo, quando ocorre pela inviabilidade natural do produto da concepção (anomalias no espermatozoide, vícios de posição, alterações endometriais etc.). Acidental, quando decorrente de um trauma não desejado. Provocado, quando há a vontade de abortar e o abortamento não acontece natural ou acidentalmente. Somente o aborto provocado merecerá a atenção do direito penal, podendo ser subdividido em criminoso e legal (ou permitido)".

Portanto, é notório que esse tema possui relação bastante estreita com o direito penal, sendo imprescindível fazermos esse estudo interdisciplinar, ora nos valendo de termos médicos, ora de termos jurídicos. Fundamental, destarte, é a análise da letra da lei nesse ponto:

Aborto provocado pela gestante ou com seu consentimento

Art. 124. Provocar aborto em si mesma ou consentir que outrem lhe provoque:

Pena – detenção, de um a três anos.

Aborto provocado por terceiro

Art. 125. Provocar aborto, sem o consentimento da gestante:

Pena – reclusão, de três a dez anos.

Art. 126. Provocar aborto com o consentimento da gestante:

Pena – reclusão, de um a quatro anos.

Parágrafo único. Aplica-se a pena do artigo anterior, se a gestante não é maior de quatorze anos, ou é alienada ou débil mental, ou se o consentimento é obtido mediante fraude, grave ameaça ou violência.

Forma qualificada

Art. 127. As penas cominadas nos dois artigos anteriores são aumentadas de um terço, se, em consequência do aborto ou dos meios empregados para provocá-lo, a gestante sofre lesão corporal de natureza grave; e são duplicadas, se, por qualquer dessas causas, lhe sobrevém a morte.

Art. 128. Não se pune o aborto praticado por médico:

Aborto necessário

I – se não há outro meio de salvar a vida da gestante;

Aborto no caso de gravidez resultante de estupro

II – se a gravidez resulta de estupro e o aborto é precedido de consentimento da gestante ou, quando incapaz, de seu representante legal. (grifos nossos)

Como podemos observar, na legislação brasileira, o que se pune como crime é o aborto doloso (direto ou eventual), já que a lei penal não pune aborto culposo. Ademais, há casos de aborto permitidos, como o aborto ético e o aborto terapêutico, além da discussão sobre o aborto eugênico.

7.3.1 Aborto terapêutico ou necessário

Para que o aborto seja considerado terapêutico e, portanto, lícito, não basta que a mulher esteja acometida de doença grave, mas, sim, que seja o **único meio para salvar sua vida**.

Em se tratando de gravidez ectópica, ou seja, situações em que ocorre um acoplamento do embrião fora do local de onde deveria ocorrer, a mãe corre risco de vida. Por conta disso, aplica-se o art. 128, I, do CP. Lembrando que o prefixo "ec" significa fora, e o sufixo "tópico" significa lugar, logo gravidez fora do lugar.

O aborto terapêutico não necessita de autorização judicial, mas, sim, de um registro adequado do prontuário médico demonstrando a necessidade e a adequação da intervenção cirúrgica. Nesse caso, penalmente falando, estaremos diante de uma situação de estado de necessidade (art. 24 do CP), devendo-se lembrar ainda que o médico é agente garantidor (arts. 13, § 2º, *a*, e 146, § 3º, do CP).

7.3.2 Aborto ético ou sentimental

Outra hipótese de aborto lícito que também não necessita de autorização judicial e muito menos de sentença condenatória ou relatório de inquérito é o aborto ético, que decorre de **violência sexual**.

7.3.3 Aborto eugênico

O aborto eugênico, ou eugenésico, é conceituado, tradicionalmente, como os casos de **inviabilidade fetal**, cujo maior exemplo é a **anencefalia**.

Não há como falarmos desse tipo de aborto sem adentramos, mesmo que de forma rasa, na questão jurídica trazida pela ADPF 54. Isso porque muito se falou sobre a legalização desse tipo de aborto e que o Supremo Tribunal Federal estaria mais uma vez incidindo em ativismo judicial.

Embora, por vezes, a mais alta Corte Judicial Brasileira ultrapasse os limites que lhe competem, este, entendemos, não é o caso.

Já havia grande discussão sobre o tema, já que, como regra, os fetos anencefálicos vivem algumas horas fora do útero e logo morrem, sendo, de fato, inviável a vida humana.

Portanto, restou decidido que não deve ser considerada como crime de aborto, tipificado nos arts. 124, 126 e 128, I e II, do CP, a interrupção terapêutica induzida da gravidez de um feto anencéfalo, tendo sido declarada a inconstitucionalidade dessa interpretação.

Observe que a decisão do STF não descriminaliza o aborto, bem como não cria nenhuma exceção ao ato criminoso previsto no Código Penal. Nessa esteira, o que a ADPF 54 fez foi delimitar a interpretação dada ao que se considera como aborto.

7.3.4 Diagnóstico de aborto – aspectos periciais

7.3.4.1 Em mulher viva

Depois da nidação, o embrião vai se desenvolvendo, e a primeira camada formada é composta de células trofoblásticas, responsáveis pela produção de B-HCG.

Normalmente, algumas dessas células trofoblásticas caem na corrente sanguínea da mãe. À vista disso, sendo necessária realização de perícia para detectar se aquela mulher esteve grávida, um dos exames possíveis é verificar a presença de células trofoblásticas na corrente sanguínea.

Há, ainda, uma série de formas periciais para saber se uma mulher deu à luz ou passou por uma gestação, por exemplo:

- **sinais mamários** – congestão e aumento de volume das mamas;
- **sinais genitais** – tonalidade arroxeada, em razão do aumento da vascularização;
- **alterações cutâneas** – hiperpigmentação na aréola mamária;
- **lóquios** – sangramento que ocorre quando a placenta é desacoplada do colo do útero;
- **dosagem de HCG** – hormônio produzido pelo embrião;
- **ultrassonografia** – exame de imagem para detectar possíveis alterações morfológicas.

Nesse contexto, a análise do colo do útero também pode trazer informações importantes sobre gravidez regressa. Essa análise traz três nomes, que, vez ou outra, aparecem em provas de concursos, vejamos:

- **Mulher nulípara** – mulher que nunca deu à luz uma criança pelo canal vaginal.
- **Mulher primípara** – mulher que teve apenas um parto por via vaginal.
- **Mulher multípara** – mulher que teve vários partos por via vaginal.

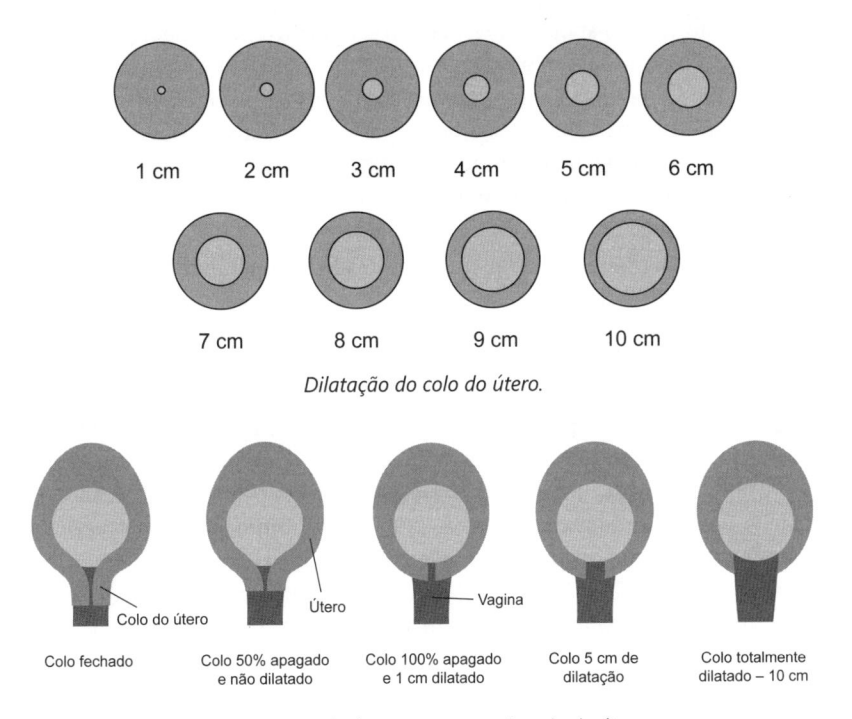

Dilatação do colo do útero.

Dilatação cervical e apagamento do colo do útero.

Há, ainda, o chamado focinho de tenca. Característica de mulher que teve parto vaginal, levando esse nome, pois o formato do útero se assemelha ao formato do focinho de um peixe (tenca).

7.3.4.2 Em mulher morta

O professor Hygino de Carvalho Hercules (2014) aduz que "os dados do exame externo também devem ser pesquisados no cadáver. Mas, quando ocorre morte materna como complicação do aborto, a perícia deve ser complementada pela necropsia. Os peritos passam a ter acesso à genitália externa e demais vísceras".

Portanto, todos os exames mencionados anteriormente poderão ser feitos na mulher morta, além do exame microscópico, mais detalhado, de seus órgãos.

7.3.5 Prova de vida

Como já vimos, incide em crime de aborto aquele que matar o feto, com ou sem sua expulsão. Portanto, a relevância em delimitar o início e o final da gravidez reside no fato de saber se se trata de crime de aborto ou de outro crime.

Com o final da gravidez, inicia-se o **parto**. Este, por sua vez, tem início pela dilatação do colo do útero ou pelo rompimento do saco amniótico. Após, haverá a expulsão do concepto e, por fim, a dequitação ou o secundamento (eliminação da placenta).

Uma criança é considerada nascida, para fins cíveis, quando respirou ao menos uma vez, mesmo que morra logo após. Caso isso ocorra, o médico deverá atestar o óbito, então a criança terá certidão de nascimento e de óbito, fazendo parte da linha sucessória.

Para fins penais, a criança é considerada nascida viva a partir da **primeira contração uterina efetiva**, que desencadeia o trabalho de parto. Entretanto, é obvio que é necessário saber se a criança respirou ao menos uma vez, fazendo exame das docimasias.

As docimasias são provas de nascimento com vida. Elas podem ser: respiratórias (pulmonares e extrapulmonares) e circulatórias.

Entre as docimasias respiratórias pulmonares, realizadas para saber se houve ao menos uma inspiração do nascente, podemos destacar a chamada **docimasia hidrostática** ou **docimasia de Galeno**, procedimento que possui quatro fases. Consiste, basicamente, em retirar os pulmões do nascituro morto e colocá-lo num recipiente com água. Se flutuarem, é porque houve ao menos uma respiração; se afundarem, é provável que não tenha havido respiração. Feito esse procedimento, passa-se, então, para as outras fases, em que se fragmenta o pulmão em pedacinhos para verificar se algum dos pequenos pedaços boia e, após esmagá-los, para verificar se surge alguma bolha, que seria um sinal de que ali havia ar e, portanto, houve respiração.

A respeito das docimasias circulatórias, destaca-se o **tumor do parto** ou **bossa serossanguinolenta occipital** ou *caput succedaneum*.

Explicamos: normalmente, a criança é expelida de forma cefalocaudal, ou seja, a cabeça passa primeiro pelo colo do útero. No entanto, muitas vezes, a musculatura do colo do útero irá pressionar a cabeça da criança, podendo formar uma bossa (derramamento de sangue com plano ósseo por baixo), chamada de bossa occipital ou tumor do parto.

Essa bossa é um sinal de que o coração do bebê estava batendo e que o sangue estava circulando, pois, apesar de não ter chegado a respirar, quando estava passando pelo colo do útero, a pressão em sua cabeça interrompeu a circulação, gerando uma bossa.

Assim, essa bossa é prova de que o feto nascia com vida, ainda que a docimasia respiratória tenha dado negativa. Isso quer dizer que é possível que a criança não tenha respirado, mas tenha nascido com vida.

A importância da prova de nascimento com vida é que, a partir desse momento, não se configura mais o crime de aborto, mas, sim, homicídio (art. 121 do CP) ou infanticídio (art. 123 do CP).

7.4 INFANTICÍDIO

Inicialmente, cumpre observar que o crime de infanticídio é uma **forma mais branda de um homicídio**, tendo como uma das elementares a influência do estado puerperal. Observe o tipo penal:

> **Art. 123.** Matar, sob a influência do estado puerperal, o próprio filho, durante o parto ou logo após:
>
> **Pena** – detenção, de dois a seis anos. (grifos nossos)

O professor Bruno Gilaberte (2021), em sua obra *Crimes contra a pessoa*, afirma que "[...] o infanticídio nada mais é do que uma forma privilegiada do homicídio, no qual é apenada de forma mais suave a mãe que mata, sob a influência do estado puerperal, o filho nascente ou recém-nascido".

Importante frisar que há, basicamente, três elementares nesse crime: a mãe matar o próprio filho, na influência do estado puerperal, durante o parto ou logo após. Vamos analisar cada uma delas.

- **A mãe matar o próprio filho:** muito embora a doutrina seja pacífica ao entender que se trata de um crime próprio, ou seja, só pode ser cometido pela própria mãe, devemos pontuar que é admissível a coautoria, assim como a participação. Isso porque, ainda que só a mãe possa estar influenciada pelo estado puerperal, trata-se de elementar do crime, sendo, portanto, comunicável, conforme aduz o art. 30 do CP.

- **Durante o parto ou logo após:** aqui, devemos fazer uma ponderação sobre uma divergência entre a Medicina Legal (ML) e o Direito Penal (DP). Para a ML, conforme expõe Hygino de C. Hercules (2014), "o logo após não deve ser entendido como elemento isolado do tipo, mas, sim, em consonância com a influência do estado puerperal. Por isso, **não** se pode considerar infanticídio a morte do recém-nascido pela própria mãe **depois de cortado e amarrado o cordão umbilical** e de **limpo o seu corpo dos líquidos presentes no canal do parto**". Já, para o DP, segundo ensina Bruno Gilaberte (2021), "há o delito de infanticídio enquanto perdurar o estado puerperal, **não sendo fixado um termo final exato para a elementar logo após**".

Portanto, para a medicina legal, o recém-nascido é aquele feto que está ligado ao cordão umbilical e ainda não recebeu nenhum cuidado, estando coberto pelo indulto sebáceo (substância que facilita a saída da criança no parto).

- **Estado puerperal:** antes de qualquer coisa, devemos distinguir o puerpério do estado puerperal. **Puerpério** é conceito da medicina. Todas as mulheres, após o nascimento do filho, passam pelo puerpério, que seria o período que vai da eliminação da placenta (dequitação ou secundamento) até a volta do organismo materno às condições anteriores à gravidez. Já o **estado puerperal** é uma ficção jurídica, ou seja, conceito inventado no mundo jurídico para justificar o abrandamento de um homicídio cometido pela mãe, durante o parto ou logo após, por razões psíquicas e hormonais, considerando-se, portanto, um transtorno biopsicológico.

Apesar de a medicina legal não reconhecer o estado puerperal, ela reconhece a chamada **psicose puerperal e a depressão puerperal**, que são doenças puerperais. Essa doença é reconhecida pela medicina, deixando a mulher extremamente deprimida após o parto, despertando, muitas vezes, a vontade de exterminar a própria vida ou a de seu filho.

Dessa forma, se uma mãe matar seu filho por causa de uma dessas doenças, responderá pelo crime de homicídio, devendo ser absolvida sumariamente, com aplicação, por conseguinte, da medida de segurança, por ser causa de inimputabilidade.

Importante ressaltar que "infanticídio" é a causa jurídica da morte, que pode ser apontada por Delegado de Polícia, membro do Ministério Público ou Magistrado. O médico-legista aponta a causa médica da morte, ou seja, o mecanismo pelo qual determinada pessoa matou aquele recém-nato, e o perito-psiquiatra avalia o próprio estado puerperal, sendo a maior dificuldade determinar o grau de influência desse estado, uma vez que, obviamente, o exame da paciente é feito quando esta já está fora da crise.

🧩 Decifrando a prova

(2016 – Cespe/Cebraspe – PC/PE – Delegado – Adaptada) Sexologia forense é o ramo da medicina legal que trata dos exames referentes aos crimes contra a liberdade sexual, além de tratar de aspectos relacionados à reprodução. Acerca do exame médico-legal e dos crimes nessa área, é correto afirmar que, para a configuração do infanticídio, são necessários dois aspectos: o estado puerperal e a mãe matar o próprio filho.

( ) Certo ( ) Errado

Gabarito comentado: para a configuração do infanticídio, são necessários dois marcos temporais, quais sejam: o estado puerperal e a mãe matar o próprio filho, pois se classifica como crime próprio, nos termos do art. 123 do CP. Portanto, a assertiva está certa.

7.5 CRIMES SEXUAIS

São inúmeros os crimes sexuais e as discussões em torno deles. Contudo, aqui, não iremos nos ater a questões da doutrina penal, mas, sim, a métodos, sinais e diagnóstico de conjunção carnal ou qualquer outro ato libidinoso.

7.5.1 Conjunção carnal

Conjunção carnal é a penetração do pênis na vagina. Qualquer ato diverso desse é tratado como **ato libidinoso**. Importante mencionar que a Lei nº 12.015/2009 trouxe importantes alterações a respeito dos crimes sexuais, sendo a mais relevante delas a modificação do tipo penal de estupro.

Antes dessa lei, a prática de atos libidinosos não configurava estupro, mas, sim, atentado violento ao pudor, previsto no art. 219 do CP, atualmente revogado. Muito embora esse artigo não esteja mais em vigor, a prática de atos libidinosos, diversos da conjunção carnal, não deixou de configurar crime, materializando-se o princípio da continuidade normativa típica, que ocorre quando um tipo penal é extinto, porém a conduta se incorpora a outro tipo penal.

Considerando o conceito de conjunção carnal, é necessário ter o breve conhecimento de que a vagina é um tubo, composto de uma parte anterior e uma parte posterior. A parte posterior, do hímen para fora, é chamada de vestíbulo ou vulva, ao passo que a parte anterior, do hímen para dentro, é chamada de vagina.

Portanto, se somente for encontrado sêmen na parte posterior da vagina, ou seja, na vulva de uma vítima de um suposto crime de estupro, não haverá sinais de certeza de conjunção carnal, o que não descaracteriza o crime em questão, diante da possível prática de outros atos libidinosos.

Sinais de certeza

Afirma o professor Hygino que a conjunção carnal pode ser demonstrada, pericialmente, pela análise de vestígios, que variam em função de ela ser recente ou antiga. Os vestígios mais fortes de conjunção carnal recente são a **rotura não cicatrizada do hímen** e a **presença de sêmen na vagina**.

Portanto, podemos destacar como sinal de certeza de conjunção carnal o hímen roto (rompido), muito embora seu rompimento não cicatrizado não possa, de forma isolada, servir de base para um indiciamento pelo Delegado de Polícia.

Outro sinal de certeza de conjunção carnal é a **gravidez**. E, mais uma vez, insistimos que não há como se apegar a um desses sinais isoladamente para respaldar um possível indiciamento, já que, atualmente, é possível que uma mulher engravide sem que tenha havido conjunção carnal, a exemplo da inseminação artificial.

> ### Importante!
>
> Quando, em um laudo médico-legal, constar que houve uma cópula vulvar ou cópula vestibular, o pênis não penetrou na vagina. Portanto, não houve conjunção carnal. Nesse caso, houve "outro ato libidinoso" – qualquer outro ato sexual em que o pênis não entre na vagina.
>
> Existe laudo pericial de estupro? Não, já que o perito não examina o dolo. Sabendo que o estupro é manter conjunção carnal ou outro ato libidinoso, mediante violência ou grave ameaça, é necessário saber se houve consentimento ou com pessoa incapaz de consentir; logo, o perito não pode dar laudo de estupro, sendo este de competência do Delegado.

A doutrina médico-legal aponta, ainda, como sinais de certeza de conjunção carnal as **carúnculas mirtiformes, o esperma ou o espermatozoide no canal vaginal**. Ressalta-se, entretanto, que o esperma, que não se confunde com espermatozoide, é composto também de outras substâncias. Vejamos a seguir.

O PSA, antígeno prostático específico, conhecido como glicoproteína P30, também compõe o esperma, assim como a fosfatase ácida, e, caso sejam encontrados no canal vaginal, é sinal de conjunção carnal.

Com relação à fosfatase ácida, deve-se atentar que se trata de nome dado a qualquer enzima capaz de hidrolisar fosfatos orgânicos em meio ácido; portanto, é encontrada em diversos tecidos do nosso corpo, inclusive na vagina da mulher, mas em pequena quantidade. À vista disso, caso seja encontrada no canal vaginal em grande quantidade, será sinal de que houve conjunção carnal.

Para saber se há espermatozoide SPTZ no esperma, é feita a chamada **reação de Corin-Stockis**, que é uma reação de certeza de espermatozoides, por meio da qual é utilizada uma solução de eritrosina amoniacal com reativo para coloração do espermatozoide de maneira que este adquire cor rosa forte ou violeta na cabeça, enquanto suas caudas ficam com cor mais fraca.

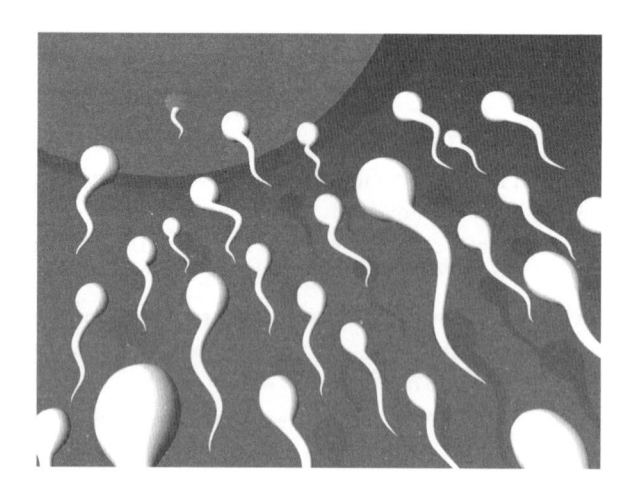

No entanto, nem sempre haverá SPTZ, seja por conta do uso de preservativo, seja em razão do agressor ser vasectomizado. Se o indivíduo foi submetido a uma vasectomia, ele não apresenta espermatozoides no fluxo seminal, mas isso não quer dizer que não haja ejaculação nem que não seja eliminado um fluido que contenha outras substâncias químicas que possam ser pesquisadas e localizadas.

Na ausência de espermatozoides, é possível se encontrar a **fosfatase ácida** e **glicoproteína P30**, que são duas das substâncias químicas que compõem o líquido seminal encontradas mesmo no indivíduo vasectomizado.

Já as **reações microcristalográficas**, a exemplo da reação de Florence, Baecchi, Barbério e Bokarius, se encontram em desuso, visto que não são sinais de certeza de conjunção carnal, mas, sim, de probabilidade.

Nesse sentido, aduz o professor Hygino de Carvalho Hercules (2014) que "o objetivo da reação é demonstrar a presença, na amostra testada, da colina livre, que surge no plasma seminal, logo depois da ejaculação, como resultado da hidrólise enzimática da fosforilcolina, secretada nas vesículas seminais, pela ação da fosfatase ácida prostática. O resultado é positivo com o surgimento de microcristais de peri-iodato de colina, de tonalidade castanho-avermelhada".

Como já mencionamos, outro sinal de certeza são as carúnculas mirtiformes, que são resquícios de hímen na mucosa vaginal, formadas pelo parto natural. No entanto, a doutrina médico-legal afirma que mulheres com atividade sexual intensa podem apresentar tais carúnculas.

🧩 Decifrando a prova

(2017 – Cespe/Cebraspe – PC/GO – Delegado – Adaptada) Em relação aos aspectos médico-legais dos crimes contra a liberdade sexual, não é correto afirmar que a presença de escoriação em cotovelo e de esperma na cavidade vaginal é suficiente para caracterizar o estupro.

( ) Certo ( ) Errado

Gabarito comentado: a presença de escoriação em cotovelo e de esperma na cavidade vaginal é insuficiente para caracterizar o estupro, pois trata-se de sinais de incertezas. Portanto, a assertiva está certa.

(2018 – Nucepe – PC/PI – Perito Médico-Legista – Adaptada) Na perícia de conjunção carnal, a maioria das lesões encontradas nas vítimas de crimes sexuais é de caráter inespecífico, o que torna necessária a realização de métodos complementares para a elucidação dos vestígios, entre os quais não se inclui a dosagem de fosfatase ácida prostática.

( ) Certo ( ) Errado

Gabarito comentado: inclui-se a dosagem de fosfatase ácida prostática, pois identifica a existência de sêmen, porém não se inclui a dosagem de prostaglandina F2-alfa. Nesse sentido, o autor Delton Croce (2012) frisa, em sua obra, que "vêm sendo empregadas, por alguns médicos, substâncias inicialmente encontradas na próstata [...]. As prostaglandinas determinam a contração da musculatura lisa do segmento superior do miométrio (são pouco ativos sobre o segmento inferior), provocativas da expulsão do concepto, quando injetadas endovenosamente, determinando abortamento precoce na mulher". Portanto, a assertiva está errada.

(2018 – Instituto AOCP – ITEP/RN – Perito Médico-Legista – Adaptada) Uma adolescente de 15 anos, acompanhada pela mãe, chega ao IML com histórico de escoriação em cotovelo, hiperemia vaginal e hímen íntegro. Sobre a perícia dos crimes sexuais, é incorreto afirmar que a simples afirmação da hiperemia vaginal e da escoriação no cotovelo não permite afirmar com segurança que a pessoa sofreu violência sexual.

( ) Certo ( ) Errado

Gabarito comentado: a simples afirmação da hiperemia vaginal e da escoriação no cotovelo não permite afirmar com segurança que a pessoa sofreu violência sexual. Portanto, a assertiva está errada.

7.6 HIMENOLOGIA

Himenologia é o estudo do hímen. Não confundir com himeneologia, que estuda questões médico-legais do casamento.

O hímen é uma membrana localizada na entrada do canal vaginal. A análise dessa membrana é um dos parâmetros avaliados em uma perícia médico-legal para constatação de conjunção carnal.

É claro que a virgindade não é essencial para a caracterização de um crime sexual. O que caracteriza o crime contra a dignidade ou liberdade sexual é a prática da conjunção carnal ou qualquer ato libidinoso mediante o **dissenso**, isto é, contra a vontade da vítima, seja do sexo masculino, seja do feminino.

Anatomicamente, o hímen possui a **borda de inserção**, que está em contato direto com as paredes vaginais, a **borda livre**, que delimita o óstio, a **orla**, que se situa entre as bordas livres e de inserção, e o óstio.

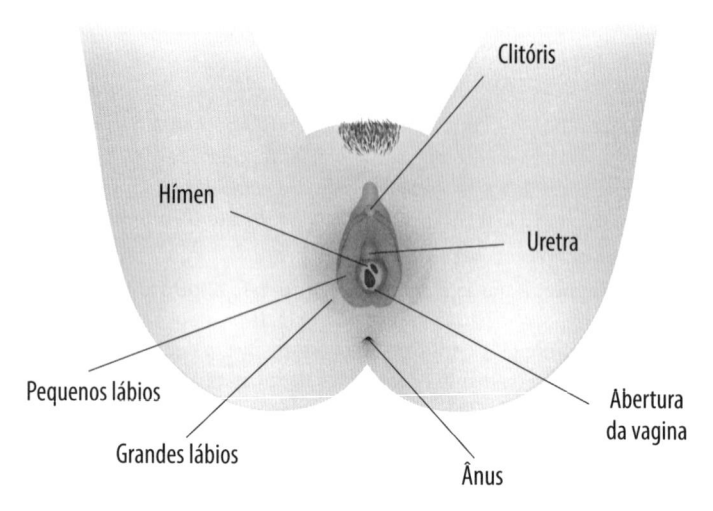

Anatomia dos órgãos genitais femininos.

Essa membrana pode ter vários formatos e espécies, sendo tais nomenclaturas bastante exploradas em provas de concursos públicos. Passemos a analisar algumas delas:

- **Hímen anular** – é o tipo mais comum entre as mulheres e, como o próprio nome sugere, tem o formato de um anel.

- **Hímen septado ou biperfurado** – conta com uma camada extra de pele no meio do furo central, o que divide a abertura visível e cria a impressão de que são dois orifícios.

- **Hímen complacente, tolerante ou transigente** – possui o mesmo formato do anular, porém a membrana é mais resistente e mais elástica, além de o óstio nesse tipo de hímen também ser maior, suportando uma penetração sem que se rompa.

- **Hímen cribiforme** – tem vários buraquinhos, vários pequenos óstios, o que dificulta bastante sua ruptura, sendo necessária, por vezes, uma intervenção cirúrgica.

- **Hímen imperfurado** – é o único tipo capaz de impedir a passagem do fluxo menstrual da mulher. Nesse caso, a membrana é completamente fechada e precisa ser rompida por meio de um procedimento cirúrgico.

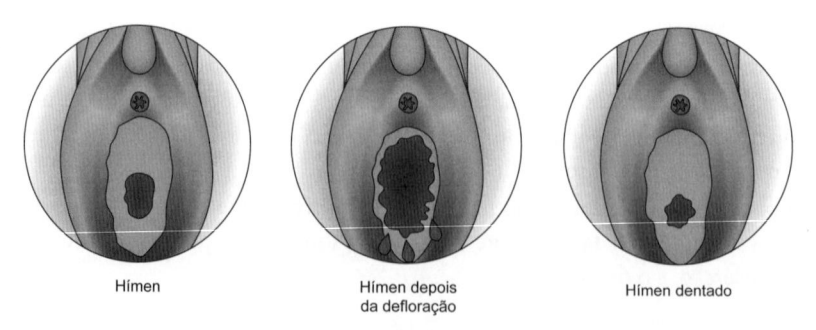

Hímen   Hímen depois   Hímen dentado
                          da defloração

Há, ainda, o hímen comissurado e o hímen acomissurado. **Comissurado** significa ângulo. A borda livre é a que está para o óstio e a borda fixa é a que está colada no corpo da mulher. Se a borda livre tem ângulo, o hímen é classificado como comissurado; se a borda livre não tem ângulo, é um hímen **acomissurado**.

A dilaceração do hímen ocasiona o que conhecemos por carúnculas mirtiformes. Importante ressaltar que o hímen complacente **não** fornece subsídios ao diagnóstico da conjunção carnal – nesse caso, se questionado sobre virgindade da mulher, o laudo pericial virá com a resposta "inconclusivo em razão de ser o hímen complacente".

Entretanto, o normal é o rompimento com o ato sexual e, quando isso acontece, ele se rompe entre um e cinco lugares diferentes. Ou seja, quando for feita a leitura do laudo pericial, o perito dirá os locais em que o hímen se rompeu, possuindo, para tanto, dois critérios. O primeiro critério é chamado **critério cronométrico de Lacassagne** e o segundo **critério goniométrico de Oscar Freire**.

O primeiro é o mais conhecido e mais fácil, ele divide a localização das lesões no hímen como se fosse o mostrador de um relógio, isto é, a rotura no hímen é comparada, topograficamente, com um relógio para definir onde está localizada a lesão. Assim, o perito irá dizer que houve rompimento do hímen há 1 hora, 5 horas ou 9 horas, a depender da posição do rompimento no hímen e imaginando o relógio de ponteiros para a localização das lesões. Esse é o chamado **relógio de Lacassagne**.

Todavia, para isso, o hímen deve ser não complacente, porque, caso contrário, quando o pênis ou outro objeto passar por ele, normalmente, não gerará rotura.

No critério goniométrico, os parâmetros utilizados são ângulos, ou seja, o perito localiza as lesões descrevendo a angulação a 90 graus, a 65 graus etc.

7.6.1 Rotura × entalhe

É extremamente importante que o perito saiba diferenciar uma rotura de um entalhe no hímen. Primeiramente, a origem da rotura é traumática e a origem do entalhe é congênita. Por isso, a rotura é sinal de certeza de conjunção carnal, ao passo que o entalhe não.

Além disso, as roturas não são simétricas e os entalhes são simétricos. Isso significa que, se há um entalhe na direita, haverá na esquerda; se há um em cima, haverá um embaixo.

Outra diferença é que as roturas coaptam, juntam-se, e os entalhes não coaptam, não se unem.

Por último, as roturas são completas e os entalhes, normalmente, são incompletos. Isso significa que a rotura vai, geralmente, da borda livre à borda fixa, enquanto os entalhes não vão até a borda fixa.

Em suma, é de grande valia que essas técnicas e diagnósticos para detectar a conjunção carnal sejam feitos o mais precocemente possível, sendo o fator tempo de extrema relevância, já que muitos sinais desaparecem em 2 ou 3 dias.

> ### 🧩 Decifrando a prova
>
> **(2016 – Funcab – PC/PA – Delegado – Prova Anulada – Adaptada)** Os "Quadrantes de Oscar Freire" são utilizados para designar a posição do atirador de uma arma de fogo em relação à vítima.
>
> ( ) Certo ( ) Errado
>
> **Gabarito comentado:** os "Quadrantes de Oscar Freire" são utilizados para designar a posição da lesão provocada pela ruptura do hímen.Eles são a mesma coisa que o relógio de Lacassagne. Contudo, Oscar Freire dividiu o hímen em quadrantes, enquanto Lacassagne, em vez de falar em quadrantes, falou em ponteiros de relógio e, por isso, dividiu em horas. Portanto, a assertiva está errada.

7.7 IMPOTÊNCIA

Impotência não se confunde com esterilidade. Podendo ser masculina ou feminina, a impotência é a **incapacidade da prática do ato sexual**, da conjunção carnal. Por outro lado, a esterilidade independe da qualidade da vida sexual, porque é uma impossibilidade de se reproduzir.

Há a chamada impotência *coeundi*, que é a incapacidade do homem em manter a relação sexual. No caso da mulher, recebe o nome de *acopulia*.

A esterilidade, em latim, é chamada de impotência *generandi*, no caso da masculina, e impotência *concipiendi*, no caso da feminina.

Registra-se que a impotência *coeundi* e a *acopulia* são hipóteses de anulação do casamento por erro essencial, conforme dispõe o art. 1.550, III, do CC c/c o art. 1.557, III, também do CC.

A **esterilidade**, na grande maioria dos casos, se dá por motivos físicos, impossibilitando que o indivíduo se reproduza em razão de carências hormonais, problemas circulatórios ou até mesmo neurológicos. Já a **impotência** é, preponderantemente, de motivo psicológico, sendo manifestação psicossomática.

Na mulher, a grande maioria dos casos de impotência (*acopulia*) é de origem psíquica. Entre as causas, destacam-se a frigidez (impossibilidade de atingir o orgasmo), o vaginismo (contração espástica da musculatura vaginal impedindo a cópula), a dispareunia (dor na relação sexual) e a coitofobia (aversão patológica ao conúbio, ao ato sexual).

7.8 INVESTIGAÇÃO DE PATERNIDADE

Atualmente, o DNA é quase que decisivo em todos os casos de identificação, mas nem sempre foi assim. Todas as provas que eram feitas até o exame genético eram provas de exclusão, ou seja, era possível afirmar quem não era o pai da criança por uma incompatibilidade absoluta, seja pelo tipo sanguíneo, seja pelo fator RH etc.

A grande vantagem do exame de DNA é não ser um método de exclusão, mas, sim, de inclusão. Entretanto, é imprescindível certa cautela, já que a técnica em si é realmente quase infalível (seu grau de certeza é 98%), porém quem faz o exame pode cometer erros.

Por isso, há algum tempo, laboratórios foram condenados por produzirem relatórios errados de teste de DNA.

7.9 DISTÚRBIOS DO INSTINTO SEXUAL

Os distúrbios do instinto sexual são divididos em quantitativos e qualitativos.

Quando se fala em **quantitativo**, significa dizer que o indivíduo tem determinado comportamento sexual aumentado demais ou exageradamente reduzido. Quando esse instinto é aumentado, em se tratando do sexo masculino, é chamado de satiríase e, no caso do sexo feminino, ninfomania.

A redução exagerada é chamada de anafrodisia e, mais especificamente, no sexo feminino, de frigidez.

Sob o aspecto **qualitativo**, há os denominados desvios do instinto, quando alguém tem um comportamento sexual que foge ao padrão.

Os distúrbios do instinto sexual, chamados também de parafilias, na modalidade qualitativa, podem assumir algumas espécies:

Abasiofilia	Pessoas com mobilidade reduzida.
Acrotomofilia	Pessoas com amputações.
Agalmatofilia	Manequins e estátuas.
Algolagnia	Dor, principalmente na zona erógena.
Anililagnia	Atrações de homens jovens por mulheres idosas.
Antropofagia	Ingestão de carne humana.
Apotemnofilia	Amputar partes do próprio corpo.
Asfixia erótica	Asfixia de si próprio ou de outros; pode levar à morte.
Asfixiofilia	Ser asfixiado ou estrangulado.
Autagonistofilia	Ser observado por outras pessoas ou ser filmado.
Autassassinofilia	Possibilidade de morrer durante a relação sexual.
Autoandrofilia	Uma mulher com desejo de possuir atributos masculinos.
Autoginefilia	Um homem com desejo de possuir atributos femininos.
Autonepiofilia **Autopedofilia**	Imaginação de si próprio como sendo uma criança.
Autoplushofilia	Imaginação de si próprio na forma de um bicho de pelúcia.
Autovampirismo	Imaginação de si próprio na forma de um vampiro. Envolve a ingestão ou a visualização do próprio sangue.

Autozoofilia	Imaginação de si próprio na forma de um animal antropomorfizado.
Biastofilia	Estupro de uma pessoa inconsciente, geralmente um estranho.
Capnolagnia	Atração por outra pessoa que esteja fumando; imagens; cheiros.
Clismafilia	Excitação sexual proveniente de enemas.
Crematistofilia	Ser roubado ou ser extorquido financeiramente.
Cronofilia	Parceiro sexual com uma grande diferença de idade.
Coprofilia	Ingestão de fezes durante o ato; também conhecida como fecofilia ou escatofilia.
Dacryfilia	Lágrimas ou choro.
Dendrofilia	Árvores.
Emetofilia	Vômito.
Erotofonofilia	Assassinato do parceiro após a relação, geralmente estranhos; também conhecida como dacnolagnomania.
Estigmatofilia	Tatuagens e *piercings*.
Exibicionismo	Exibir o órgão sexual em público sem o consentimento de quem vê.
Feederismo	Parceiro com peso muito acima do normal.
Fetiche por fraldas	Excitação sexual decorrente do uso de fraldas; considerada como uma sobreposição à autonepiofilia.
Fetichismo	Interesse particular em objetos sem vida própria.
Formicofilia	Rastejar sobre formigas, besouros e pequenos insetos.
Fornifilia	O parceiro permanece subordinado a permanecer como uma peça de mobiliário.
Frotteurismo	Excitação do órgão sexual em uma pessoa com roupas sem o consentimento desta.
Gerontofilia	Pessoas idosas.
Ginandromorfofilia Ginemimetofilia	Transexual ou mulher transgênero.
Hematolagnia	Ingerir ou observar o sangue do parceiro.
Heterofilia	Atração por pessoas do sexo oposto por quem é essencialmente homossexual.
Homeovestismo	Utilizar peças de roupa de si mesmo ou do sexo oposto.

Hibristofilia	Parceiro envolvido em crimes, principalmente em crimes cruéis e escandalosos, como estupro e assassinato.
Infantilismo	Vestir-se ou agir como um bebê; também conhecido como "síndrome do bebê adulto".
Infantofilia	Tipo de pedofilia com foco maior em crianças de cinco anos ou menos; termo novo que não é usado na mídia.
Lactofilia	Excitação ao observar o leite materno sendo expelido pelos seios.
Macrofilia	Interesse sexual em pessoas com gigantismo, especialmente do sexo feminino.
Maschalagnia	Fetiche por axilas.
Masoquismo	Sofrimento ao ser espancado, agredido ou humilhado verbalmente pelo parceiro.
Mecanofilia	Carros ou outros veículos; também conhecido como "mecafilia".
Melolagnia	Música.
Menofilia	Menstruação.
Microfilia	Pessoas de baixa estatura ou com partes do corpo muito pequenas.
Misofilia	Ambiente sujo, coisas imundas ou em decomposição.
Morfofilia	Atração única por corpos com características exatas, como mesmo tamanho e altura.
Narratofilia	Palavras obscenas e de baixo calão.
Nasofilia	Narizes.
Necrofilia	Cadáveres.
Objectofilia	Desejo de manter relação com objetos inanimados específicos.
Oculofilia	Olhos e atividades que possam envolver o globo ocular. Esse termo não se encaixa no voyeurismo.
Odaxelagnia	Morder e/ou receber mordida(s).
Olfactofilia	Odor corporal, especialmente nos órgãos sexuais.
Pedofilia	Crianças na fase da pré-puberdade, geralmente confundida com efebofilia e pederastia.
Peodeiktofilia	Exibir o pênis em público.
Pictofilia	Pornografia ou atos eróticos, principalmente imagens.

Pigofilia	Excitação além do comum por nádegas.
Piquerismo	Perfurar o corpo de outra pessoa, geralmente esfaqueando ou cortando o corpo com canivetes.
Pirofilia	Fogo.
Plushofilia	Animais de pelúcia.
Podolatria	Atração sexual por pés.
Raptofilia	Cometer estupro com consentimento do parceiro.
Sadismo sexual	Sofrimento físico ou psicológico imposto no parceiro.
Salirofilia	Saliva ou suor.
Sinforofilia	Excitação ao assistir tragédias e desastres naturais ou praticar relação sexual com tais acontecimentos.
Somnofilia	Pessoas dormindo ou inconsciente.
Stenolagnia	Músculos e exibições de força física.
Teratofilia	Pessoas deformadas ou semideformadas.
Toucherismo	Encostar em uma pessoa com a mão sem seu consentimento.
Travestofilia	Interesse em um parceiro sexual com roupas do sexo oposto.
Tricofilia	Cabelos.
Troilismo	Prazer em ver o parceiro tendo relações sexuais com um terceiro.
Urofilia	Urinar ou receber a urina do parceiro, com a ingestão ou não do líquido.
Vampirismo	Sangue.
Vorarefilia	Excitação ao comer ou ter partes do corpo sendo comidas por outra pessoa.
Voyeurismo	Assistir outras pessoas peladas ou praticando relações sexuais, geralmente sem o consentimento destas.
Zoofilia	Animais.
Zoossadismo	Promover e/ou observar animal sentir dor.

Decifrando a prova

(2013 – UEG – PC/GO – Delegado –Adaptada) Em uma tentativa de diminuir o assédio sexual que as mulheres vinham sofrendo em ônibus e vagões de trens, as autoridades criaram os "vagões rosas", para uso exclusivo de mulheres. A perversão sexual em que o indivíduo se realiza pelo contato em aglomerações ou multidões chama-se pigmalianismo.

( ) Certo ( ) Errado

Gabarito comentado: a perversão sexual em que o indivíduo se realiza pelo contato em aglomerações ou multidões chama-se frotteurismo, que é a utilização de ambientes públicos para a prática de atos libidinosos sem o consentimento do outro. O pigmalianismo é a atração sexual por estátuas. Portanto, a assertiva está errada.

(2013 – UEG – PC/GO – Delegado – Adaptada) Grande sucesso mundial de vendas, o livro *Cinquenta tons de cinza* aborda temas relacionados à sexualidade (masoquismo, sadismo, dominação). A sensação de prazer ao se assistir ato sexual praticado por terceiros é denominada fetichismo.

( ) Certo ( ) Errado

Gabarito comentado: a sensação de prazer ao se assistir ato sexual praticado por terceiros é denominada mixoscopia, que é sinônimo de voyeurismo, ou escopofilia, que consiste no prazer erótico despertado por observar atitudes sexuais de terceiros. É diferente do fetichismo, que é o prazer com partes do corpo ou objetos inanimados, incluindo vestes. Portanto, a assertiva está errada.

(2017 – Ibade – PC/AC – Delegado – Adaptada) Uma pessoa vai até a Delegacia de Polícia relatar que um indivíduo do sexo masculino reiteradamente é visto à noite, num cemitério, praticando atos sexuais com cadáveres femininos retirados dos túmulos. Com base nas informações anteriores, pode-se afirmar que se está diante de um caso de anafrodisia.

( ) Certo ( ) Errado

Gabarito comentado: pode-se afirmar que se está diante de um caso de necrofilia (que consiste em manter atos sexuais com um cadáver ou em locais relacionados a este), e não anafrodisia (que é a ausência da libido). Portanto, a assertiva está errada.

7.10 ASPECTOS MÉDICO-LEGAIS DO CASAMENTO

Flávio Tartuce (2019, p. 1.076) conceitua o casamento como "a união de duas pessoas, reconhecida e regulamentada pelo Estado, formada com o objetivo de constituição de uma família e baseado no vínculo de afeto".

Ressalta-se que, muito embora não tenha havido qualquer alteração legislativa a respeito do casamento entre pessoas do mesmo sexo, a doutrina e a jurisprudência são amplas em admiti-lo, adequando a norma ao fato.

Inicialmente, cumpre distinguir as causas impeditivas, suspensivas, de nulidade e anulabilidade do casamento.

- **Causas impeditivas:** são causas que impedem determinadas pessoas, em situações específicas, de casarem-se. Havendo causa impeditiva, o casamento será nulo, caso seja realizado.

- **Causas suspensivas:** são causas de menor gravidade relacionadas às questões de ordem privada, não gerando nulidade absoluta, ou relativa.

Já as causas de anulabilidade do casamento estão previstas no art. 1.550 do CC, vejamos:

Art. 1.550. É anulável o casamento:

I – de quem não completou a idade mínima para casar;

II – do menor em idade núbil, quando não autorizado por seu representante legal;

III – por vício da vontade, nos termos dos arts. 1.556 a 1.558;

IV – do incapaz de consentir ou manifestar, de modo inequívoco, o consentimento;

V – realizado pelo mandatário, sem que ele ou o outro contraente soubesse da revogação do mandato, e não sobrevindo coabitação entre os cônjuges;

VI – por incompetência da autoridade celebrante.

Aqui nos interessa, especificamente, o inciso III, que considera o casamento anulável por vício da vontade, fazendo remissão aos arts. 1.556 a 1.558 do CC, sendo imprescindível a sua leitura. Vejamos:

Art. 1.556. O casamento pode ser anulado por vício da vontade, se houve por parte de um dos nubentes, ao consentir, **erro essencial quanto à pessoa do outro**.

Art. 1.557. Considera-se erro essencial sobre a pessoa do outro cônjuge:

I – o que diz respeito à sua identidade, sua honra e boa fama, sendo esse erro tal que o seu conhecimento ulterior torne insuportável a vida em comum ao cônjuge enganado;

II – a ignorância de crime, anterior ao casamento, que, por sua natureza, torne insuportável a vida conjugal;

III – a ignorância, anterior ao casamento, de defeito físico irremediável que não caracterize deficiência ou de moléstia grave e transmissível, por contágio ou por herança, capaz de pôr em risco a saúde do outro cônjuge ou de sua descendência;

IV – (Revogado).

Art. 1.558. É anulável o casamento em virtude de coação, quando o consentimento de um ou de ambos os cônjuges houver sido captado mediante fundado temor de mal considerável e iminente para a vida, a saúde e a honra, sua ou de seus familiares. (grifos nossos)

Conforme enunciado pelo art. 1.560, III, do CC, o prazo para ação anulatória é decadencial de 3 anos, contados da celebração do casamento.

Quando se fala em erro essencial quanto à pessoa do outro cônjuge que diga respeito à identidade, à honra ou à boa fama, podemos destacar hipóteses de homossexualidade, transexualidade e hermafroditismo etc.

Já, quando a lei menciona como causa de anulabilidade de casamento "defeitos físicos irremediáveis", há algumas ponderações a serem feitas.

Sabemos que a relação sexual é essencial quando se fala em casamento, sendo, portanto, simultaneamente, direito e dever de ambos os cônjuges. Quando o homem é acometido de incapacidade de ereção, ou seja, não consegue fazer o pênis penetrar na vagina, sendo portador de uma *impotência coeundi*, o casamento é passível de anulação.

Da mesma forma, quando a mulher não consegue manter a conjunção carnal, seja porque a vagina é muito pequena, seja por cicatrizes que não a permitem, sendo portadora de *acopulia*, o casamento será passível de anulação.

Em contrapartida, caso o homem ou a mulher seja estéril, com *impotência generandi* e *impotência concipiendi*, respectivamente, não será causa de anulação do casamento.

7.10.1 Lesões que podem impedir a relação sexual

- Sinequias vaginais.
- Agenesia vaginal.
- Atresia vaginal.
- Micropênis e macropênis.
- Agenesia do pênis.
- Mutilações.

Por fim, ainda quando falamos em erro essencial quanto à pessoa do outro cônjuge, abrimos espaço para falar de síndromes e do hermafroditismo.

7.11 SÍNDROMES

- **Síndrome de Klinefelter (homem):** esse homem não tem somente um XY, mas mais de um cromossomo X (XXY, XXXY, XXXXY). Caracteristicamente, possui ombro estreito, quadril largo, braços e pernas compridas, mamilos desenvolvidos, pênis atrofiado, testículos reduzidos, pelos públicos femininos, tendência para crescer menos pelos e certa debilidade mental (QI baixo).
- **Síndrome de Turner (mulher):** essa mulher só tem um cromossomo X. Caracteristicamente, possui ombro largo, quadril estreito, ovários atrofiados, glândulas mamárias atrofiadas e certa debilidade mental.

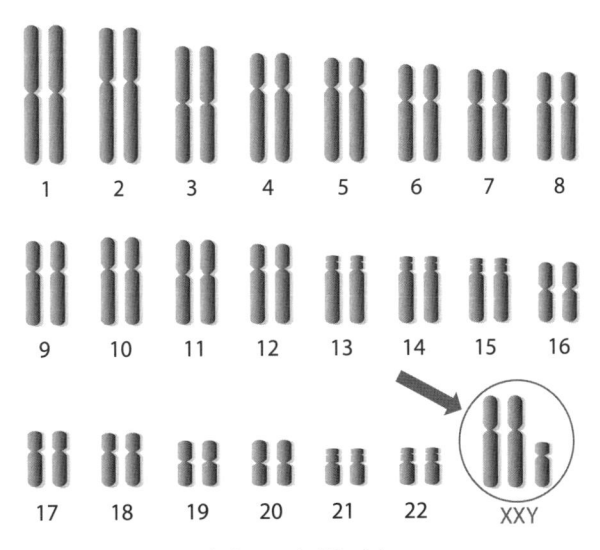

Síndrome de Klinefelter.

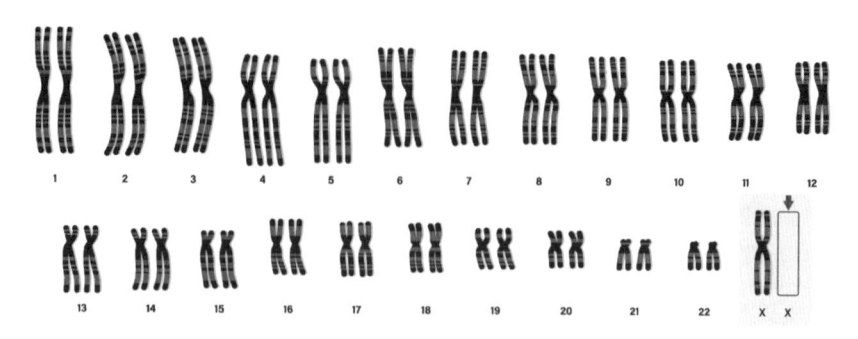

Síndrome de Turner.

7.12 HERMAFRODITISMO

A palavra "hermafroditismo", de origem grega, vem de "herma", Hermes, mensageiro de Zeus, e "froditismo", Afrodite, a deusa da beleza. Hermes e Afrodite tinham uma relação extraconjugal. Com isso, tiveram um filho, que, por castigo, nasceu com uma parte masculina e uma parte feminina, passando a se chamar hermafrodita.

O **hermafroditismo verdadeiro** é aquele em que o animal ou vegetal é capaz de se autorreproduzir – raro entre os animais – e não existe na espécie humana.

O que existe na espécie humana é um indivíduo que possui gônadas que produzem células dos dois sexos, possuindo ovotéstis – complexo de ovário com testículo – podendo ser unilateral ou bilateral. Alguns livros falam que seria um caso de hermafroditismo verdadeiro, mas não é.

Portanto, o **pseudo-hermafrodita** possui ovotéstis, órgão com células sexuais masculinas e femininas, e pode ser composto de testículo de um lado, testículo dos dois lados, ovário de um lado, ovário dos dois lados ou formas complexas.

7.13 PSEUDO-HERMAFRODITA

No útero materno, quando estamos nos desenvolvendo, possuímos canais de Müller e canais de Wolff. Se o indivíduo, geneticamente, for mulher, os canais de Müller irão se desenvolver, ao passo que os canais de Wolff irão atrofiar. *A contrario sensu*, se, por acaso, o indivíduo for homem, XY, os canais de Wolff irão se desenvolver, enquanto os canais de Müller irão atrofiar.

Dessa maneira, ductos de Wolff devem formar epidídimo, canais diferentes e vesículas seminais no homem; por sua vez, ductos de Müller devem formar trompas uterinas e útero na mulher. Essa é a regra.

Ocorre que, por vezes, o desenvolvimento não acontece dessa forma. Há casos em que, examinando o indivíduo externamente, este possui todas as características do sexo masculino, porém, internamente, possui ovário, útero e trompas, órgãos característicos do sexo feminino.

De igual modo, pode acontecer de um indivíduo, externamente, possuir todas as características do sexo feminino, mas, internamente, não possuir útero, trompas e ovário, mas, sim, testículos.

Portanto, na verdade, no primeiro exemplo, trata-se de uma mulher com características externas masculinas e, no segundo caso, trata-se de um homem com características externas femininas. Isso é que chamamos de pseudo-hermafrodita, em que **o sexo que prevalece é o das gônadas**.

- **Pseudo-hermafrodita masculino** (cromossomos 46, XY): possui testículos abdominais, próstata, bolsa escrotal aberta simulando grandes lábios, abertura externa simulando vagina, ou seja, é homem internamente e mulher externamente. O adjetivo "masculino" é o sexo verdadeiro dele. As características externas é que mostram que se trata de um pseudo-hermafrodita.

- **Pseudo-hermafrodita feminino** (cromossomos 46, XX): possui útero, trompas e ovários, vagina com abertura fechada, clitóris aumentado simulando pênis, grandes lábios fechados simulando bolsa escrotal.

7.14 TRANSGENITALIZAÇÃO

Cirurgia que a pessoa faz com o objetivo de **mudar o sexo físico**, ou seja, geneticamente, o sexo ainda será o mesmo.

Nesse caso, o indivíduo se submete à intervenção cirúrgica que retira o pênis e constrói uma vagina artificial. No entanto, obviamente, não é possível construir útero, ovários e trompas, ou seja, esse indivíduo jamais poderá reproduzir, como mulher. A cirurgia inversa, ou seja, a mulher mudar o sexo, transformando a vagina em pênis, ainda não é possível, já que a medicina ainda não obteve êxito nesse tipo de cirurgia.

Observe que, durante muito tempo, essa cirurgia foi proibida, visto que causaria uma deformidade permanente, impossibilitando essa pessoa de se reproduzir. Atualmente, encontra-se regulamentada, conforme pode se observar da Resolução CFM nº 2.265/2019, a seguir transcrita:

Resolução CFM nº 2.265, de 20 de setembro de 2019

Dispõe sobre o cuidado específico à pessoa com incongruência de gênero ou transgênero e revoga a Resolução CFM nº 1.955/2010.

O CONSELHO FEDERAL DE MEDICINA, no uso das atribuições conferidas pela Lei nº 3.268, de 30 de setembro de 1957, regulamentada pelo Decreto nº 44.045, de 19 de julho de 1958, pela Lei nº 11.000, de 15 de dezembro 2004, pelo Decreto nº 6.821/2009 e pela Lei nº 12.514, de 28 de outubro de 2011, e

CONSIDERANDO a competência normativa conferida pela Resolução CFM nº 1.931/2009, combinada ao art. 2º da Lei nº 3.268/1957, que tratam, respectivamente, da expedição de resoluções que complementem o Código de Ética Médica e do zelo pertinente à fiscalização e disciplina do ato médico;

CONSIDERANDO incongruência de gênero ou transgênero a não paridade entre a identidade de gênero e o sexo ao nascimento;

CONSIDERANDO a Portaria GM/MS nº 2.836/2011, que institui a Política Nacional de Saúde Integral de Lésbicas, *Gays*, Bissexuais, Travestis e Transexuais (Política Nacional de Saúde Integral LGBT) no âmbito do Sistema Único de Saúde (SUS);

CONSIDERANDO a Portaria GM/MS nº 2.803/2013, que redefine e amplia o Processo Transexualizador no SUS;

CONSIDERANDO o que dispõe a Resolução do Conselho Nacional de Saúde nº 466/2012;

CONSIDERANDO a necessidade de atualizar a Resolução CFM nº 1.955/2010 em relação ao estágio das ações de promoção do cuidado às pessoas com incongruência de gênero ou transgênero, em especial da oferta de uma linha de cuidado integral e multiprofissional de acolhimento, acompanhamento, assistência hormonal ou cirúrgica e atenção psicossocial;

CONSIDERANDO o Parecer CFM nº 8/2013;

CONSIDERANDO a necessidade de o CFM disciplinar sobre o cuidado à pessoa com incongruência de gênero ou transgênero em relação às ações e condutas realizadas por profissionais médicos nos serviços de saúde, seja na rede pública ou privada;

CONSIDERANDO, finalmente, o decidido na sessão plenária de 20 de setembro de 2019, resolve:

Art. 1º Compreende-se por transgênero ou incongruência de gênero a não paridade entre a identidade de gênero e o sexo ao nascimento, incluindo-se neste grupo transexuais, travestis e outras expressões identitárias relacionadas à diversidade de gênero.

§ 1º Considera-se identidade de gênero o reconhecimento de cada pessoa sobre seu próprio gênero.

§ 2º Consideram-se homens transexuais aqueles nascidos com o sexo feminino que se identificam como homem.

§ 3º Consideram-se mulheres transexuais aquelas nascidas com o sexo masculino que se identificam como mulher.

§ 4º Considera-se travesti a pessoa que nasceu com um sexo, identifica-se e apresenta-se fenotipicamente no outro gênero, mas aceita sua genitália.

§ 5º Considera-se afirmação de gênero o procedimento terapêutico multidisciplinar para a pessoa que necessita adequar seu corpo à sua identidade de gênero por meio de hormonioterapia e/ou cirurgias.

Art. 2º A atenção integral à saúde do transgênero deve contemplar todas as suas necessidades, garantindo o acesso, sem qualquer tipo de discriminação, às atenções básica, especializada e de urgência e emergência.

Art. 3º A assistência médica destinada a promover atenção integral e especializada ao transgênero inclui acolhimento, acompanhamento, procedimentos clínicos, cirúrgicos e pós-cirúrgicos.

Art. 4º A atenção especializada de cuidados específicos ao transgênero de que trata esta Resolução deve contemplar o acolhimento, o acompanhamento ambulatorial, a hormonioterapia e o cuidado cirúrgico, conforme preconizado em Projeto Terapêutico Singular norteado por protocolos e diretrizes vigentes.

Parágrafo único. O Projeto Terapêutico Singular (Anexo I) que deverá ser elaborado é um conjunto de propostas de condutas terapêuticas articuladas, resultado da discussão de uma equipe multiprofissional e interdisciplinar com o indivíduo, abrangendo toda a rede assistencial na qual está inserido e contemplando suas demandas e necessidades independentemente da idade.

Art. 5º A atenção médica especializada para o cuidado ao transgênero deve ser composta por equipe mínima formada por pediatra (em caso de pacientes com até 18 (dezoito) anos de idade), psiquiatra, endocrinologista, ginecologista, urologista e cirurgião plástico, sem prejuízo de outras especialidades médicas que atendam à necessidade do Projeto Terapêutico Singular.

Parágrafo único. Os serviços de saúde devem disponibilizar o acesso a outros profissionais da área da saúde, de acordo com o Projeto Terapêutico Singular, estabelecido em uma rede de cuidados e de acordo com as normatizações do Ministério da Saúde.

Art. 6º Na atenção médica especializada, o transgênero deverá ser informado e orientado previamente sobre os procedimentos e intervenções clínicas e cirúrgicas aos quais será submetido, incluindo seus riscos e benefícios.

Parágrafo único. É obrigatório obter o consentimento livre e esclarecido, informando ao transgênero sobre a possibilidade de esterilidade advinda dos procedimentos hormonais e cirúrgicos para a afirmação de gênero.

Art. 7º Os familiares e indivíduos do vínculo social do transgênero poderão ser orientados sobre o Projeto Terapêutico Singular, mediante autorização expressa do transgênero, em conformidade com o Código de Ética Médica.

Art. 8º O acompanhamento dos familiares e indivíduos do vínculo social do transgênero deverá ser articulado com outros serviços de saúde ou socioassistenciais, com vistas a garantir a assistência integral caso não seja realizado pela mesma equipe que assiste ao transgênero.

Art. 9º Na atenção médica especializada ao transgênero é vedado o início da hormonioterapia cruzada antes dos 16 (dezesseis) anos de idade.

§ 1º Crianças ou adolescentes transgêneros em estágio de desenvolvimento puberal Tanner I (pré-púbere) devem ser acompanhados pela equipe multiprofissional e interdisciplinar sem nenhuma intervenção hormonal ou cirúrgica.

§ 2º Em crianças ou adolescentes transgêneros, o bloqueio hormonal só poderá ser iniciado a partir do estágio puberal Tanner II (puberdade), sendo realizado exclusivamente em caráter experimental em protocolos de pesquisa, de acordo com as normas do Sistema CEP/Conep, em hospitais universitários e/ou de referência para o Sistema Único de Saúde.

§ 3º A vedação não se aplica a pacientes portadores de puberdade precoce ou estágio puberal Tanner II antes dos 8 anos no sexo feminino (cariótipo 46, XX) e antes dos 9 anos no sexo masculino (cariótipo 46, XY) que necessitem de tratamento com hormonioterapia cruzada por se tratar de doenças, o que está fora do escopo desta Resolução.

Art. 10. Na atenção médica especializada ao transgênero é permitido realizar hormonioterapia cruzada somente a partir dos 16 (dezesseis) anos de idade, de acordo com o estabelecido no Projeto Terapêutico Singular, sendo necessário o acompanhamento ambulatorial especializado, conforme preconiza a linha de cuidados específica contida no Anexo II desta Resolução.

Art. 11. Na atenção médica especializada ao transgênero é vedada a realização de procedimentos cirúrgicos de afirmação de gênero antes dos 18 (dezoito) anos de idade.

§ 1º Os procedimentos cirúrgicos de que trata esta Resolução só poderão ser realizados após acompanhamento prévio mínimo de 1 (um) ano por equipe multiprofissional e interdisciplinar.

§ 2º É vedada a realização de procedimentos hormonais e cirúrgicos, descritos nesta Resolução, em pessoas com diagnóstico de transtornos mentais que os contraindiquem, conforme especificado no Anexo III desta Resolução.

§ 3º A atuação do psiquiatra na equipe multiprofissional e interdisciplinar está discriminada no Anexo III desta Resolução.

§ 4º Os procedimentos cirúrgicos reconhecidos para afirmação de gênero estão descritos no Anexo IV desta Resolução.

Art. 12. Na atenção médica especializada ao transgênero os procedimentos clínicos e cirúrgicos descritos nesta Resolução somente poderão ser realizados a partir da assinatura de termo de consentimento livre e esclarecido e, no caso de menores de 18 (dezoito) anos, também do termo de assentimento.

Art. 13. Esta Resolução entra em vigor na data de sua publicação, revogando-se a Resolução CFM nº 1.955/2010, publicada no *D.O.U.* de 3 de setembro de 2010, Seção I, p. 109-10.

Carlos Vital Tavares Corrêa Lima

Presidente do Conselho Henrique Batista e Silva

Secretário-Geral

8 Antropologia forense

8.1 INTRODUÇÃO

A antropologia forense consiste no ramo da medicina legal que se utiliza de técnicas e métodos relativos à **identidade** e à **identificação**, isto é, conhecimentos utilizados para se identificar alguém de maneira confiável no curso de uma investigação.

Identidade é o conjunto de caracteres próprios e exclusivos das pessoas, dos animais, das coisas e dos objetos, que fazem chegar ao individual, a partir de um coletivo. Ou seja, é a soma de sinais, marcas e caracteres positivos ou negativos que, no conjunto, individualizam o ser humano ou uma coisa, distinguindo-os dos demais.

Já a **identificação** é o processo pelo qual se determina a identidade de pessoa ou coisa, ou seja, forma técnico-científica executada por perito e relevante para o direito para se chegar à identidade de determinado indivíduo.

> **Importante!**
>
> Não confundir: identidade × identificação × reconhecimento.
>
> **Identidade** é o conjunto de caracteres. **Identificação** é o processo para se determinar a identidade. Já o **reconhecimento** é um processo empírico, feito por lei e com baixo grau de precisão, nos termos do art. 226 do CPP.

Importante mencionar ainda os **elementos sinaléticos**, que são os sinais e os dados utilizados na identificação. De acordo com Hygino de C. Hercules (2014), "a cor e o tipo dos cabelos, a cor dos olhos, a forma da orelha, a estatura, são todos elementos sinaléticos. Quando isolados, são de pouco valor, já que muitas pessoas têm olhos da mesma cor, a mesma estatura etc. mas quando associados, passam a restringir o número de pessoas que podem ser enquadradas como possuidoras desses caracteres ao mesmo tempo".

Dessa forma, para que seja científico, é preciso que siga determinados critérios, e cinco desses requisitos são indispensáveis e serão destacados a seguir.

Decifrando a prova

(2018 – Cespe/Cebraspe – PC/SE – Delegado – Adaptada) A respeito de identificação médico-legal, de aspectos médico-legais das toxicomanias e lesões por ação elétrica, de modificadores da capacidade civil e de imputabilidade penal, julgue o item que se segue.

O procedimento de identificação de uma pessoa baseia-se na comparação entre a experiência da sensação proporcionada no passado e a mesma experiência renovada no presente pela pessoa a ser identificada.

( ) Certo ( ) Errado

Gabarito comentado: o procedimento de reconhecimento de uma pessoa baseia-se na comparação entre a experiência da sensação proporcionada no passado e a mesma experiência renovada no presente pela pessoa a ser identificada (processo subjetivo para estabelecer a identidade). É diferente do procedimento da identificação, que é um processo objetivo técnico-científico pelo qual se estabelece a identidade objetiva de um indivíduo. Portanto, a assertiva está errada.

8.2 REQUISITOS TÉCNICOS DOS MÉTODOS DE IDENTIFICAÇÃO

8.2.1 Unicidade

A técnica escolhida para a identificação deve permitir a distinção clara, precisa, entre o identificado e os demais, deixando quase nenhuma dúvida entre a pessoa que se quer identificar (identificando) e os demais.

8.2.2 Imutabilidade

Significa que essa técnica de identificação deve se basear em uma característica desse indivíduo que não sofra grandes alterações com o passar do tempo. Por exemplo, a fisionomia não é um bom critério, já que sofrerá mudanças ao longo do tempo. Além disso, podem ser feitas cirurgias plásticas. Por isso, não é um critério tão confiável.

8.2.3 Perenidade

Os dados escolhidos não devem se perder com o passar do tempo. Significa que determinada característica deve permanecer com o indivíduo por toda a sua vida.

Assim, pode ser excluída, como método de excelência, a arcada dentária, pois os dentes são imutáveis, mas não são perenes. Durante toda a vida o ser humano tem três dentições: infantil, adulta e uma adquirida depois. Ademais, os dentes podem ser extraídos e implantados, podem ser corrigidos por meio de procedimento odontológico.

Dessa forma, a arcada dentária é um bom método, mas não é absoluto, já que não cumpre o critério da perenidade.

8.2.4 Praticabilidade

O método escolhido deve permitir bom grau de segurança e confiabilidade, além de ser de prática fácil, sem dificuldade técnica.

8.2.5 Classificabilidade

A técnica/método deve permitir a comparação de dados de forma sistemática e precisa. Deve apontar rapidamente o identificado em uma população. Os dados colhidos devem ser acessíveis de forma rápida e prática.

Importante registrar que o professor Hygino não menciona como requisito técnico de identificação a perenidade. Esse requisito só é apontado como relevante para o professor Genival Veloso de França. Assim, concordamos com Genival e consideramos essas cinco características como indispensáveis em um bom método de identificação.

8.3 IDENTIDADE

Analisaremos, a seguir, dois parâmetros elementares de identificação: a identificação médico-legal e a identificação policial (ou judiciária).

8.3.1 Identificação médico-legal

Alguns exemplos de identificação médico-legal são: espécie, raça, sexo, estatura e idade.

Decifrando a prova

(2018 – Instituto AOCP – ITEP/RN – Perito Médico-Legista – Adaptada) Sobre a identificação médico-legal, é incorreto afirmar que sempre é feita por legistas.

( ) Certo ( ) Errado

Gabarito comentado: sobre a identificação médico-legal, é correto afirmar que sempre é feita por médicos-legistas e ela não se confunde com a identificação judicial, que é realizada por peritos papiloscopistas. Portanto, a assertiva está errada.

8.3.1.1 Critérios para a determinação da espécie

Havendo vida, a determinação da espécie não apresenta qualquer dificuldade. No entanto, quando uma perícia médico-legal se depara com pedaços, fragmentos ou apenas um vestígio de sangue, por vezes, é extremamente dificultoso precisar a olho nu se se trata de espécie humana ou animal.

8.3.1.2 Análise dos ossos

O osso é um tecido extremamente complexo, com três componentes principais: **matriz orgânica, componente mineral e componente celular** (osteoblastos, osteoclastos e osteócitos).

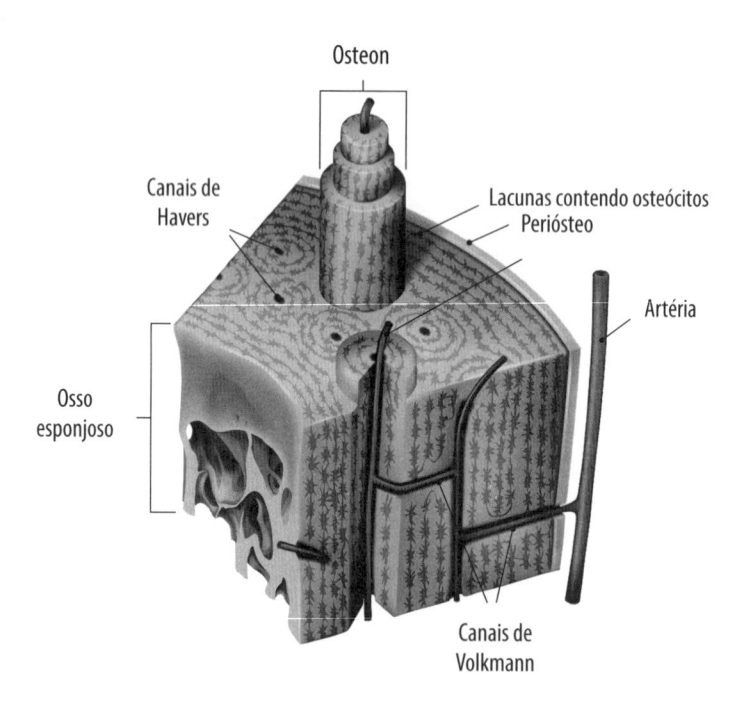

Tecido ósseo.

O esqueleto é composto de dois tipos de ossos: o cortical e o trabecular. O osso cortical é responsável por 80% da massa esquelética, está presente nas epífises dos ossos longos e é encontrado como revestimento de todos os ossos do organismo, ou seja, é a parte mais externa do osso. É formado por milhares de colunas de alguns centímetros de comprimento, muito próximas umas das outras, chamadas **ósteons** ou **Sistema Havers**.

A nutrição das células que se localizam dentro da matriz é feita pelos **canais de Havers e Volkmann**.

Dessa maneira, essa análise é muito útil quando encontrados fragmentos de ossos, dos quais, microscopicamente, podem ser identificados os **canais de Havers**, que são em **menor número e mais largos na raça humana** e em **maior número e mais estreitos nos animais**, também conhecidos como **ossos plexiformes**.

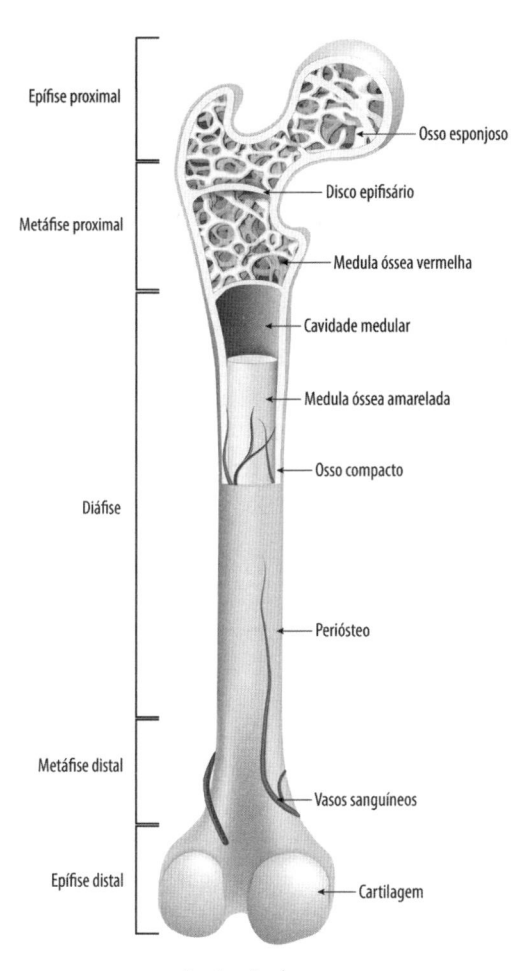

Epífise proximal

Osso esponjoso

Disco epifisário

Metáfise proximal

Medula óssea vermelha

Cavidade medular

Medula óssea amarelada

Osso compacto

Diáfise

Periósteo

Metáfise distal

Vasos sanguíneos

Epífise distal

Cartilagem

Anatomia do osso.

8.3.1.3 Análise do sangue

Inicialmente, faz-se necessário precisar se o material encontrado é mesmo amostra de sangue. Para isso, a doutrina destaca o emprego de três técnicas.

- **Técnica de Teichmann:** consiste na manipulação do material em busca dos cristais de Teichmann.
- **Técnica de Adler:** a forma e a dimensão dos glóbulos sanguíneos e a presença ou não de núcleos são analisadas na perícia para precisar se se trata de sangue humano ou animal.
- **Técnica de Uhlenhuth (ou albuminorreação):** Genival Veloso de França afirma ser o método mais seguro, verificando o tamanho e a forma das células, para assim identificar a espécime.

8.3.1.4 Critérios para a determinação racial

Dentro desses parâmetros, podem ser utilizados os critérios étnicos ou étnico-raciais. Esses parâmetros não são muito eficazes, mas podem ser utilizados quando os dados que se dispõem são muito poucos, como apenas uma ossada ou um crânio.

Assim, seria possível, pelo menos por meio do formato do crânio, das medidas do crânio, saber a qual grupo étnico aquela vítima pertencia, no caso de não haver outro método para identificação mais precisa.

O crânio pode ser medido pelos pontos referenciais: o ponto mais alto do crânio é chamado de bregma; o ponto mais posterior do crânio é chamado de lambda; o ponto mais anterior é a glabela; a implantação do osso do nariz (o násio-espinhal); a parte mais básica do crânio é chamada de básion; e há ainda o próstion.

A partir desses pontos referenciais, pode ser feita uma medida chamada de índice cefálico. Nesse caso, utiliza-se a medida anteroposterior e o diâmetro do crânio, classificando-os de acordo com os resultados.

Daí surgem os seguintes tipos:

- **dolicocéfalos** – índice igual ou inferior a 75;
- **mesaticéfalos** – índice de 75 a 80;
- **braquicéfalos** – índice superior a 80.

Essas técnicas, apesar de antigas e não muito precisas, podem ajudar a determinar pelo menos em qual grupo esse indivíduo está inserido.

Há também as dimensões da face e a tomada de medidas como a estatura e a envergadura, que ajudariam a determinar o grupo étnico ao qual a pessoa pertence.

Com relação aos grupos étnico-raciais, Ottolenghi subdividiu a espécie humana em alguns grupos diferentes, como:

- **tipo caucásico (ou caucasiano)** – indivíduos com pele branca ou morena, com cabelos lisos ou crespos, castanhos ou loiros, com rosto ovalado e perfil facial-ortognata (ângulo entre a face e a implantação da mandíbula quase totalmente reta) e levemente prognata (mandíbula proeminente);
- **tipo mongólico** – pele amarela, cabelos lisos e castanhos, face achatada de frente para trás, nariz curto e largo, olhos amendoados e maxilares pequenos e salientes;
- **tipo negroide** – pele castanho-escura, cabelos crespos, crânio dolicocéfalo (alongado com diâmetro transversal menor que o anteroposterior), prognatismo acentuado (queixo mais proeminente) e nariz curto e alargado;
- **tipo indiano:** pele entre amarelada e avermelhada, estatura alta, cabelos pretos e lisos, íris castanha, ausência de barba e bigode, crânio mesocéfalo, supercílios grossos, orelhas pequenas, nariz saliente, longo e estreito e fronte saliente;

- **tipo australoide:** estatura alta, pele morena, cabelos pretos e ondulados, testa estreita, nariz curto e alargado, bacia estreita e cintura escapular larga;

Com isso, Ottolenghi dividiu os grupos étnicos nesses cinco subtipos. Aqui não se trata de diferenças genéticas, mas diferenças morfológicas, de aparência, que podem ajudar na identificação, inclusive de ossada.

> ### 🧩 Decifrando a prova
>
> **(2017 – Cespe/Cebraspe – PC/GO – Delegado – Adaptada)** De acordo com Ottolenghi, um indivíduo de pele branca ou trigueira, com íris azuis ou castanhas, cabelos lisos ou crespos, louros ou castanhos, com perfil de face ortognata ou ligeiramente prognata e contorno anterior da cabeça ovoide, é classificado como indiano.
>
> ( ) Certo ( ) Errado
>
> **Gabarito comentado:** ele é classificado como caucásico, porque apresenta características de "pele branca ou trigueira, com íris azuis ou castanhas, cabelos lisos ou crespos, louros ou castanhos, com perfil de face ortognata ou ligeiramente prognata e contorno anterior da cabeça ovoide". O indivíduo considerado indiano tem estatura alta; pele amarelo trigueira, tendente ao avermelhado; íris castanhas; cabelos pretos, lisos e espessos; crânio mesocéfalo; supercílios espessos; orelhas pequenas; nariz saliente, estreito e longo; barba escassa etc. Portanto, a assertiva está errada.

8.3.1.5 Critérios para a determinação do sexo

É possível, a partir de restos mortais ou apenas uma ossada ou parte dela, determinar se o indivíduo era do sexo masculino ou feminino, por meio do chamado dimorfismo sexual.

Genival Veloso de França afirma que não há somente um sexo – o somático –, mas, pelo menos, nove tipos: o morfológico, o cromossomial, o gonadal, o cromatínico, o da genitália interna, o da genitália externa, o jurídico, o sexo de identificação e o sexo médico-legal.

- **Sexo morfológico:** é representado pela configuração fenotípica do indivíduo.
- **Sexo cromossomial:** é definido pela avaliação dos cromossomas sexuais e pelo corpúsculo fluorescente. É masculino aquele que apresenta 46XY e tem corpos fluorescentes, e feminino quando apresenta uma constituição cromossômica de 46XX sem corpos fluorescentes. Esse conjunto de cromossomos chama-se cariótipo.
- **Sexo gonadal:** caracteriza o masculino como portador de testículos e o feminino como portador de ovários.
- **Sexo cromatínico:** determinado pelos corpúsculos de Barr, pequenos corpos de cromatina que se encontram no nucléolo das células dos organismos femininos, daí a classi-

ficação em cromatínicos positivos (femininos) e cromatínicos negativos (masculinos). Cada cromossomo encerra informações codificadas em genes por meio de moléculas de DNA.

- **Sexo da genitália interna:** caracteriza o masculino quando desenvolvidos os ductos de Wolff, e o feminino quando desenvolvidos os ductos de Müller.

- **Sexo da genitália externa:** define o masculino com a presença de pênis e escroto, e o feminino com a presença de vulva, vagina e mamas.

- **Sexo jurídico:** é o designado no registro civil, ou quando a autoridade legal manda que se registre uma pessoa num ou noutro sexo, após suas convicções médico-legais, morais ou doutrinárias.

- **Sexo de identificação ou psíquico ou comportamental:** é aquele cuja identificação o indivíduo faz de si próprio e que se reflete no comportamento. Também é chamado de sexo moral.

- **Sexo médico-legal:** é constatado por meio de uma perícia médica nos portadores de genitália dúbia ou sexo aparentemente duvidoso, por exemplo, um portador de uma grande hipospádica, facilmente confundível com uma cavidade vaginal.

Normalmente, não se trata de matéria difícil distinguir o sexo em um cadáver. Entretanto, eventualmente, em cadáveres em avançado estágio putrefativo, a análise dos ossos, principalmente do crânio, da mandíbula, do tórax e da pelve, é de extrema relevância.

O perito é capaz de dizer se um fêmur é de homem ou de mulher, se o crânio é masculino ou feminino. Contudo, registre-se que o conjunto de ossos do quadril é o mais característico entre o grupo masculino e o grupo feminino.

8.3.1.6 Principais diferenças

- **Pelve**
  - » **No sexo masculino:**
    - ► Consistência óssea mais forte, com rugas de inserção mais pronunciadas.
    - ► Dimensões verticais predominam sobre as horizontais.
  - » **No sexo feminino:**
    - ► O diâmetro transversal supera a altura da bacia.
    - ► O ângulo sacrovertebral é mais fechado e saliente.

Importante!

O conjunto de ossos do quadril é composto do íleo, do ísquio e do púbis. Esses ossos indicam com facilidade se o identificando era homem ou mulher. A bacia feminina é mais arredondada, para permitir a passagem da criança no parto. O quadril feminino é mais estreito, mais triangular.

Conforme ensina o professor Hygino de Carvalho Hercules (2014), "as estimativas de sexo baseadas no exame cuidadoso de uma pelve bem conservada costumam ter precisão de aproximadamente 100%".

Ressalta-se que esse critério pode ser usado até mesmo em ossatura antiga ou comprometida pelo fogo, casos em que o critério genético já foi comprometido.

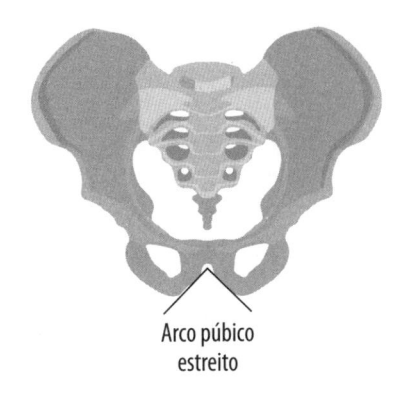 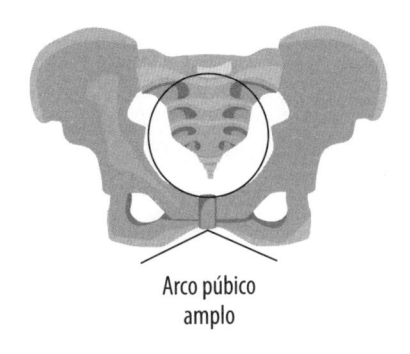

Arco púbico estreito

Arco púbico amplo

Cintura pélvica masculina

Cintura pélvica feminina

Pelve masculina × pelve feminina

- **Crânio**

  » **No sexo masculino:**

  - ▶ Espessura óssea mais pronunciada.
  - ▶ Processos mastóideos mais salientes e separados um do outro.
  - ▶ Fronte mais inclinada para trás.
  - ▶ Glabela mais pronunciada.
  - ▶ Arcos superciliares mais salientes.
  - ▶ Articulação frontonasal angulosa.
  - ▶ Mandíbula mais robusta.

  » **No sexo feminino:**

  - ▶ Fronte mais vertical.
  - ▶ Glabela menos pronunciada.
  - ▶ Arcos superciliares menos salientes.
  - ▶ Rebordos superorbitários cortantes.

► Articulação frontonasal curva.

► Mandíbula menos robusta.

Também é um forte indicador no estudo ósseo para determinação do sexo, porém não tão confiável quanto os ossos da pelve. Se somente o crânio estiver presente em um contexto populacional desconhecido ou se o indivíduo for imaturo, o grau de confiança poderá oscilar entre 80% e 90%.

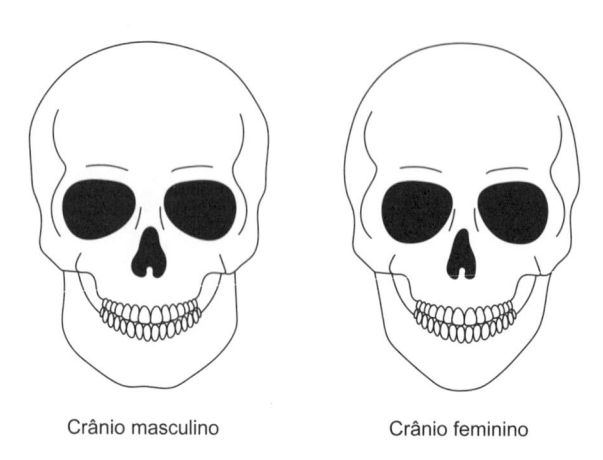

Crânio masculino Crânio feminino

- **Ossos longos**

  » **No sexo masculino:**

  ► Maiores.

  ► Mais ásperos.

  ► Utiliza-se tabela para medição do diâmetro máximo da cabeça do fêmur e do úmero.

  » **No sexo feminino:**

  ► Menores.

  ► Menos ásperos.

  ► Utiliza-se tabela para medição do diâmetro máximo da cabeça do fêmur e do úmero.

É, igualmente, um forte indicador no estudo ósseo para determinação do sexo, porém são dados menos consistentes do que os fornecidos pela pelve e pelo crânio.

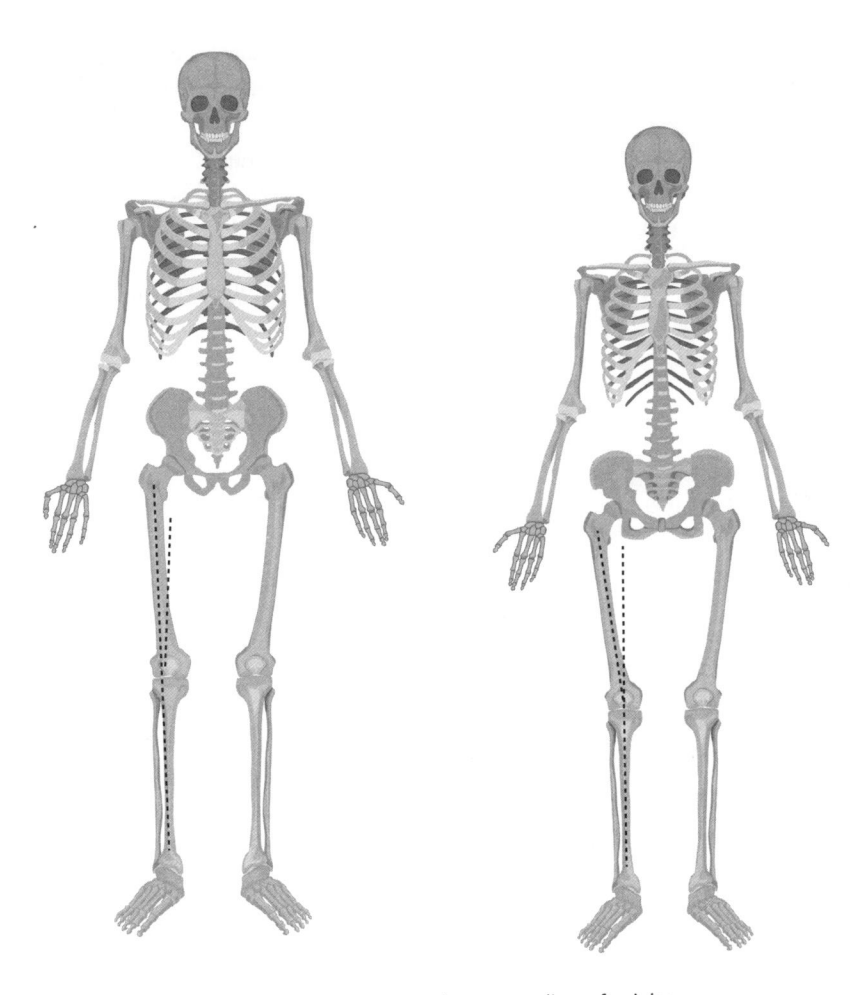

Diferenças entre os esqueletos masculino e feminino.

- **Tórax**
  - » **No sexo masculino:**
    - ▶ Assemelha-se a um cone invertido.
    - ▶ Cintura escapular mais larga.

  - » **No sexo feminino:**
    - ▶ Assemelha-se a um ovoide.
    - ▶ Predominância da cintura pélvica.

Portanto, para a determinação do sexo nos adultos, com relação à ordem de importância, em primeiro lugar vem a pelve, depois o crânio, e, por último, o fêmur. Nos subadultos, o sexo deve ser estimado pela comparação do estágio de formação e erupção dos dentes com o estágio de maturação do resto do esqueleto, com exceção do crânio.

Conforme ensina o professor Hygino de Carvalho Hercules (2014), o diagnóstico do sexo pode ser realizado em 100% dos casos, desde que:

- o esqueleto se encontre completo e em bom estado de conservação;
- o indivíduo seja adulto;
- a variabilidade morfométrica intragrupal da população a que pertence o espécime seja conhecida.

> ### 🧩 Decifrando a prova
>
> **(2019 – Instituto AOCP – PC/ES – Perito Médico-Legista – Adaptada)** Um corpo de um subadulto de 8 anos foi encontrado na beira de um rio, totalmente esqueletizado e sem pertences. Com base em metodologia científica, o método que deveria ser utilizado para estimar o sexo dos remanescentes ósseos é o exame genético.
>
> ( ) Certo ( ) Errado
>
> **Gabarito comentado:** o melhor método é realizar o exame genético, pois a análise do sexo por meio das suas estruturas ósseas, como o crânio e a pelve, ficará prejudicada em razão da idade da vítima (8 anos). Portanto, a assertiva está certa.

8.3.1.7 Critérios para a determinação da estatura

A altura total do indivíduo (estatura) varia com a raça, a idade, o sexo, o desenvolvimento e as influências hormonais. A estatura não identifica, mas pode fazer a distinção do identificado.

No vivo, mede-se em pé e, na criança ou no cadáver, em decúbito dorsal.

Assim, a estatura não é um critério imutável, mesmo quando se chega ao final da vida. Isso ocorre porque, entre as vértebras da coluna, há discos intervertebrais que vão se achatando, fazendo a pessoa reduzir sua estatura ao longo da vida.

Já o cadáver, por sofrer a desidratação (evaporação tegumentar), irá diminuir de tamanho, fazendo diferença na estatura.

Observe que, quando se pretende estimar a estatura em uma ossada, organizando os ossos, é necessário acrescer de 5 a 6 centímetros, já que devem ser consideradas as partes moles e as articulações que se perderam com a morte.

Por fim, quando não é encontrada a ossada inteira, mas apenas partes dela (principalmente os ossos longos), é possível determinar a estatura dessa pessoa quando viva, a partir desse único osso. Para isso, afere-se a medida desse osso e utiliza-se a tabela referencial. É a chamada **tábua osteométrica de Broca**.

Há ainda uma segunda tabela, chamada de **tabela de Étienne Rollet**, que permite aferir a estatura do indivíduo a partir da medida individual de ossos longos.

8.3.1.8 Critérios para a definição da idade

Os critérios para a definição da idade são de suma importância, já que muitas vezes um suposto menor apreendido diz ser menor de idade, não havendo documentos para essa comprovação.

Obviamente, não há exame de idade que diga exatamente a idade do sujeito, mas é possível determinar em que faixa etária esse indivíduo se encontra a partir da análise de um conjunto de informações quando do exame de um esqueleto, por meio de análises microscópicas e macroscópicas.

Em jovens (subadultos), é possível diagnosticar a idade com boa aproximação mediante a análise de:

- forma e grau de metamorfose dos centros de ossificação;
- formação e erupção dentária;
- progressão do fechamento metafisário;
- comprimento dos ossos longos.

Em adultos, devem ser empregados outros critérios, já que, conforme ensina o professor Hygino de Carvalho Hercules (2014), "a maioria dos dentes está completamente formada e erupcionada, a maioria das epífises está unida, e o crescimento longitudinal do osso está terminado".

Portanto, alguns critérios são apontados para estudo da estimativa da idade em adultos, são eles:

- **Na pelve**

Sínfise púbica – sistema de Suchey-Brooks para a sínfise pubiana e superfície auricular do ílio.

- **No crânio**

Fechamento das suturas cranianas – segmentos do sistema da abóbada, segmentos do sistema anterolateral, segmentos do sistema das suturas endocranianas e sistema das suturas do palato duro.

Importante ainda esclarecer que, nesse ponto, já foi objeto de prova o estudo acerca das suturas do palato duro, comumente conhecida como **rugopalatoscopia**. Assim, devemos alertar, mais uma vez, sobre a importância de conhecimento dos prefixos e sufixos, pois "rugo" vem de rugosidade, "palato" é o céu da boca e "scopia" é estudo, portanto estudo das rugosidades/cristas do céu da boca.

Ademais, é essencial o estudo radiológico **não somente** dos longos mas também dos dentes, que são, igualmente, ossos, porém com a finalidade específica da mastigação.

Ressalta-se que os dentes apresentam diferentes aspectos a depender da faixa etária, já que, com o passar do tempo, há o desgaste. Esse desgaste é característico não só pela idade mas também pelo tipo de alimentação, ou pelo tipo de ocupação que a pessoa tem (músicos de instrumentos de sopro, por exemplo). Ou seja, pelo grau de desgaste de um único dente, o perito odontodentista consegue estimar a idade do sujeito.

No caso da dentição infantil, esta irá cair para a formação da dentição definitiva com o aparecimento dos sisos posteriormente.

🧩 Decifrando a prova

(2019 – Instituto AOCP – PC/ES – Perito Médico-Legista – Adaptada) Um corpo foi encontrado carbonizado em um acidente automobilístico, restando apenas o tronco, parte dos membros inferiores sem as extremidades e a cabeça. Para realizar sua identificação, é possível afirmar que o método odontolegal seria o mais indicado, considerando que existem informações *ante mortem* disponíveis para os métodos propostos.

( ) Certo ( ) Errado

Gabarito comentado: visto que a questão afirma que o indivíduo permaneceu com a cabeça, o método odontológico é o mais indicado para identificar o ser humano que teve seu corpo carbonizado, em razão de os dentes aguentarem temperaturas altas. Portanto, a assertiva está certa.

(2019 – Instituto AOCP – PC/ES – Delegado – Adaptada) A respeito da identificação criminal, é correto afirmar que a rugopalatoscopia é um método de identificação que leva em consideração as cristas sinuosas existentes do palato duro.

( ) Certo ( ) Errado

Gabarito comentado: a rugopalatoscopia é um método de identificação utilizado para colher impressões digitais encontradas no céu da boca do indivíduo. Portanto, a assertiva está certa.

8.3.2 Critérios para a identificação do indivíduo

A partir de um único dente, o perito pode, com facilidade, determinar se é um dente humano ou não. Ainda, dependendo do estado em que se encontre, esse dente pode fornecer material genético.

Como foi dito, o **exame da arcada dentária** (conjunto dos dentes) também pode ser importante na determinação da idade do indivíduo. Esse exame tem sua utilidade, mas tem suas restrições também.

Normalmente, esse tipo de exame é feito para vítimas em que já há uma suspeita de quem possa ser, e não para um cadáver encontrado aleatoriamente. Geralmente, é usado em desastres e acidentes, onde já há uma lista de possíveis vítimas. A partir da ficha dentária que o dentista das vítimas tem, é feita uma comparação com a arcada dentária do corpo encontrado.

Além disso, há o critério da **abóbada palatina**, vulgarmente conhecida como céu da boca. A abóbada palatina possui um desenho característico, que é único em cada indivíduo, como se fosse uma impressão digital. No entanto, não é muito fácil sua aplicação na prática.

Registre-se que o critério da arcada dentária não é somente realizado a partir da análise direta da arcada mas também pode ser feito por meio de fotografia, do desenho, inclusive pelo suporte em uma mordedura.

Outro parâmetro que ajuda na identificação de um indivíduo são as **malformações**. De acordo com sua incidência elas podem ser valiosas para a identificação, por exemplo: lábio leporino, malformações genitais, vícios ósseos, anomalias quanto ao número de dedos nas mãos, quanto ao volume das mãos ou quanto ao cumprimento das mãos etc.

Há ainda as características físicas que foram adquiridas, como mutilações, deformidades, cicatrizes, tatuagens etc. Todas essas podem ajudar na identificação.

As **características psíquicas** podem, igualmente, ajudar a identificar um indivíduo perante os demais (TOC, tique nervoso etc.).

Ademais, há a **prosopografia**, que é a descrição da face, o desenho do rosto. É possível, a partir de uma fotografia antiga do rosto de alguém, uma projeção, por meio de *softwares* ou desenhos, de como ela estaria agora.

Importante não confundir a prosopografia com o retrato falado e o reconhecimento.

O **reconhecimento** é algo previsto pelo CPP, no art. 226, e tem seu ritual todo previsto em lei. Já o **retrato falado** é apenas um método auxiliar de identificação em uma investigação, não sendo aceito como prova em juízo.

8.3.3 Identificação policial ou judiciária

A identificação policial ou judiciária, ao contrário do que já vimos até agora, **não leva em consideração conhecimentos médicos**.

Desde já, afirmamos que o método mais utilizado e eficaz na identificação policial é o **método dactiloscópico de Vucetich**. Todavia, antes de seu surgimento, no século XIX, mais precisamente em 1891 (instituído no Brasil, oficialmente, em 1903), alguns métodos eram utilizados, como a bertilhonagem, o retrato falado, a fotografia sinalética etc.

Assim, a **fotografia sinalética de Bertillon** consiste em fotografias de frente e de perfil, sempre do mesmo tamanho para posterior comparação.

Quanto ao **retrato falado**, também é uma ferramenta útil no início de uma investigação, consistindo em reprodução artística da face do criminoso, com base em descrições das vítimas e das testemunhas.

A **prosopografia**, por sua vez, é o sistema craniofotocomparativo de Piacentino. Por superposição, por transparência, de imagens tiradas em vida do crânio, à procura de correspondências que levem à identificação.

Há, inclusive, a **impressão genética do DNA**, utilizada em questões judiciais relacionadas, sobretudo, com paternidade e identificação. É realizada por meio da análise de manchas de fluidos orgânicos, anexos, cutâneos, partes do cadáver etc.

Ainda, podemos destacar a **biometria**, que é o método automatizado de reconhecimento de padrões que busca a identidade de uma pessoa por algumas de suas características físicas ou comportamentais. Entre elas, inclui-se a impressão digital. A vantagem da biometria é que esta é única, imutável, perene, classificável, veloz, robusta, não é dolorosa nem invasiva.

🧩 Decifrando a prova

(2019 – Instituto AOCP – PC/ES – Perito Médico-Legista – Adaptada) Identidade é a soma de caracteres que individualizam uma pessoa, distinguindo-a das demais. Os métodos de identificação por meio dos dentes e das impressões digitais são considerados, respectivamente: identificação médico-legal e biológica.

( ) Certo ( ) Errado

Gabarito comentado: os métodos de identificação por meio dos dentes e das impressões digitais são considerados, respectivamente: identificação médico-legal e judiciária. De acordo com o autor Genival Veloso de França (2021, p. 93), "A identificação judiciária ou policial independe de conhecimentos médicos, e sua fundamentação reside, sobretudo, no uso de dados antropométricos e antropológicos para a identidade civil e caracterização dos criminosos, quer primários, quer reincidentes. Esse processo é efetuado por peritos em identificação. [...] A identificação médico-legal é um processo técnico-científico de comprovação individual, objetivo e concreto [...]. A certeza da identidade, dentro das normas periciais aceitas e reconhecidas, exige a materialidade como argumento de comprovação. Desse modo, todos os elementos da convicção pericial em uma identidade médico-legal devem ser de caráter técnico e científico, e a conclusão rigorosamente justificada por uma avaliação que se alicerce em dados antropológicos e genéticos de reconhecido valor probante. [...] Quanto aos corpos que estiverem relativamente preservados, recomenda-se uma completa revisão para ficar patente que nada foi esquecido, tendo-se o cuidado de documentar todos os elementos considerados importantes, inclusive por meio de fotografias, radiografias e de fichas datiloscópicas e odontológicas. Há casos em que está indicada a retirada das mandíbulas e dos maxilares superiores para uma possível comprovação posterior". Portanto, a assertiva está errada.

De todas as técnicas destacadas, as mais importantes são o **DNA e as impressões digitais**. Por isso, é fundamental um estudo mais detalhado do **sistema dactiloscópico de Vucetich.**

8.3.3.1 Sistema dactiloscópico de Vucetich

Essa técnica **não falha**, a não ser que tenha havido um erro na leitura. Além disso, atende a todos os parâmetros já mencionados, quais sejam: unicidade, praticabilidade, perenidade, classificabilidade e imutabilidade.

Juan Vucetich definiu dactiloscopia como "a ciência que se propõe a identificar as pessoas, fisicamente consideradas, por meio das impressões ou reproduções físicas dos desenhos formados pelas cristas papilares das extremidades digitais".

Dá-se o nome de **desenho digital** ao conjunto de cristas e sulcos que possuímos na polpa dos dedos. Já **impressão digital** é o reverso do desenho, o decalque. O método clássico utilizava papel e tinta, mas hoje se utiliza o escaneamento. Independentemente do método, a superfície que for tocada pela polpa dos dedos será chamada de **suporte**.

Portanto, o que se tem na pele é o chamado desenho papilar e o que fica sobre o suporte é a chamada impressão papilar. O desenho papilar se forma, aproximadamente, no sexto mês de vida intrauterina, perdurando até alguns dias após a morte.

Assim, dois profissionais entram nessa avaliação: o pesquisador papiloscópico e o papiloscopista. O primeiro é aquele que irá até o local procurar as impressões digitais, nos mais variados suportes, fazendo o levantamento destas. Já o papiloscopista é aquele que irá realizar a leitura das impressões colhidas no laboratório, por meio da comparação e da classificação dos dados, para, por fim, elaborar o laudo.

As impressões papilares, de acordo com o suporte, podem ser:

- **visíveis** – podem ser visualizadas a olho nu e fotografadas diretamente (deixadas com pigmentos, sangue etc.);
- **moldadas** ou **modeladas** – são deixadas sobre suportes com plasticidades, sulcos correspondentes às cristas e vice-versa (ex.: sabão, massa de vidraceiro etc.);
- **latentes** – que não podem ser visualizadas a olho nu e, geralmente, são descobertas após incidir facho de luz oblíquo sobre o suporte, necessitando do uso de reveladores (podem ser produtos químicos, pó magnético, luz ultravioleta etc.), que variam de acordo com o suporte.

Em se tratando de cadáver em estágio de decomposição, a pele pode estar macerada, dificultando a coleta da impressão. Se a decomposição for inicial, poderá ser feita uma injeção de parafina sob a pele, preenchendo o espaço macerado, sendo feita, por conseguinte, a coleta.

Contudo, se a decomposição for mais avançada, a injeção de parafina romperá a pele, por isso deverá ser utilizada outra técnica, que é a chamada **luva cadavérica**. Por meio desta, o perito corta pele da mão do cadáver, vestindo-a como se fosse uma luva sobre sua pele, procedendo, assim, à coleta.

8.3.4 Tipos fundamentais

As papilas dérmicas de todos os indivíduos são compostas de reentrâncias e saliências, ou seja, cristas e sulcos, que formam o desenho digital.

Com o estudo dessas cristas e sulcos, estabeleceu-se a existência de três sistemas:

- marginal;
- basilar;
- nuclear.

Conforme os ensinamentos do professor Genival Veloso de França (2021, p. 96), "o **sistema nuclear** é representado por linhas colocadas entre as basilares e as marginais. O **sistema marginal** é constituído pelas linhas superiores que se sobrepõem ao núcleo. E o **sistema basilar** é composto das linhas que ficam na base da impressão digital, isto é, abaixo do núcleo".

Pela classificação de Vucetich, as impressões digitais são classificadas a partir dos "deltas", que são, basicamente, o encontro dos ângulos formados pelos sistemas marginal, basilar e nuclear.

São quatro os tipos fundamentais:

- verticilo – apresenta dois deltas;
- presilha externa – apresenta delta à esquerda do observador;
- presilha interna – apresenta delta à direita do observador;
- arco – o delta é ausente.

Assim, no que se refere aos tipos fundamentais, a figura do delta é vista como a mais importante, já que os tipos são classificados levando-o como parâmetro.

Vucetich classificou todas as impressões, portanto, em grupos básicos e fez uma tabela, chamada de **fórmula dactiloscópica** utilizando letras e números.

A fórmula dactiloscópica é uma fração, a qual revela, no numerador (parte de cima), os tipos fundamentais representados por números ou letras referentes à mão direta, chamada de **série**, e, no denominador (parte de baixo), os tipos fundamentais referentes à mão esquerda, chamada de **seção**. Observe o quadro a seguir:

	Imaginemos uma fórmula dactiloscópica:
$\dfrac{V \cdot 3232}{I \cdot 2121}$, teremos:	**Mão direita** V – Verticilo, polegar direito. 3 – Presilha externa, indicador direito. 2 – Presilha interna, médio direito. 3 – Presilha externa, anular direito. 2 – Presilha interna, mínimo direito. **Mão esquerda** I – Presilha interna, polegar esquerdo. 2 – Presilha interna, indicador direito. 1 – Arco, médio esquerdo. 2 – Presilha interna, anular esquerdo. 1 - Arco, mínimo esquerdo.

Pode acontecer, entretanto, de haver duas pessoas que possuem a mesma fórmula dactiloscópica, o que não quer dizer que suas impressões digitais sejam iguais. Isso porque, além dos tipos fundamentais, o sistema de Vucetich, identifica pontos característicos.

Ademais, comumente, na doutrina, sustenta-se que, havendo 12 pontos característicos idênticos, numa ou noutra impressão digital, em mesma localização e sem nenhuma divergência, a identidade é estabelecida.

Os pontos característicos mais comuns são: o ponto, a cortada, a bifurcação, a forquilha e o encerro.

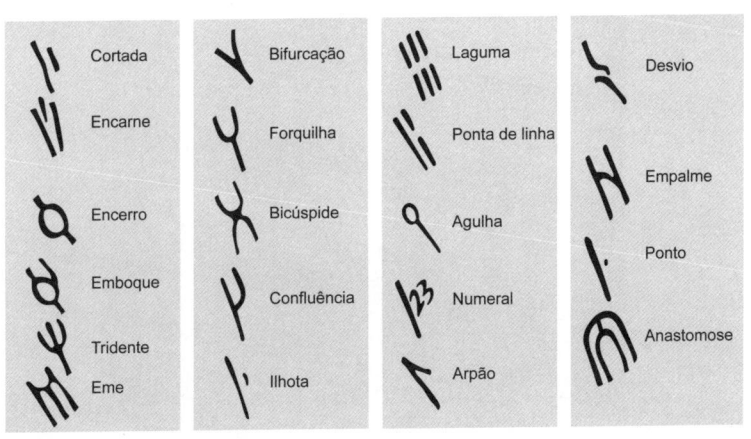

A técnica da identificação pela impressão papilar é feita por meio de uma **leitura em varredura**, mediante a qual são procurados pontos de coincidência entre o desenho encontrado na cena do crime e o desenho de um suspeito. Quando há a coincidência, fala-se em **positivação ou legitimação**.

No Brasil, como já dissemos, essa varredura, para ser considerada positiva, precisa apresentar **12 pontos de coincidência**.

Importante mencionar que, quando houver amputação (ou ausência congênita), de um ou mais dedos, será representada pelo "0". Já, se houver a representação do "X", significa dizer que a impressão dactiloscópica está ilegível, por conta de uma cicatriz, por exemplo.

🧩 Decifrando a prova

(2013 – UEG – PC/GO – Delegado – Adaptada) No local do crime, os peritos arrecadaram um desenho digital que apresentava um delta à esquerda. Pelo sistema de *Vucetich*, esse desenho é classificado como presilha interna.

( ) Certo ( ) Errado

Gabarito comentado: pelo sistema de *Vucetich*, esse desenho é classificado como presilha externa. Esta representa o delta à esquerda do núcleo observador, diferentemente da presilha interna, que representa o delta à direita do núcleo observador. Portanto, a assertiva está errada.

(2018 – Cespe/Cebraspe – PC/MA – Delegado – Adaptada) Texto associado:

Em determinada cidade interiorana, por volta das dezesseis horas de um dia ensolarado, o corpo de uma mulher jovem foi encontrado por populares, em área descoberta de um terreno baldio. O delegado de plantão foi comunicado do fato e, ao dirigir-se ao local, a autoridade policial verificou que o corpo se encontrava em decúbito dorsal e despido. A perícia de local, tendo realizado exame perinecroscópico, verificou que o corpo apresentava temperatura de 27°C, além de rigidez completa de tronco e membros. Constataram-se escoriações na face, fraturas dos elementos dentários anteriores, manchas roxas na região cervical anterior e duas lesões profundas na região torácica anterior, abaixo da mama esquerda, medindo a maior delas 4 cm × 1 cm. Havia tênue mancha de tonalidade avermelhada na face posterior do corpo, que só não se evidenciava nas partes que estavam em contato com o solo. Nas adjacências das lesões torácicas e no solo próximo ao corpo, havia pequena quantidade de sangue coagulado. No mesmo terreno onde estava o corpo, foi encontrada uma faca de gume liso único. A lâmina, que estava suja de sangue, tinha formato triangular e media 20 cm de comprimento e 4 cm de largura em sua base. Exames laboratoriais realizados posteriormente atestaram que o sangue presente na faca pertencia à vítima. Após a lavagem do corpo, foi possível detectar lesões torácicas, de acordo com as imagens mostradas na figura a seguir.

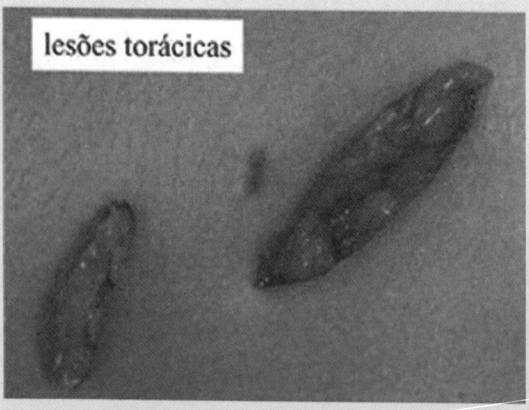

lesões torácicas

Fonte: <www.malthus.com.br>.

A perícia dactiloscópica realizada no cadáver referido no texto 1A9AAA identificou a impressão digital de um único dedo na faca encontrada no local do crime. A comparação dessa impressão digital com os dados do arquivo criminal revelou que ela coincidia com a do dedo indicador da mão direita de um homem foragido da justiça que havia sido condenado pelo estupro seguido de morte de outras mulheres. Com referência a essas considerações adicionais, é impossível afirmar que, no caso considerado, a impressão digital de uma única polpa digital poderá ser considerada suficiente para estabelecer a autoria do crime.

( ) Certo ( ) Errado

Gabarito comentado: a impressão digital de uma única polpa digital poderá ser considerada suficiente para estabelecer a autoria do crime. Portanto, a assertiva está errada.

Por fim, as chamadas **linhas albodactiloscópicas** são linhas brancas transversais que, diferentemente do restante do desenho digital, são produto de esforço, do trabalho. Elas podem desaparecer com a interrupção da atividade, o que não ocorre com o desenho papilar.

9 Tanatologia forense

9.1 INTRODUÇÃO

Etimologicamente, a palavra "tanatologia" significa **estudo da morte**, de modo que *tanathus* significa morte e *logia* estudo.

Isso posto, para a medicina legal, a tanatologia procura explicar os fenômenos e os sinais ligados a esse acontecimento, que é a morte, além das consequências jurídicas a ela inerentes.

Devemos saber que a célula é a unidade fundamental do nosso corpo e, quando agrupada, forma um tecido. Um conjunto de tecidos, por sua vez, forma um órgão. Já um conjunto de órgãos forma um aparelho. Por seu turno, um conjunto de aparelhos forma um sistema. E, por fim, um conjunto de sistemas forma o corpo humano.

Dessa forma, a morte, objeto de estudo da tanatologia, é a **morte de todas as células que formam nosso corpo**.

A autopsia, necropsia, tanatopsia ou exame cadavérico são expressões entendidas como sinônimas para a doutrina, podendo ser conceituadas como o procedimento médico que consiste em examinar o cadáver para determinar a causa ou o modo de morte.

Cumpre observar que a morte não é um instante, é um **processo**. Processo esse que tem características que ocorrem de forma ordenada. Assim, encontrando determinado sinal, é possível saber em que fase o cadáver se encontr, o que estudaremos daqui adiante.

9.2 PREMORIÊNCIA E COMORIÊNCIA

Há casos em que os peritos se deparam com situações em que não é tecnicamente possível definir quem morreu primeiro em um local. Por exemplo, marido e mulher são encontrados mortos em um acidente de carro, não sendo viável precisar quem morreu primeiro.

Sabemos que essa ordem é de extrema relevância para fins de consolidar a cadeia sucessória, já que o **princípio de *saisine*** aduz que a sucessão é aberta com a morte.

Ocorre que, na dúvida, a legislação brasileira estabelece a presunção da comoriência, conforme prevê o art. 8º do CC.

Devemos ressaltar, entretanto, que a comoriência é uma exceção porque, em regra, devemos buscar saber quem morreu primeiro, ou seja, quem precedeu o outro no momento da morte (premoriência).

> ### 🧩 Decifrando a prova
>
> **(2018 – Cespe/Cebraspe – PC/SE – Delegado – Adaptada)** Texto associado:
> Um homem de cinquenta anos de idade assassinou a tiros a esposa de trinta e oito anos de idade, na manhã de uma quarta-feira. De acordo com a polícia, o homem chegou à casa do casal em uma motocicleta, chamou a mulher ao portão e, quando ela saiu de casa, atirou nela com uma arma de fogo, matando-a imediatamente. Em seguida, ele se matou no mesmo local, com um disparo da arma encostada na própria têmpora.
> Considerando a situação hipotética apresentada e os diversos aspectos a ela relacionados, julgue o item a seguir. O evento caracteriza um episódio de comoriência.
> ( ) Certo ( ) Errado
>
> **Gabarito comentado:** o enunciado versa sobre o instituto da premoriência, pois se sabe que, primeiramente, ocorreu o crime de homicídio realizado pelo homem ao matar a sua esposa e, posteriormente, ocorreu o crime de suicídio praticado pelo homem. Logo, sabe-se a ordem em que ocorreram as mortes violentas. Nesse sentido, o evento não caracteriza um episódio de comoriência tipificado no art. 8º do CC. Portanto, a assertiva está errada.

9.3 ESPÉCIES DE MORTE

A doutrina médico-legal classifica algumas espécies de morte:

- **Morte anatômica** – parada total e permanente de todas as funções orgânicas, de todas as funções do organismo.
- **Morte histológica** – etimologicamente, "histo", do grego *histós*, quer dizer, tecido, ao passo que "logia" quer dizer estudo. Portanto, histologia é o estudo dos tecidos. De igual forma, quando se fala em tissular, também se relaciona a tecidos.
- **Morte relativa** – estado de parada cardiorrespiratória reversível.
- **Morte intermédia** – cessação progressiva das atividades orgânicas sem que seja possível a recuperação da vida. É a situação em que o indivíduo não morre subitamente, mas seu quadro vai piorando, até a morte.
- **Morte absoluta** – cessação de toda a atividade biológica no indivíduo, ou seja, não há mais nenhuma vida no corpo.

9.4 TIPOS DE MORTE

9.4.1 Morte natural e violenta

Existem dois tipos de morte: **mortes naturais** e **mortes violentas**. As mortes naturais são decorrentes de causas internas. Já as mortes violentas são decorrentes de causas externas.

As **mortes violentas** podem ser por: Suicídio, Acidente ou Crime (SAC). Tratando-se de morte violenta, quem deve fornecer o atestado de óbito é o perito legista. Logo, o corpo deverá ser levado para o IML.

Por conseguinte, deverá ser feito o registro de ocorrência na delegacia, recebendo como título **Remoção para Verificação de Óbito (RVO)**. Nesse caso, normalmente, os Delegados de Polícia instauram inquérito policial, por portaria, para investigar a causa da morte.

9.4.2 Morte suspeita

Não devemos confundir morte suspeita com aquela em que não se sabe se houve suicídio, acidente ou crime. Nesse caso, essa morte é violenta, logo não é suspeita. **Morte suspeita é aquela em que não se sabe se foi uma morte natural ou violenta**, isto é, na ocasião do encontro do cadáver, ainda não se sabe se a causa da morte foi interna ou externa, ou seja, a causa é desconhecida.

Se a causa da morte for natural, por motivo interno, o cadáver não será encaminhado ao IML. Nesse caso, quem fornece o atestado de óbito é o médico que acompanha o paciente. Essa é a chamada morte natural assistida.

Se a morte for natural e não houver assistência por qualquer médico, quem proferirá o atestado de óbito será o Serviço de Verificação de Óbito (SVO). É o que dispõe a Resolução nº 1.779/2005 do CRM, que define as normas a serem observadas pelos médicos quando do preenchimento da declaração de óbito.

Essa resolução define ainda que mortes violentas ou não naturais deverão ter a declaração de óbito obrigatoriamente fornecida pelos serviços médico-legais.

Não confundir **causa médica da morte** com a **causa jurídica da morte**.

A **causa jurídica da morte** é suicídio, acidente ou crime. Quem a determina é o Delegado de Polícia.

Quanto às **causas médicas da morte**, podem ser inúmeras, como infarto, parada cardiorrespiratória, septicemia etc. Nesse caso, é o médico-legista que possui a incumbência de determiná-la.

A morte suspeita gera a necessidade de um auto cadavérico, a necessidade da realização da necropsia, para que o perito legista determine a causa da morte. Como já foi ressaltado, na morte suspeita, o corpo deve ser encaminhado ao IML.

9.4.3 Morte súbita

A morte súbita tem que ser **natural**, ou seja, não pode ser violenta. Além disso, é necessário que seja inesperada, podendo ser agônica ou fulminante.

Assim, a **morte súbita fulminante** ocorre quando um indivíduo morre repentinamente, caso tenha um infarto, por exemplo. Já a **morte súbita agônica** ocorre nos casos em que um indivíduo sente alguma dor, é internado e morre 3 (três) dias depois.

Na perícia, a presença de glicogênio no fígado indica morte súbita fulminante. Por outro lado, secreção de adrenalina pelas glândulas suprarrenais, isto é, se deu tempo de as glândulas suprarrenais produzirem adrenalina, a conclusão é de que foi morte súbita agônica.

Importante dizer que é possível que ocorra uma morte fulminante ou agônica, que não seja súbita, desde que seja violenta, por exemplo.

9.4.4 Mortes fetais

A Resolução nº 1.779/2005 do CFM aduz que as mortes fetais com fetos abaixo de 500 gramas, menos de 25 centímetros ou inferior a 5 meses de gestação são consideradas **prematuras**; portanto, o médico não é obrigado a dar o atestado de óbito.

São consideradas **intermediárias** quando o feto tem entre 500 e 1.000 gramas, possui entre 5 e 6 meses e mede mais de 25 e menos que 35 centímetros.

Já as mortes fetais são consideradas **tardias** quando o feto tem mais de 1.000 gramas, mais de 6 meses e mais de 35 centímetros.

A declaração de óbito será obrigatória nos casos de mortes fetais intermediárias e tardias.

Assim, em caso de morte fetal, os médicos que prestarem assistência à mãe ficarão obrigados a fornecer a declaração de óbito quando a gestação tiver duração igual ou superior a 20 semanas ou o feto tiver peso corporal igual ou superior a 500 gramas e/ou estatura igual ou superior a 25 centímetros. É o que estabelece a mesma Resolução nº 1.779/2005 do CFM.

Importante frisar que o tempo de gestação é determinado por uma fórmula chamada de **fórmula de Hasse**. Entretanto, essa fórmula só pode ser utilizada até o quinto mês de gestação, sendo calculada a partir da raiz quadrada da estatura do feto.

A idade gestacional de um feto de 25 centímetros, por exemplo, é de cinco meses.

Decifrando a prova

Questão: Uma menina com 14 anos e 2 meses dá à luz um feto com 20 centímetros. Analise a responsabilidade penal a partir da perícia médico-legal.

Resposta: Se a menina deu à luz um feto com 20 centímetros, encontrava-se entre 4 e 5 meses de gestação. Assim, essa criança foi concebida quando ela tinha menos de 14 anos. Portanto, deve ser instaurado inquérito policial pelo Delegado, por meio de portaria, a fim de apurar a autoria do crime do art. 217-A do CP (estupro de vulnerável).

(2018 – Cespe/Cebraspe – PC/SE – Delegado – Adaptada) Texto associado:
Um homem de quarenta e cinco anos de idade morreu após se engasgar com um pedaço do sanduíche que comia em uma lanchonete. Ele estava na companhia do seu cunhado, que não conseguiu ajudá-lo a retomar o fôlego. Os empregados da lanchonete acionaram o socorro médico, mas não houve êxito na tentativa de evitar a morte do homem.

Considerando essa situação hipotética e os diversos aspectos a ela relacionados, julgue o item a seguir.

O evento morte descrito será classificado, quanto à causa jurídica, como morte natural.

( ) Certo ( ) Errado

Gabarito comentado: o evento morte descrito será classificado, quanto à causa jurídica, como morte violenta, pois o enunciado citou uma situação de sufocação direta por oclusão das vias respiratórias ocasionada por um pedaço de lanche. Para a morte ser considerada natural, não pode haver o intermédio de nenhuma situação externa. Portanto, a assertiva está errada.

(2018 – Cespe/Cebraspe – PC/SP – Delegado – Adaptada) De modo geral, nos casos de morte de causa desconhecida, o cadáver deve ser encaminhado para o IML (Instituto Médico Legal) ou para o SVO (Serviço de Verificação de Óbitos) respectivamente, quando a morte for decorrente de homicídio – suicídio.

( ) Certo ( ) Errado

Gabarito comentado: no caso de causa externa ou morte suspeita, o cadáver deve ser encaminhado para o IML e, no caso de morte natural sem assistência médica, para o SVO. Portanto, a assertiva está errada.

(2018 – Fumarc – PC/MG – Delegado – Adaptada) É possível afirmar que as causas acidentais são causas médicas de óbito não jurídicas.

( ) Certo ( ) Errado

Gabarito comentado: é possível afirmar que as causas oncológicas são causas médicas de óbito não, pois são mortes que decorrem de eventos naturais. Portanto, a assertiva está errada.

(2018 – Fundatec – PC/RS – Delegado – Adaptada) De acordo com a resolução do Conselho Federal de Medicina nº 1.779/2005, que trata da responsabilidade médica no fornecimento da Declaração de Óbito, é incorreto afirmar que, em caso de morte natural, sem assistência médica, em local sem serviço de verificação de óbito, a declaração de óbito deverá ser fornecida pelos médicos do Instituto Médico-Legal.

( ) Certo ( ) Errado

Gabarito comentado: de acordo com o art. 2º, I, *b*, do CFM nº 1.779/2005: "Art. 2º Os médicos, quando do preenchimento da Declaração de Óbito, obedecerão às seguintes normas: 1) Morte natural: b) Nas localidades sem SVO: A Declaração de Óbito deverá ser fornecida pelos médicos do serviço público de saúde mais próximo do local onde ocorreu o evento; na sua ausência, por qualquer médico da localidade". Portanto, a assertiva está certa.

9.5 DIAGNÓSTICO DIFERENCIAL ENTRE LESÕES *ANTE* E *POST MORTEM*

O corpo humano tem grande capacidade de regeneração, produzindo as chamadas **reações vitais**, como hemorragias, coagulação do sangue, retração dos tecidos, consolidação das fraturas, reações inflamatórias, escoriações, cogumelos de espuma etc.

Essas reações só acontecem na pessoa viva, ou seja, se estiverem presentes, a lesão foi causada durante a vida.

9.6 NECROPSIA (OU AUTÓPSIA)

É um procedimento *post mortem* que visa determinar a **causa jurídica da morte**, ou seja, se foi morte natural, acidental, suicida ou homicida.

Importante mencionar que a necropsia é obrigatória em todos os casos de morte violenta e em casos em que possa haver vínculo com a atividade laborativa. Esse exame tanatológico é dividido em duas etapas: a perinecroscopia e a necropsia.

Fazendo uma breve análise etimológica da palavra **perinecroscopia**, percebemos que "peri" significa "em volta de", "necro" significa "cadáver" e "scopia" "olhar no interior". Logo, a perinecroscopia é o exame em torno do cadáver.

Trata-se de procedimento que deve ser realizado pelo perito criminal, e não pelo médico. É o profissional que vai à cena do crime em busca de provas, fazendo o exame do corpo de delito e da cadeia de custódia, juntamente com o Delegado de Polícia.

Já, na **necropsia**, como já dissemos, "necro" significa "cadáver" e "psia" significa ação de ver ou examinar. Logo, necropsia quer dizer examinar cadáver. Trata-se de uma segunda fase, realizada no Instituto Médico-Legal pelo legista e pelos seus auxiliares, possuindo uma parte interna e uma parte externa. Se, com a avaliação externa do corpo, já é possível definir a causa médica da morte, não há necessidade de necropsia interna, na qual todas as cavidades do corpo devem ser analisadas.

Se, mesmo com todos esses exames, o perito não for capaz de determinar a causa da morte, ocorrerá a chamada **necropsia branca**. No entanto, para que esta seja admitida, é necessário que todos os procedimentos tenham sido realizados.

9.7 FENÔMENOS CADAVÉRICOS

Inicialmente, devemos ressaltar que, a depender da doutrina que se adote, os sinais de morte serão classificados de uma ou outra forma.

Para o professor Hygino de Carvalho Hercules, os fenômenos cadavéricos são divididos em ordem física e ordem química. Os de **ordem física** são a desidratação, o resfriamento do corpo e os livores hipostáticos; os de **ordem química**, a autólise, a rigidez muscular, a putrefação, a maceração e os processos conservadores do cadáver (saponificação e mumificação).

Por sua vez, o professor Genival Veloso de França, que se apropria da classificação de Borri, divide os fenômenos em: **abióticos, avitais ou vitais negativos e sinais transformativos**. Quanto aos fenômenos abióticos, estes se subdividem em imediatos (devido à cessação das funções vitais) e consecutivos (devido à instalação dos fenômenos cadavéricos, de ordem química, física e estrutural).

À vista disso, para nós, é didaticamente melhor a classificação adotada pelo professor Genival, havendo, portanto, dois grupos: os sinais abióticos/avitais/vitais negativos, que se subdividem em **imediatos** e **mediatos**; e os sinais transformativos, que se subdividem em **destrutivos** e **conservadores**.

Ressaltamos, todavia, que o que realmente importa é o estudo de cada um desses sinais e cada uma das fases, sendo tema cobrado com bastante incidência em concursos públicos.

9.7.1 Cronotanatognose

A cronotanatognose associa todos os fenômenos anteriormente mencionados em uma linha do tempo, ou seja, todos os fenômenos estudados a seguir ocorrem com certa **cronologia**, uma sequência lógica.

Trata-se de estudo de grande relevância para as investigações, ajudando o perito a dizer qual foi o tempo aproximado da morte.

Entretanto, é necessário levar em consideração que o tempo de ocorrência desses fenômenos sofre influência de diversos fatores, como a temperatura, a umidade, o tipo de terreno em que o cadáver se encontra etc.

Por exemplo, o calor e a humidade aceleram esses fenômenos, assim como locais mais secos e frios retardam esses fenômenos. Isso quer dizer que a cronotanatognose fornecerá **parâmetros**, mas nunca conseguirá definir o tempo exato da morte, havendo sempre uma margem de erro.

Para a determinação do tempo de morte, a doutrina médico-legal se utiliza ainda da **análise da fauna cadavérica**, que se baseia na especificidade demonstrada por algumas espécies de animais, relacionadas a certa fase de decomposição do corpo.

Isso significa dizer que, se determinado bicho for encontrado junto ao cadáver, será possível determinar aproximadamente o tempo da morte. Esses grupos de animais são divididos em legiões.

🧩 Decifrando a prova

(2018 – Fundatec – PC/RS – Delegado – Adaptada) Em relação à "estimativa do tempo de morte", também conhecida como cronotanatognose, analise as afirmações a seguir, assinalando V, se verdadeiras, ou F, se falsas.

( ) Existem vários parâmetros (fenômenos cadavéricos) utilizados para a estimativa do tempo de morte.

( ) A estimativa do tempo de morte, considerando os avanços da Medicina Legal, é bastante precisa, não apresentando margem de erro (para mais ou para menos) maior do que uma hora.

( ) A estimativa do tempo de morte depende, além de outros fatores, de fatores externos ao cadáver.

( ) A estimativa do tempo de morte, apesar dos avanços da Medicina Legal, não é precisa.

Gabarito comentado: a ordem correta de preenchimento dos parênteses, de cima para baixo, é: V – F – V – V. Logo, é verdadeira a afirmativa sobre a estimativa do tempo de morte – apesar dos avanços da Medicina Legal, não é precisa.

9.7.2 Sinais abióticos imediatos de morte

Sinais abióticos imediatos são aqueles que ocorrem **logo após a morte de um indivíduo**, também conhecidos como sinais primários. Eles não são sinais de certeza da morte.

Um primeiro sinal é a **ausência de batimentos cardíacos** e a **ausência de movimentos respiratórios**.

O cadáver apresenta também um **relaxamento muscular generalizado** ou **abolição do tônus muscular**, e, possivelmente, seu corpo tomará a forma do local onde o cadáver estiver apoiado.

A **ausência de resposta a estímulos e ausência de excitação elétrica**, ou seja, o cadáver não responde a qualquer estímulo, são, igualmente, sinais primários de morte.

Há, ainda, outros sinais imediatos, como **perda da consciência, insensibilidade, imobilidade, face hipocrática** – é a face cadavérica, fisionomia sem expressões, face flácida e serena, conhecida também como máscara da morte–, e **relaxamento dos esfíncteres**.

Esses são os chamados sinais primários de morte, que são sinais de mera probabilidade – e não de certeza – de morte.

Importante destacar que, do momento zero, em que ocorreu a morte, até o aparecimento dos primeiros sinais consecutivos de morte, há um lapso temporal em que já se verificaram os sinais imediatos, mas ainda não surgiram os sinais consecutivos. Esse período é chamado de **período de incerteza de Tourdes**.

No período de incerteza de Tourdes, há uma probabilidade de morte. Isso porque a morte, em termos de juízo de certeza só pode ser atestada a partir daquilo que se chama de sinais tardios de morte ou sinais mediatos, também denominados como sinais consecutivos ou sinais abióticos negativos, que serão estudados a seguir.

9.7.3 Sinais abióticos mediatos de morte (tardios/consecutivos/reais/ abióticos negativos)

Esses sinais aparecem após determinado prazo, sendo sinais de certeza – e não de probabilidade – de morte.

Os sinais mediatos são:

* evaporação tegumentar;
* resfriamento cadavérico (ou *algor mortis*);
* rigidez cadavérica (ou *rigor mortis*);
* livores cadavéricos (ou *livor mortis*).

Os primeiros sinais de certeza já se verificam com 30 minutos após a morte, como o aparecimento dos livores.

O art. 162 do CPP, quando fala das perícias, diz que "**a autópsia será feita pelo menos seis horas depois do óbito, salvo se os peritos, pela evidência dos sinais de morte**, julgarem que possa ser feita antes daquele prazo, o que declararão no auto" (grifo nosso). A razão para isso é esperar o surgimento dos sinais tardios de morte porque, antes disso, não há certeza dos sinais de morte.

Importante situar ainda, dentro da classificação adotada, quais desses quatro fenômenos são de origem física e quais deles são de origem química. Dos quatro, só um tem origem química, os outros três são fenômenos de natureza física.

Portanto, só a **rigidez cadavérica é um fenômeno de natureza química**. Os livores, o resfriamento e a desidratação (evaporação tegumentar) são de natureza física.

🧩 Decifrando a prova

(2018 – Vunesp – PC/SP – Delegado – Adaptada) São três os fenômenos abióticos mediatos que ocorrem progressivamente após a morte: algor (resfriamento), livor (manchas de hipóstase) e rigor (rigidez cadavérica). Destes, a rigidez generalizada pode ser observada entre 4 e 6 horas após o óbito.

( ) Certo ( ) Errado

Gabarito comentado: a rigidez generalizada pode ser observada entre 8 e 24 horas após o óbito, momento em que ocorre o início da putrefação. Portanto, a assertiva está errada.

9.7.3.1 Evaporação tegumentar

O corpo humano é formado por uma série de líquidos. Com a morte esse líquido corporal vai evaporando, isto é, há uma evaporação dos líquidos do corpo.

Esse é um fenômeno estudado pela física chamado de evaporação tegumentar.

A reposição do líquido em pessoas vivas é constante, e, como, no cadáver, ela não ocorre, este perde peso, volume e aos poucos, vai murchando.

Essa proporção ocorre, em média, de 8 a 18 g por quilo de peso que o cadáver tem ao dia. Por exemplo, se o cadáver pesa 100 kg, ele perderá de 800 a 1.800 g de peso ao dia. Essa variação sofrerá influência de diversos fatores, principalmente dos ambientais e climáticos.

Como dissemos, o corpo humano é formado por líquidos, e um deles é o que lubrifica o globo ocular; portanto, a desidratação ocorre inclusive nos olhos.

O globo ocular é formado pela esclerótica, pela íris e pela pupila. A parte branca do olho é chamada de esclerótica, a parte colorida íris e o orifício pelo qual a luz entra se chama pupila. Há, ainda, a membrana que recobre a esclerótica, chamada de conjuntiva.

Dessa forma, quando o indivíduo morre, há um fenômeno ocular que ocorre chamado **mancha negra esclerótica de Sommer-Larcher** ou *livor esclerotinae nigrecens*. Essa mancha surge devido à degradação da esclerótica, o que torna visível o tecido enegrecido que fica abaixo dela, denominado coroide.

A apresentação desse tecido (coroide) faz surgir uma mancha negra no canto do olho, o que é um sinal consecutivo de morte, decorrente da evaporação tegumentar, manifestando-se em torno de 3 a 5 horas após a morte, o que varia de acordo com as condições ambientais.

Outro sinal ocular existente é a **tela albuminoide** ou **viscosa de Stenon-Louis**. Esse sinal aparece por conta de proteínas, restos celulares, resíduos, que se depositam na superfície ocular tornando a córnea (membrana que recobre a íris) menos transparente; com isso, o olho fica opaco, ocorrendo ainda a diminuição do tônus do globo ocular.

Além desses fenômenos oculares, a evaporação provoca sinais na pele do cadáver, que fica desidratada, transfigurando-se para um aspecto de pergaminho, é o chamado **pergaminhamento da pele**.

> ### ⚎ Decifrando a prova
>
> **(2015 – Funcab – PC/AC – Perito Médico-Legista – Adaptada)** A desidratação dos globos oculares, com a formação da mancha negra da esclerótica (sinal de Sommer e Larcher), é considerada fenômeno abiótico imediato.
>
> ( ) Certo ( ) Errado
>
> **Gabarito comentado:** a desidratação dos globos oculares, com a formação da mancha negra da esclerótica (sinal de Sommer e Larcher), é considerada fenômeno abiótico consecutivo ou mediato. De acordo com o autor Wilson Luiz, o "sinal de Sommer-Larcher é a dessecação de esclerótica e ocorre de 3 a 5 horas após a morte, dependendo da velocidade da evaporação". Portanto, a assertiva está errada.

9.7.3.2 Resfriamento cadavérico (*algor mortis* ou algidez cadavérica)

É um fenômeno físico decorrente do **fluxo de temperatura** entre o cadáver e o ambiente.

Como sabemos, o ser humano é um ser **homeotérmico** e mantém sua temperatura constante (entre 36 e 37°C) independentemente da temperatura ambiental.

Todavia, a temperatura é constante apenas quando há vida e funcionamento metabólico, ou seja, quando um indivíduo morre, a tendência é que seu corpo equilibre sua temperatura com a do meio ambiente.

Com a morte, o indivíduo deixa de produzir calor, já que este advém do processo vital de produção de energia, a partir da oxidação da molécula de glicose. Assim, o sistema cessa e o corpo passa a perder calor para o ambiente, o que ocasiona o seu resfriamento, perdendo, em média, 1,5°C a cada hora após sua morte.

Esse fenômeno ocorre pela dissipação do calor por meio da condução, convenção, evaporação ou irradiação e, por isso, é um fenômeno físico.

Importante destacar que, em indivíduos obesos, a camada de gordura subcutânea retarda o início da percepção do resfriamento cadavérico, porque a gordura é um isolante térmico. Por isso, resfria mais lentamente se comparado a um cadáver de uma pessoa com pouco tecido adiposo.

> ### ⚎ Decifrando a prova
>
> **(2014 – Vunesp – PC/SP – Perito Médico-Legista – Adaptada)** Consistem em fenômenos abióticos imediatos: resfriamento do corpo e rigidez cadavérica.
>
> ( ) Certo ( ) Errado
>
> **Gabarito comentado:** os fenômenos abióticos são uma espécie dos fenômenos cadavéricos que se dividem em consecutivos e imediatos. A rigidez cadavérica e o resfriamento do corpo são fenômenos cadavéricos abióticos consecutivos ou mediatos do cadáver. Portanto, a assertiva está errada.

9.7.3.3 Rigidez cadavérica (*rigor mortis*)

É um fenômeno químico decorrente das reações **entre as proteínas musculares e os líquidos cadavéricos**, ocorrendo em razão do aumento de ácido lático e da coagulação da miosina.

Explicamos: os músculos do corpo desempenham movimento de relaxamento e de contração porque proteínas musculares – actina e miosina – permitem que eles relaxem e contraiam a partir da ação de algumas enzimas. Com a morte, esse mecanismo de contração e relaxamento das fibras musculares é prejudicado, uma vez que essas enzimas passam a não mais atuar. Assim, a destruição desse mecanismo ocasiona a rigidez muscular generalizada depois de 6 a 8 horas de morte.

Importante mencionar que a causa da morte influencia tanto a in- tensidade quanto a duração da rigidez. Nesse sentido, o professor Hygino aponta que qualquer condição que determine redução do oxigênio no tecido muscular (anemias, asfixias, intoxicação por monóxido de carbono), dificuldade de sua utilização (intoxicação por cianetos) ou excesso de consumo (exercício muscular intenso, convulsões, hipertermia) reduz a concentração do ATP muscular, dificultando a separação do complexo actina-miosina, responsável pela rigidez. Ou seja, quanto menor o teor de ATP, maior a intensidade da rigidez muscular.

Nesse contexto, a **Lei de Nysten-Sommer-Larcher** declara a ordem de aparecimento do *rigor mortis*, ou seja, aduz que a rigidez cadavérica se instala no sentido crânio-podálico, ou cefalocaudal, isto é, da cabeça para os pés (mandíbula – nuca – tronco – m.m.s.s. – m.m.i.i.).

Decifrando a prova

Questão: Julgue o item a seguir.
A rigidez cadavérica, de acordo com a **Lei de Nysten-Sommer-Larcher**, instala-se a partir das mmm para as MMM.
Resposta: A afirmativa está correta. Isso significa dizer que a rigidez cadavérica se instala a partir das menores massas musculares para as maiores massas musculares.

9.7.3.4 Cronologia da rigidez

Inicialmente, cumpre informar que se deve ter muita cautela ao se estabelecer o tempo de morte por meio de rigidez cadavérica. Hygino de Carvalho Hercules (2014), citando uma frase de Keith Simpson, aduz que *"a rigidez muscular é o evento post mortem mais conhecido, porém o mais incerto e menos confiável"*.

Entretanto, trata-se de tema com elevada incidência em provas de concurso, portanto, passaremos um parâmetro dessa cronologia com base no que mais se encontra na doutrina médico-legal.

- Entre 1 e 2 horas após a morte, aproximadamente, começa a ocorrer a rigidez muscular pela mandíbula (masseter).

- Em torno de 6 a 8 horas, a rigidez muscular se generaliza, ficando o cadáver completamente duro.
- Após 24 horas, com o início da putrefação, a rigidez vai desaparecendo também no sentido crânio-podálico.

Nesse ponto, algumas observações que já foram objeto de questionamentos em concurso são importantes:

- O cadáver se manterá rígido até o início da putrefação, que ocorre em torno de 24 a 36 horas, podendo variar de local para local.
- Há doutrina médico-legal que aponta o enrijecimento do masseter com mais ou menos 30 minutos.
- O sentido da rigidez é cefalocaudal e o seu desfazimento (amolecimento) é no mesmo sentido, também da cabeça para os pés.
- A rigidez pode ser desfeita de forma natural (pela putrefação) ou porque alguém manipulou o cadáver, desfazendo a rigidez.

Por exemplo, se o cadáver estava duro da cabeça até a cintura e mole da cintura para os pés, o tempo aproximado de morte será maior que 2 horas e menor que 8 horas, porque a rigidez cadavérica se iniciou, mas não se completou ainda. Trata-se de uma possibilidade. Isso porque pode ter havido uma manipulação do cadáver e modificação no local do crime, desfazendo a rigidez nesses membros. E, se a rigidez se desfez, ela não volta. De igual forma, haveria duas hipóteses para o cadáver encontrado rígido da cintura para baixo e flácido da cintura para cima.

Ainda nesse ponto, cumpre observar que Hygino de Carvalho Hercules (2014) menciona que "o fato de as fibras não entrarem em rigidez a um só tempo tem outra consequência. Durante o período inicial de sua instalação, quando ainda é incompleta, voltará a se instalar se for desfeita, embora com intensidade menor. Depois de atingido seu máximo de intensidade, se desfeita, não se refaz".

Sobre a **rigidez cadavérica precoce, cataléptica ou espasmo cadavérico**, são casos em que a Lei de Nysten não será obedecida. Trata-se de um fenômeno não muito comum que ocorre em casos de morte súbita e violenta, que provocam uma alta descarga química, produzindo uma rigidez instantânea.

Mortes violentas acompanhadas de intensa luta ou casos de mortes causadas por asfixia mecânica podem acelerar o curso de rigidez cadavérica. Isso porque, nesses casos, há um alto gasto de energia; logo, faltará energia para manter os tecidos flácidos.

Essa rigidez tem uma grande importância para fins investigativos, já que preserva a posição do indivíduo na posição em que se encontrava no momento da morte, revelando o chamado **sinal de Kossu**.

O professor Genival Veloso de França alude que o que vem se chamando de **catalepsia** trata-se de um tipo de distúrbio letárgico que impede o paciente de se movimentar temporariamente e suas funções vitais se mantêm de forma muito lenta, dando a impressão de que ele está morto.

Na morte aparente, a qual possui causa desconhecida, a vida continua, mas os batimentos cardíacos são imperceptíveis, assim como os movimentos respiratórios, e inexistem elementos de motricidade e de sensibilidade cutânea (tríade de Thoinot).

Acrescenta-se que esse distúrbio também é conhecido como **síndrome de Lázaro** ou **autorressuscitação após ressuscitação cardiopulmonar fracassada**, por meio da qual há o retorno espontâneo dos batimentos cardíacos após tentativas frustradas de reanimação cardiopulmonar.

Observação: sinal de Devergie. É um sinal de contração muscular, que não é oriunda de um fenômeno químico. Quando estudamos lesões e mortes por energia térmica, vimos que aquele indivíduo que morre exposto a altas temperaturas em um incêndio, por exemplo, tem os músculos, em determinado momento, contraídos, muitas vezes causando fraturas dos ossos. Esse aspecto que toma o cadáver da vítima de queimadura grave ou carbonização em que os **braços ficam semifletidos** chama-se sinal de Devergie. Essa vítima fica em uma posição parecida com a posição de luta, por isso chama-se também de **posição do boxer**, **saltimbanco** ou **esgrimista**.

Portanto, o sinal de Devergie não é um fenômeno oriundo de rigidez cadavérica, de origem química, mas, sim, fruto de uma ação física, que é o calor do fogo que aumenta a temperatura e causa essa contração muscular.

Decifrando a prova

(2018 – Vunesp – PC/SP – Delegado – Adaptada) Em relação à rigidez cadavérica, a figura representa a ligação entre a actina e a miosina II, importantes no processo de contratura muscular, consequentemente no processo de *rigor mortis*.

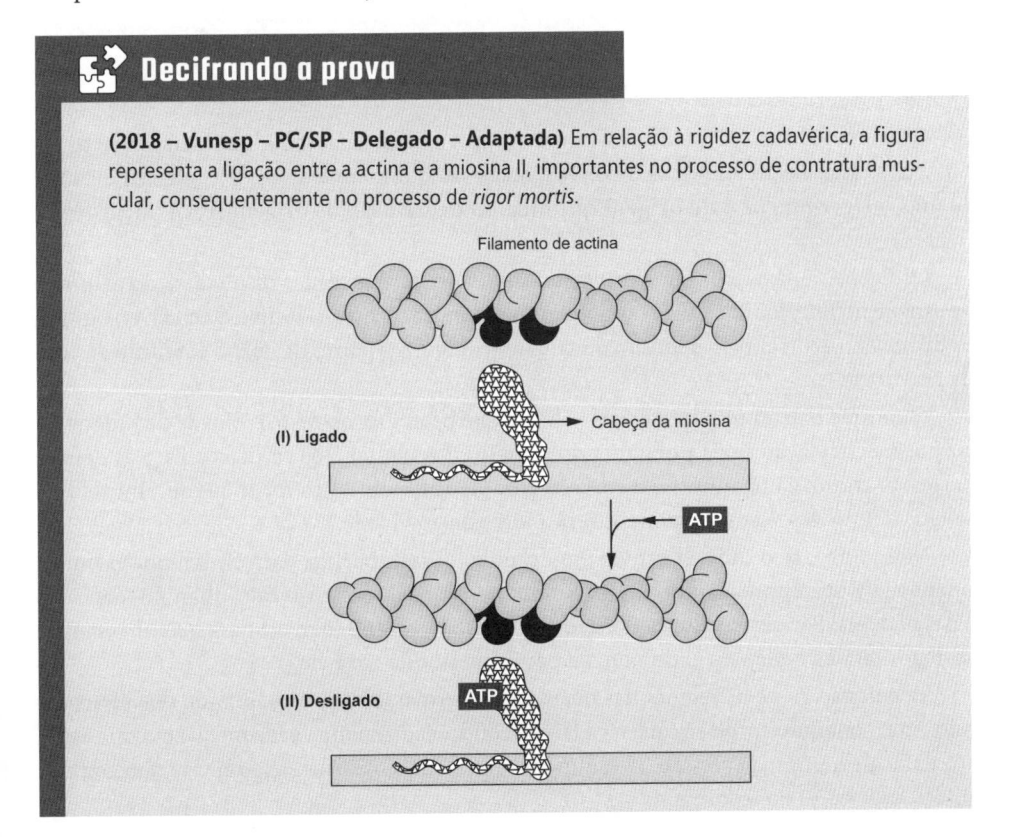

Assim, a figura II representa a fase de relaxamento, que necessita de guanina nesse processo e corresponde à dissolução do citosol.

( ) Certo ( ) Errado

Gabarito comentado: a figura II representa a fase de relaxamento, que necessita de ATP nesse processo e corresponde ao desligamento das duas moléculas. O professor Hygino (2005) explica, sobre a rigidez muscular, que "a contração faz com que haja uma aproximação das linhas Z entre si porque elas estão presas aos filamentos de actina, e esses são puxados pela miosina, no momento da contração, na direção do centro do sarcômero. Isso ocorre porque a molécula da miosina tem uma cadeia proteica central pesada, à qual se prendem cadeias laterais mais leves, com a propriedade de se combinar com a molécula do ATP (adenosina--triphosfate). Depois dessa combinação, as cadeias leves formam um complexo com a actina-complexo actio-miosina. Quando se forma esse complexo, realiza-se um movimento pivô no sentido do centro do sarcômero, como se fosse uma remada, puxando a actina. Após esse deslocamento, há degradação do ATP por uma enzima, a ATPase, o que fornece energia para liberar a actina. [...] Com a renovação do ATP, o ciclo de formação do complexo actina-miosina pode-se repetir para aumentar ou manter a contração muscular. [...] A rigidez nada mais é do que uma variante da contração muscular provocada pela escassez de oxigênio dos tecidos. Resulta da diminuição da renovação do ATP após a morte porque ela passa a depender apenas da via anaeróbica, com aumento do teor de ácido lático e consequente acidificação (diminuição do pH) do tecido muscular". Portanto, a assertiva está errada.

9.7.3.5 Livores cadavéricos (*livor mortis*)

Como já foi dito, questão recorrente em prova de delegado é identificar, entre os fenômenos cadavéricos abióticos mediatos, quais são químicos e quais são físicos. Portanto, **apenas o *rigor mortis* é de origem química**, os demais são de origem física, inclusive os livores.

Os livores cadavéricos ou *livor mortis* são manchas arroxeadas resultantes do acúmulo de sangue no interior dos vasos sanguíneos nas regiões de maior declive do cadáver, ou seja, os livores vão ocorrer pelo depósito de sangue em algumas partes do corpo em razão da ação da gravidade.

E por que o acúmulo de sangue? Sabe-se que há em torno de 6 a 7 litros de sangue no corpo, e a circulação se dá por conta do impulso dos batimentos cardíacos para as demais partes do corpo. Com a morte, o coração para de bater e a única força que recairá sobre o sangue dentro dos vasos sanguíneos será a força da gravidade.

Nessa linha, se o cadáver estiver em decúbito dorsal (barriga para cima), por exemplo, o sangue vai se depositar nas costas, na parte posterior da coxa, no calcanhar, no tornozelo e nas nádegas. Por outro lado, caso esteja em decúbito ventral (barriga para baixo), o sangue se depositará na região do abdômen, na parte anterior da coxa etc.

Vale destacar que há regiões nas quais não se formarão os livores, porque elas serão, geralmente, pontos do corpo em que o cadáver ficou apoiado ou uma área em que o corpo esteja sofrendo algum tipo de pressão. Nesses pontos, nos quais os vasos sanguíneos estão comprimidos, os livores não se formam.

9.7.3.6 Cronologia dos livores

- Em torno de 30 minutos após a morte, começam a surgir os livores na forma de pontilhados esparsos nos declives.

- Em torno de 2 horas após a morte, começam a ser mais visíveis, aparecendo manchas maiores esparsas nos declives. Nesta fase, os livores clareiam caso seja feita pressão local com os dedos, porque, ao apertar a região, o sangue que ali se encontrar, por ainda não estar fixo, se espalhará e a região ficará brancacenta.

- Em torno de 6 horas após a morte, os livores se generalizam e aparecem em todas as regiões do corpo, exceto nas áreas de pressão deste ou nas áreas em que as vestes estejam apertadas.

- Em torno de 8 a 12 horas após a morte, ocorre a fixação dos livores. Neste estágio, os livores estão generalizados e fixados, podendo aparecer em outros locais, mas não se deslocam aos locais anteriores nem clareiam com a pressão no local.

9.7.3.7 Fixação dos livores

A fixação dos livores é um momento importante na tanatologia, já que, mesmo mudando a posição do cadáver, eles não se alteram nem se movimentam, tampouco se modificam.

Portanto, caso um cadáver seja encontrado aparentemente enforcado, mas com livores aparentes no dorso, conclui-se que esse cadáver teve sua posição modificada. Isso porque, provavelmente, esse indivíduo morreu em decúbito dorsal e, após 8 horas de morte, foi colocado simuladamente enforcado.

A importância médico-legal do estudo dos livores é trazer à baila informações acerca da cronotanatognose.

9.7.3.8 Coloração dos livores

Outro ponto importante diz respeito à coloração dos livores, pois muitas vezes retratam a causa médica da morte. Normalmente, eles têm a **tonalidade violácea**, variando apenas se existirem substâncias estranhas na composição da hemoglobina.

Por exemplo, quando o cadáver apresenta livores carminados, em cor de cereja ou tonalidade rósea, o perito sugere que aquela morte se deu por asfixia e ocorreu, possivelmente, pela inalação do monóxido de carbono.

Explicamos. Já vimos, quando do estudo da asfixia, que a hemoglobina tem uma afinidade 250 vezes maior pelo monóxido de carbono se comparado ao oxigênio. Assim, quando o ar respirável está impregnado de monóxido de carbono, este se liga à hemoglobina ocupando o lugar do oxigênio dentro da hemácia, formando a carboxiemoglobina, de cor carmim. Com isso, mesmo o sangue estando com grande oferta de oxigênio, a hemoglobina não se liga a ele. Por isso, o sangue desses indivíduos fica com uma coloração carminada.

Vale destacar ainda que, se a pessoa tiver a pele mais escura, para que se enxerguem os livores, será preciso usar uma iluminação artificial, uma lâmpada chamada de **colorímetro de Nutting**, desenvolvido para observar os livores cutâneos nos indivíduos negros.

9.7.3.9 Livor ou equimose?

Na diferenciação entre livores e equimoses, utiliza-se a **técnica de Bonnet**, que consiste em se realizar uma incisão na pele e verificar se o sangue está dentro dos vasos ou impregnado nas malhas dos tecidos. Se estiver dentro dos vasos e o sangue gotejar ao realizar o corte, tratar-se-á de livores. Por outro lado, se o sangue estiver extravasado e impregnado nas malhas dos tecidos adjacentes, será uma equimose.

Ressalta-se, inclusive, ao realizar um pequeno corte na pele e jogar água sobre a mancha de sangue, se se tratar de equimose, não será possível limpá-la, porque o sangue está embrenhado/infiltrado nas malhas dos tecidos. No entanto, em uma região de livores, quando se faz uma incisão na pele, o sangue escorre, saindo dos vasos seccionados, podendo ser limpo com água.

9.7.3.10 Livores em recém-nascidos

É importante pontuar que, no recém-nascido, por este ter uma pele mais delicada, os livores são mais nítidos, mais visíveis.

Dito isso, o perito e o delegado devem ficar atentos, para não confundir essas coleções de sangue com equimoses e deduzir que houve o espancamento do recém-nascido.

Com isso, fechamos a parte inicial na tanatologia, que são os chamados fenômenos abióticos imediatos e mediatos de morte, acrescentando-se o quadro esquemático a seguir para melhor fixação da matéria.

Fenômenos cadavéricos abióticos	
Sinais imediatos	**Sinais mediatos**
Perda da consciência	Rigidez cadavérica
Imobilidade	Evaporação tegumentar
Relaxamento muscular	
Parada cardíaca	Resfriamento cadavérico
Ausência e pulso	
Parada respiratória	Livores cadavéricos
Insensibilidade	

🧩 Decifrando a prova

(2018 – UEG – PC/GO – Delegado – Adaptada) Para o conhecimento estimado do tempo de morte, são utilizados os critérios preconizados pela cronotanatognose. Segundo o que dita o art. 162 do CP brasileiro, a autópsia deverá ser iniciada pelo menos seis horas após a constatação da veracidade do óbito, ou antes, caso existam sinais de certeza da morte, o que deverá ser anotado pelo perito no laudo. Segundo os conhecimentos da cronotanatognose e atendendo ao preceito legal exposto, tem-se que os livores cadavéricos ou as manchas de hipostase permitem o conhecimento da posição do cadáver.

( ) Certo ( ) Errado

Gabarito comentado: os livores cadavéricos são sinais de certeza da morte do ser humano e são formados nas regiões de maiores declives no corpo, pois o sangue é impulsionado pela força da gravidade. Eles surgem no período entre 2 e 3 horas e se fixam em torno de 8 a 12 horas após a morte. Portanto, a assertiva está certa.

(2018 – Cespe/Cebraspe – PC/SE – Delegado – Adaptada) Texto associado:

Um homem de quarenta e cinco anos de idade morreu após se engasgar com um pedaço do sanduíche que comia em uma lanchonete. Ele estava na companhia do seu cunhado, que não conseguiu ajudá-lo a retomar o fôlego. Os empregados da lanchonete acionaram o socorro médico, mas não houve êxito na tentativa de evitar a morte do homem.

Considerando essa situação hipotética e os diversos aspectos a ela relacionados, julgue o item a seguir.

Se o socorro médico tivesse chegado uma hora após o óbito do homem, seria possível constatar a rigidez completa do cadáver e a presença de livores de hipóstases fixados.

( ) Certo ( ) Errado

Gabarito comentado: se o socorro médico tivesse chegado uma hora após o óbito do homem, não seria possível constatar a rigidez completa do cadáver e a presença de livores de hipóstases fixados, pois a rigidez cadavérica se inicia com 2 horas após a morte; de 6 a 8 horas ela se generaliza e é desfeita com o início da putrefação. Portanto, a assertiva está errada.

9.7.4 Fenômenos transformativos do cadáver

Quando ocorre a morte, ocorrem alguns fenômenos que vão conservar o cadáver e outros fenômenos que vão destruir o cadáver. Desse modo, podem ocorrer fenômenos conservadores (mumificação, saponificação, plastinação, corificação, petrificação, congelamento ou criogenia), assim como podem ocorrer fenômenos destrutivos (autólise, maceração, putrefação).

Nesse sentido, após a ocorrência dos sinais abióticos imediatos e mediatos, o corpo só tem dois caminhos a seguir: a conservação ou a destruição.

9.7.5 Fenômenos transformativos conservadores do cadáver

O que faz o cadáver ser destruído, normalmente, é a **ação das bactérias**. Essa destruição do cadáver pelas bactérias gera a putrefação, que possui quatro fases, as quais serão estudadas a seguir.

Assim, se não se apresentarem condições favoráveis à proliferação das bactérias, possivelmente a putrefação do cadáver não ocorrerá completamente ou se retardará.

É importante destacar que esses fenômenos transformativos conservadores que serão estudados são os que ocorrem naturalmente, sem intervenção humana.

Por exemplo, em uma região seca onde ocorra uma desidratação do cadáver, a proliferação das bactérias fica prejudicada, porque o ambiente sem água não é propício para a proliferação delas. A partir disso, pode ocorrer a mumificação, que exige condições climáticas favoráveis a ela.

9.7.5.1 Mumificação

As condições ambientais favoráveis para a mumificação natural são um ambiente arejado, seco e quente. Com essas condições, ocorre a acentuada perda de líquido (desidratação) e as bactérias não se proliferam,;logo, a putrefação não chega ao seu final, cessando e se iniciando a chamada mumificação, que é um fenômeno conservador do cadáver.

Com a mumificação, aspectos fisionômicos ficam conservados, já que a completa putrefação é evitada.

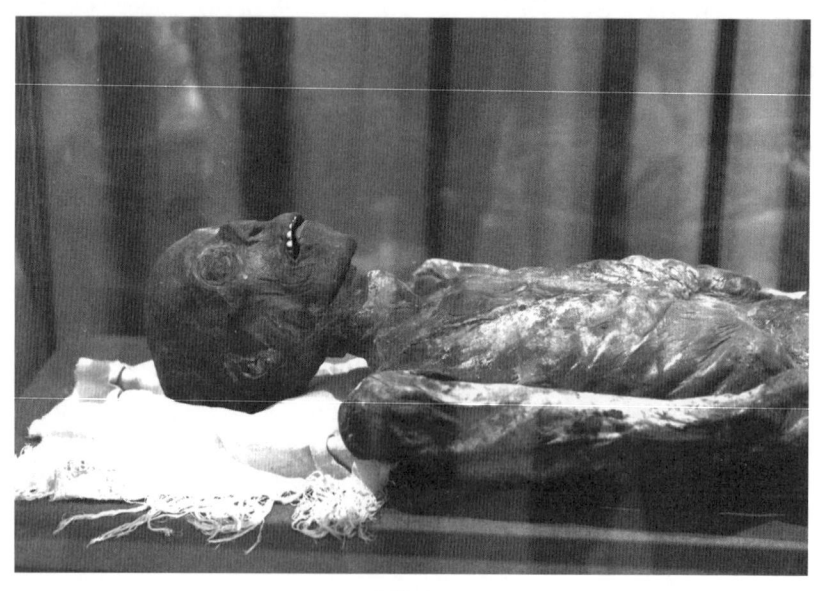

Múmia.

Decifrando a prova

(2018 – FCC – MPE/PB – Promotor de Justiça – Adaptada) Entre os fenômenos cadavéricos transformativos, tem-se a mumificação, que é um processo destrutivo do cadáver, sendo decorrente de meios naturais.

( ) Certo ( ) Errado

Gabarito comentado: a mumificação é um fenômeno cadavérico transformativo conservador do cadáver, que impede a proliferação das bactérias. Portanto, a assertiva está errada.

9.7.5.2 Saponificação ou adipocera

A palavra **saponificação** vem de "sabão". O cadáver passa a ser **recoberto por uma camada de gordura**. Quanto à **adipocera**, significa cera de gordura. Gordura é ácido graxo somado ao glicerol. Os ácidos graxos somados a metais formam sabão, cera.

Saponificar é recobrir o cadáver, no todo ou em parte, por material gorduroso que se assemelha a uma cera, interrompendo a putrefação. Esse fenômeno em que o cadáver fica recoberto por esse sabão, por essa gordura, conservando-o, chama-se saponificação.

Ambientes quentes e úmidos são favoráveis à formação da saponificação. Por isso, normalmente, acontece em cadáveres depositados em meio pastoso, como argila, leitos de rios, fundo de pântano etc. Esse meio pastoso conserva o cadáver, pois impede a passagem de ar e, com isso, impede a incidência de muitos fungos e bactérias que poderiam atacar o corpo.

Muitas vezes, o cadáver é enterrado em um solo em que suas condições, em decorrência da ação da umidade e dos metais, geram uma reação química fazendo que o cadáver fique recoberto com uma substância parecida com uma cera, uma graxa, conservando o cadáver e impedindo o avanço da putrefação.

Em outras palavras, essa substância formada, assemelhada a um sabão de banha ou queijo rançoso, possui baixa solubilidade, coloração branco-amarelada e consistência untuosa e mole.

9.7.5.3 Calcificação

A calcificação atinge os fetos retidos na cavidade abdominal. Diferentemente dos fetos macerados (serão estudados adiante), que morreram dentro do líquido amniótico, os fetos que sofreram a calcificação morreram fora desse líquido.

Na calcificação, os fetos morrem no abdômen, quando a gestação ocorreu fora do local correto, é a chamada gravidez ectópica. Esse feto morre em um ambiente que não é propício ao seu desenvolvimento, que não tem líquido, por isso ele ficará impregnado de cálcio, tendo aparência pétrea. É o chamado **litopédio**.

9.7.5.4 Corificação

A palavra corificação vem de couro. São casos de cadáveres colocados em ambientes sem ar. São aqueles casos de caixões lacrados, hermeticamente fechados, revestidos com folhas de zinco.

Dessa forma, se o ar não entra, os agentes que iriam acelerar a decomposição não entram em contato com o cadáver, ressecando-o e **impedindo a sua completa decomposição**.

Portanto, externamente, o cadáver fica com aspecto de couro, ao passo que, internamente, as vísceras e os músculos permanecem conservados, mas amolecidos.

9.7.6 Fenômenos transformativos destrutivos do cadáver

Dentro dos fenômenos destrutivos, os principais são a autólise, a maceração e a putrefação.

9.7.6.1 Autólise

A célula possui uma série de organelas em seu citoplasma, entre elas os lisossomos e, dentro destes, há enzimas. Quando o corpo morre, essas enzimas dentro dos lisossomos começam a destruir a própria célula, ocasionando um fenômeno autodestrutivo chamado de autólise.

Isso ocorre por conta da cessação do recebimento de nutrientes pelas células. Assim, o PH do corpo humano, que é neutro, se torna ácido com a morte, e as células, que não sobrevivem em meio ácido, se autodestroem.

Importante mencionar que a autólise ocorre também em vida, pois, quando determinada célula do corpo cumpre sua função, ela sofre a autólise. Nesses casos, os resíduos celulares resultantes da autólise servem de alimento para as demais células da região.

A autólise é o primeiro dos fenômenos destrutivos que aparece.

9.7.6.2 Maceração

Esse fenômeno, juntamente com a putrefação, é um dos temas que mais caem em prova.

Podemos conceituar a maceração como a **destruição do corpo, ou de parte dele, pela ação de um meio líquido**.

Entre as suas principais propriedades, a água destaca-se pela capacidade de dissolver uma grande variedade de substâncias. Por isso, é considerada um "solvente universal", ou seja, é capaz de desmanchar um cadáver que permaneça em contato com ela por muito tempo.

Em medicina legal, há dois tipos de maceração: asséptica e séptica. A **maceração asséptica** é aquela que ocorre em local livre de bactérias, como a maceração fetal, nos casos de abortos de fetos retidos em que há a destruição dos tecidos moles do feto pela ação do líquido amniótico. Já a **maceração séptica** ocorre em uma região infestada, contaminada, por bactérias, como os afogados em rios e mares.

Importante ressaltar que, caso uma mulher dê à luz um feto macerado, é possível afirmar que esse concepto morreu há pelo menos 24 horas. Trata-se de informação de grande relevância, pois, em uma hipótese em que um agente tenha dado um chute na barriga de sua mulher querendo matar o feto e esta dá à luz um feto em estágio de maceração, a conduta se afigura como crime impossível por impropriedade absoluta do objeto (art. 17 do CP). Isso porque, nesse caso, o feto já se encontrava morto há pelo menos 24 horas.

Sinal de Spalding

Ainda sobre maceração fetal, há que se destacar o sinal de Spalding, que é o cavalgamento dos ossos do crânio do feto macerado observado no exame radiológico nos casos de aborto retido.

O crânio possui oito ossos, que acabam trepando uns sobre os outros com a ação do líquido amniótico, ocorrendo o chamado cavalgamento.

Portanto, se a questão afirmar que a mulher deu à luz um feto macerado com sinal de Spalding, segundo a literatura, a morte do concepto terá ocorrido há pelo menos 7 dias.

Outra característica do feto macerado é o destacamento da epiderme, que o deixará com a aparência avermelhada, já que a derme ficará visível.

Além disso, ocorre o aumento da amplitude dos movimentos dos membros superiores e inferiores, porque a maceração destrói as articulações.

Feto litopédio

É a chamada "criança de pedra". Trata-se de fenômeno transformativo conservador por meio da qual o concepto vai sendo impregnado pelo cálcio do corpo materno, calcificando-o.

Feto papiráceo

A palavra "papiráceo" vem de "papiro", "de papel". Esse fenômeno ocorre na gestação de gêmeos em que um dos conceptos se desenvolve mais, e acaba imprensando o outro feto. Ou seja, o feto papiráceo é consequência da morte e retenção de um dos fetos em uma gravidez gemelar.

Importante esclarecer que a origem dessa denominação se dá em razão do processo de fabricação do papel cuja matéria-prima, em dado momento, é submetida a uma prensa, sendo esmagada, dando origem ao papel.

Decifrando a prova

(2018 – Nucepe – PC/PI – Delegado – Adaptada) O estudo da morte na medicina legal é realizado pela tanatologia forense. Dentro do estudo dos fenômenos cadavéricos, é correto afirmar que a maceração é o fenômeno destrutivo concomitante à putrefação, resultante da umidade ou do excesso de água sobre o cadáver.

( ) Certo ( ) Errado

Gabarito comentado: a maceração é um fenômeno cadavérico destrutivo que ocorre em meio líquido e gera um descolamento da epiderme. Ela pode ocorrer de forma séptica ou asséptica. Portanto, a assertiva está certa.

(2017 – Ibade – PC/PI – Delegado – Adaptada) O exame médico-legal em um cadáver constatou a presença de um feto ainda no interior do útero, em meio líquido, com destacamento de amplas partes do tecido cutâneo, flictenas na epiderme, bem como cavalgamento dos ossos cranianos. Diante dessas informações, pode-se afirmar que o feto sofreu saponificação.

( ) Certo ( ) Errado

Gabarito comentado: diante dessas informações, pode-se afirmar que o feto sofreu maceração. O enunciado retrata a maceração asséptica, que caracteriza um fenômeno cadavérico transformativo destrutivo do cadáver em ambientes líquidos sem a presença de bactérias, deixando rugas na pele. Portanto, a assertiva está errada.

9.7.6.3 Putrefação

É o principal fenômeno destruidor do cadáver e possui quatro fases:

- Fase cromática ou de coloração.
- Fase enfisematosa ou de gaseificação.
- Fase coliquativa ou redutora.
- Fase de esqueletização.

Antes de adentrarmos no estudo de cada uma das fases, é importante esclarecermos que, enquanto a **autólise é a autodestruição do próprio corpo por reações químicas**, a **putrefação é a destruição do corpo pelo resultado da ação de outros seres**.

Fase cromática ou de coloração

Com a morte, em virtude da ação das bactérias, dá-se o início à fase cromática, primeira das quatro fases da putrefação.

O início da putrefação marca o final da rigidez cadavérica generalizada, que ocorre entre 18 e 24 horas, lembrando que as condições climáticas influenciam esse tempo. O primeiro sinal de seu início é o surgimento da chamada **mancha verde abdominal de Brouardel** (HERCULES, 2014).

A ação das bactérias no cadáver produz gás sulfídrico, que se liga à hemoglobina formando a sulfoxiemoglobina, sulfoemoglobina ou sulfometemoglobina, que possui cor esverdeada. Esse fenômeno é visto, em primeiro lugar, na fossa ilíaca direita em razão da proximidade do ceco – porção inicial do intestino grosso, onde se depositam as fezes e há uma grande quantidade de bactérias – com a pele.

Com o passar do tempo, essa mancha verde vai se espalhando pelo corpo todo, o qual, em torno de 7 dias, está tomado por essa coloração verde-escura.

Importante ressaltar que, **nos afogados verdadeiros ou azuis, a mancha verde não tem início no abdômen**, mas, sim, na cabeça e na parte superior do tórax (cabeça de negro), já que, quando o indivíduo se afoga, ele flutua tombado, pois a cabeça pesa mais que o resto do corpo.

A putrefação também não terá início no abdômen nos fetos. A explicação se dá em virtude da ausência de fezes no intestino; dessa forma, as bactérias começam a agir nas vias aéreas inferiores, atingindo, inicialmente, a parte superior do tórax, pescoço e face.

Portanto, em regra, a mancha verde de Brouardel se inicia na região abdominal, salvo no caso dos afogados e dos fetos.

Fase enfisematosa

Com a ação dos micro-organismos, há o aumento progressivo na produção de gases e os fenômenos observados nesse período são observados, principalmente, pela força destes nas grandes cavidades. O enfisema putrefativo provoca o agigantamento do corpo, causando a protrusão dos olhos e da língua e o inchaço da bolsa escrotal, assim como a pseudoereção do pênis pela distensão dos corpos cavernosos.

Nessa fase, ocorre, ainda, o destacamento da epiderme e o surgimento de flictenas putrefativas com conteúdo serossanguinolento. Importante ressaltar que, nas bolhas de putrefação, se observa a **reação de Chambert**, por meio da qual se analisa o conteúdo das flictenas a fim de precisar se são decorrentes do processo putrefativo ou causadas antes da morte. Se for observado alto teor proteico em seu conteúdo, serão decorrentes de ação térmica, produzidas ainda em vida. Caso contrário, se o conteúdo apresentar escasso teor proteico, serão flictenas decorrentes da fase enfisematosa.

Há que se destacar, ainda, o **sinal de Janesie-Jeliac**, traduzido pela ausência de leucócitos nas bolhas, mostrando que, no momento da carbonização, o indivíduo já estava morto.

- **Circulação póstuma de Brouardel**

Com a morte, o sangue para de circular e fica exposto apenas à força da gravidade. Com o decorrer do tempo, as bactérias começam a atuar e sua atuação gera gases. A expansão desses gases gera uma pressão no sangue, ressaltando, na derme, o desenho vascular, ocasionando a circulação póstuma de Brouardel.

Em outras palavras, os vários gases de putrefação, progressivamente aumentados, empurram o sangue que desceu para as regiões de maior declive de volta às regiões mais elevadas do corpo. O sangue é forçado para as periferias do corpo, fazendo o desenho da trama vascular.

Ressalte-se, entretanto, que há uma pequena controvérsia acerca da fase em que ocorre a circulação póstuma. Hygino de Carvalho Hercules (2014) afirma que, na fase cromática, já há produção de gás suficiente para distender o abdômen e espremer os grandes vasos e o coração, empurrando o sangue para as veias superficiais, que se tornam mais visíveis e de cor pardo-avermelhada escura, desenhando uma rede. É a circulação póstuma de Brouardel.

Por sua vez, Genival Veloso de França (2014) destaca a ocorrência desse fenômeno na fase gasosa, com o qual concordamos. Isso porque o fim de uma fase e o início de outra acabam se entrecruzando, sendo certo que a maior produção de gases capaz se dá na fase gasosa.

Fase de coliquação

Como já dissemos, as fases da putrefação podem coexistir a depender do ambiente em que se encontrem. Portanto, a fase coliquativa é marcada pela destruição das partes moles, podendo ser geral ou local. Isso ocorre em torno de 2 ou 3 meses.

Desse modo, na fase de coliquação ocorre a **dissolução dos tecidos moles**, ou seja, as vísceras perdem suas características morfológicas.

Fase de esqueletização

Nesta fase, ocorre a exposição do esqueleto, que pode ser parcial ou total, além de poder estar presente com outras fases da putrefação.

Cuidado, porque animais da fauna cadavérica podem destruir o cadáver e se alimentar dele, acabando por acelerar a esqueletização, que não terá se dado ali por conta da putrefação.

A esqueletização demora entre 1 e 2 anos para ocorrer.

Fenômenos cadavéricos transformativos	Destrutivos	Autólise
		Maceração
		Putrefação
	Conservadores	Mumificação
		Saponificação
		Calcificação
		Corificação

🧩 Decifrando a prova

(2018 – Vunesp – PC/SP – Delegado – Adaptada) A putrefação é o processo de decomposição da matéria orgânica por bactérias e pela fauna macroscópica, sendo um fenômeno destrutivo e transformativo, que acaba por devolvê-la à condição de matéria inorgânica. Alguns fatores podem influir e alterar esse processo, entre eles a temperatura ambiente.

Podemos, então, afirmar, corretamente, que temperaturas abaixo de 5 graus Celsius aceleram o processo.

( ) Certo ( ) Errado

Gabarito comentado: podemos afirmar, corretamente, que temperaturas abaixo de zero grau Celsius tendem a conservar indefinidamente o corpo. As temperaturas abaixo de 5 graus Celsius retardam o processo da putrefação. Portanto, a assertiva está errada.

(2015 – Funiversa – SPTC/GO – Perito Médico-Legista – Adaptada) A putrefação é a decomposição do corpo pela ação de bactérias saprófitas que o invadem passado algum tempo da morte. Já a fase de coloração começa com a chamada mancha verde abdominal, que se forma inicialmente na fossa ilíaca direita; aparece, usualmente, em 18 a 24 horas após a morte (pode só aparecer depois de 36 a 48 horas nas épocas mais frias). Nos recém-nascidos e nos afogados, a mancha verde começa no tórax.

( ) Certo ( ) Errado

Gabarito comentado: a mancha verde abdominal é um fenômeno cadavérico que sofre alteração de acordo com mudanças climáticas, isto é, temperaturas ambientais. A referida mancha é o primeiro sinal, pode ser vista a olho nu, e o cadáver em putrefação ficará com a coloração esverdeada em virtude da sulfometemoglobina a partir de 18 a 24 horas após a morte, que irá se espalhar pelo corpo a partir do terceiro dia a contar do óbito. Portanto, a assertiva está certa.

Exumação

A inumação consiste no **sepultamento do cadáver**. Para realização da inumação, existe um tempo mínimo após a morte a ser respeitado, que, normalmente, é regrado pelos municípios. O tempo mínimo sugerido, em regra, é de 24 horas, porque é nesse período que irão aparecer os fenômenos abióticos consecutivos, que dão a certeza da morte, evitando que pessoas com morte aparente sejam enterradas (síndrome de Lázaro).

Ainda, existe um período máximo para a realização da inumação, que é de 36 horas. Passadas mais de 24 horas da morte, é necessária a liberação do serviço de verificação de óbitos para que seja feita a inumação, além da permissão do médico que recebeu o caso.

O art. 162 do CPP determina que se faça necropsia nos casos de **morte violenta**. Essa necropsia deve ser realizada em um tempo mínimo de 6 horas, podendo ser flexibilizadas nos casos de morte evidente.

A exumação, por sua vez, é o desenterramento do cadáver, podendo ser: arqueológica, administrativa ou judicial.

A **exumação arqueológica** é destinada a pesquisas históricas e não é estudada pela medicina legal.

Por sua vez, a **exumação administrativa** é aquela que ocorre em virtude de um comando do próprio cemitério. Normalmente, tem um prazo mínimo de 3 anos, considerando o período de esqueletização completa, que ocorre em torno de 1 a 2 anos.

Já as **exumações judiciais** ocorrem a qualquer tempo e são destinadas a esclarecer alguma dúvida jurídica, podendo ser cível, trabalhista, criminal etc. Nessa hipótese, devem estar presentes a autoridade policial, os peritos, o escrivão e o administrador do cemitério para indicar o local, sob pena de desobediência, conforme o art. 163, parágrafo único, do CPP.

Após aberto o túmulo, este deve ser fotografado no estado em que se encontra e realizado o exame cadavérico a céu aberto em necrotério, salvo a necessidade de realização de um procedimento mais complexo que deva ser feito em laboratório.

Não se pode confundir "auto de exumação" com "laudo de exumação". O **Delegado** lavrará o auto de exumação e todos os presentes o assinarão. Já o laudo de exumação quem faz é o **perito** e só ele o assina.

Por fim, note que o CPP, no art. 163, fala em "autoridade", e não "autoridade judiciária"; logo, o Delegado de Polícia pode determinar a exumação em sede de inquérito.

🧩 Decifrando a prova

(2017 – FCC – Politec/AP – Perito Médico-Legista – Adaptada) A exumação pode ser realizada com diversos objetivos. Em relação à exumação no âmbito criminal, o Perito Médico-Legista tem autonomia para realizar a exumação em qualquer hora do seu turno de trabalho, não sendo necessário agendamento prévio.

( ) Certo ( ) Errado

Gabarito comentado: em relação à exumação no âmbito criminal, o Perito Médico-Legista deve realizar a exumação em dia e hora previamente marcados; assim, é necessário o agendamento prévio, nos termos do art. 163 do CPP. Portanto, a assertiva está errada.

Referências bibliográficas

CROCE, Delton; CROCE JR., Delton. *Manual de medicina legal*. 8. ed. São Paulo: Saraiva, 2012.

FERREIRA, Wilson Luiz Palermo. *Medicina legal*. 2. ed. Salvador: JusPodivm, 2017.

FRANÇA, Genival Veloso de. *Medicina legal*. 9. ed. Rio de Janeiro: Guanabara Koogan, 2014.

FRANÇA, Genival Veloso de. *Medicina legal*. 10. ed. Rio de Janeiro: Guanabara Koogan, 2015.

FRANÇA, Genival Veloso de. *Medicina legal*. 11. ed. Rio de Janeiro: Guanabara Koogan, 2017.

GILABERTE, Bruno. *Crimes contra a pessoa*. Rio de Janeiro: Freitas Bastos, 2021. (Coleção Crimes em espécie).

HERCULES, Hygino de Carvalho. *Medicina Legal*: texto e atlas. São Paulo: Atheneu, 2005.

HERCULES, Hygino de Carvalho. *Medicina legal*: texto e atlas. 2. ed. São Paulo: Atheneu, 2014.

PRADO, Geraldo. *Prova penal e sistema de controles epistêmicos*: a quebra da cadeia de custódia das provas obtidas por meios ocultos. São Paulo: Marcial Pons, 2014.

RANGEL, Paulo. *Direito processual penal*. 22. ed. São Paulo: Atlas, 2014.

TARTUCE, Flávio. *Manual de Direito Civil* – Volume único. 9. ed. São Paulo: Método, 2019.

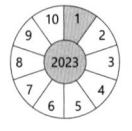